BÜZZ

© Buzz Editora, 2023
© Ric Edelman, 2022
Todos os direitos reservados.
Esta edição foi publicada mediante acordo com Simon & Schuster, Inc.

The Truth About Crypto: A Practical, Easy-to-Understand Guide to Bitcoin, Blockchain, NFTs, and Other Digital Assets

Publisher ANDERSON CAVALCANTE
Editora TAMIRES VON ATZINGEN
Assistentes editoriais LETÍCIA SARACINI, PEDRO ARANHA
Preparação LEANDRO RODRIGUES
Revisão LIGIA ALVES, CRISTIANE MARUYAMA, ALEXANDRA MARIA MISURINI
Projeto gráfico ESTÚDIO GRIFO
Assistentes de design LETÍCIA ZANFOLIM, NATHALIA NAVARRO
Foto de capa 3D_ILLUSTRATOR

Nesta edição, respeitou-se o novo Acordo Ortográfico da Língua Portuguesa.

Dados Internacionais de Catalogação na Publicação (CIP)
(Câmara Brasileira do Livro, SP, Brasil)

Edelman, Ric
Criptomoedas: O guia definitivo para você descobrir o universo das criptomoedas e investir com sucesso / Ric Edelman.
Tradução de Renan Zago.
1. ed. – São Paulo: Buzz Editora, 2023. Bibliografia.

ISBN 978-65-5393-106-0

1. Bitcoin 2. Blockchains (Base de dados) 3. Criptomoedas
4. Moeda - Inovações tecnológicas 5. Moeda – Legislação
6. Transferência eletrônica de fundos I. Título.

23-148524   CDD-332.178

Índices para catálogo sistemático:
1. Criptomoedas: Inovações tecnológicas: Finanças:
Economia 332.178

Aline Graziele Benitez - Bibliotecária - CRB-1/3129

Todos os direitos reservados à:
Buzz Editora Ltda.
Av. Paulista, 726, mezanino
CEP 01310-100, São Paulo, SP
[55 11] 4171 2317
www.buzzeditora.com.br

Ric Edelman

CRIPTOMOEDAS

O guia definitivo para você descobrir o universo das criptomoedas e investir com sucesso

Tradução **Renan Zago**

Em memória de Anne-Marie Bottazzi.
A amizade é um arco-íris entre duas pessoas.

9	**Listas úteis que você encontrará neste livro**
11	**Prefácio**
15	**Seja bem-vindo**

22 Parte I
Entendendo a tecnologia

23	1 As quatro inovações mais transformadoras da história do comércio
26	2 Por que a blockchain é tão transformadora
38	3 Como a blockchain — e o bitcoin — surgiram
43	4 Como a blockchain funciona

47 Parte II
Entendendo o bitcoin e outros ativos digitais

49	5 Como funciona o bitcoin
70	6 Quem utiliza bitcoin?
77	7 Por que existem tantas moedas?
92	8 Ativos digitais são dinheiro?
115	9 Tokens
130	10 Finanças descentralizadas, ou DeFi
133	11 Avaliação e precificação do bitcoin e de outros ativos digitais

143 Parte III
Investindo em ativos digitais
145   12 Seria tarde demais para comprar bitcoin?
149   13 O risco de investir em ativos digitais
161   14 Os riscos são o motivo para investir em ativos digitais
165   15 Quanto do seu portfólio alocar em ativos digitais
173   16 Escolhendo os ativos digitais corretos para o seu portfólio
224   17 Como gerenciar os ativos digitais de seu portfólio

231 Parte IV
Regulamentação, impostos e compliance
233   18 Como os ativos digitais são regulamentados
244   19 Ativos digitais são valores mobiliários?
247   20 Como os ativos digitais são tributados
282   21 Operações e compliance

314 Parte V
Começando
315   22 As respostas às dez preocupações mais comuns

323 Agradecimentos
327 Glossário

Listas úteis que você encontrará neste livro

Os investimentos, produtos, serviços e empresas na blockchain e o mundo dos ativos digitais

58 Aparelhos hardware de carteira fria

74 Bancos de ativos digitais

81 Principais protocolos de camada-base

86 Principais protocolos de camada secundária

89 Principais aplicações blockchain de produtos e serviços financeiros

91 Principais aplicações e serviços blockchain fora da indústria financeira

175 Empresas de capital aberto mineradoras de bitcoin

179 Corretoras de ativos digitais

183 Custodiantes para ativos digitais

186 Custodiantes de IRAs qualificados que mantêm ativos digitais

188 Plataformas de empréstimos de ativos digitais

190 Empresas de capital aberto que têm bitcoin

190 Corretoras de ativos digitais de capital aberto

194 ETFs norte-americanos de futuros de bitcoins

196 ETFs que investem exclusivamente em empresas envolvidas com blockchain e ativos digitais

198 Produtos comercializados em corretoras que investem exclusivamente em empresas envolvidas com blockchain e ativos digitais

205 Trustres OTC de capital aberto que investem em blockchain e em ativos digitais

209 Fornecedores de SMAs de ativos digitais

213 Fornecedores de TAMPs para ativos digitais

216 Fundos de capital de risco que investem em blockchain e em ativos digitais

222 Hedge funds que investem em blockchain e em ativos digitais

223	Fundos de fundos que investem em blockchain e em ativos digitais
242	ETFs canadenses que investem em blockchain e em ativos digitais
261	Advogados patrimoniais de ativos digitais
271	Fundos aconselhados por doadores que aceitam ativos digitais
272	Avaliadores de ativos digitais
274	Serviços de rastreamento de portfólios de ativos digitais
275	Planejamento tributário e consultoria tributária / serviços consultivos para ativos digitais
276	Serviços de manutenção de registros e declarações tributárias para ativos digitais
284	Serviços de notícias para blockchains e ativos digitais
303	Seguradoras de ativos digitais
305	Firmas de pesquisa e análise da blockchain

Prefácio

Meu momento *ah-ha!* a respeito de ativos digitais veio durante uma discussão com Ric Edelman. Mas a revelação não veio dele.

Eu o entrevistava durante uma conferência que eu estava realizando para o "Hall da Fama" de conselheiros financeiros da *Barron's*.[1] Para entrar no local, eles precisavam passar por um filtro exigente: ter permanecido por dez anos ou mais como consultores no topo do ranking da *Barron's*. Aquele não era um mero grupo de elite; era a elite da elite (e, por três vezes, Ric foi o número um em nossas fileiras).

Eu queria sentir o público — avaliar quão rudimentares precisaríamos ser para supri-lo com as informações de que precisava sobre bitcoin e outras oportunidades de investimento em ativos digitais. Afinal, não era exatamente uma confraternização dos "caras da tecnologia", os Tech-Bros, do Vale do Silício. Ric e eu estávamos no palco de um elegante salão de baile de um hotel de 125 anos, de frente para o mar, em Palm Beach. Em sua maioria, os consultores a quem nos dirigíamos já tinham comemorado fazia tempo o quinquagésimo aniversário, e haviam passado décadas construindo portfólios inteligentes e resilientes de ações, títulos e ativos alternativos. Esses profissionais previnem seus clientes contra a procura por modas passageiras e, enquanto assumem riscos calculados, gerenciam o dinheiro de pessoas que já são ricas e que não precisam ficar ricas novamente.

Por causa da minha função na *Barron's*, converso regularmente com consultores financeiros, e a maioria deles é cética com relação a criptos. Eles estão acostumados a mensurar o valor intrínseco com base, por exemplo, em fluxo de caixa; todos os ativos digitais — mesmo o bitcoin e o Ethereum — não passam nesses testes. Muitos desses con-

---

1 Periódico da Dow Jones & Company. [N. T.]

selheiros trabalham para empresas que não lhes permitem comprar ativos digitais para contas de clientes, mesmo que os clientes queiram. Cerca de metade é formada por "fiduciários", o que significa que são legalmente comprometidos em pôr os interesses de seus clientes acima de seus interesses próprios.

Então, lá estávamos Ric e eu, discursando para quase uma centena de seus pares, os consultores financeiros mais bem-sucedidos do país. Perguntei a eles: "Quantos de vocês têm ativos digitais em suas contas pessoais?". Bem mais que a metade deles levantou a mão. Chocado, questionei: "Quantos de vocês incluem ativos digitais nos portfólios de clientes?". Novamente, mais da metade dos presentes levantou a mão. Para contornar as restrições de suas empresas, alguns dos consultores discretamente encaminhavam os clientes para a direção certa. Isso não apenas poderia lhes causar problemas com seus agentes de compliance,[2] como poderia trazer prejuízo financeiro ao consultor — se os clientes retiram fundos de suas contas para comprar criptos em outro lugar, isso deixa uma base menor de ativos sobre os quais cobrar taxas. Mas aqueles consultores haviam decidido, para minha surpresa, que a posse de ativos digitais serviria melhor ao interesse de seus clientes. Ou seja, estavam cumprindo seus deveres fiduciários ao ajudá-los dessa forma.

Trilhamos um longo caminho desde 2018, quando John Oliver descreveu as criptomoedas como "tudo que não se sabe sobre dinheiro somado a tudo que não se sabe sobre computadores". Agora, um grupo de gestores financeiros, consideravelmente conservador e altamente sofisticado, trabalhando em conjunto com alguns dos indivíduos mais ricos do país, foi convertido. Esses homens e mulheres não perseguiram a bolha das PontoCom, não pularam no vagão das SPACs,[3] não derramaram dinheiro em cima do escândalo de Bernie Madoff.[4] Mas

---

2 Palavra que designa o estado de conformidade com leis, padrões éticos, regulamentos internos e externos de uma operação empresarial, por exemplo. [N. T.]
3 Sigla para Special Purpose Acquisition Company: empresa que permite uma parceria direta entre uma equipe de investimentos (os chamados patrocinadores) e um pool de investidores institucionais do mercado público. Leia mais em: braziljournal.com/spac-por-que-funciona-e-o-que-esta-dando-errado. [N. E.]
4 Veja em: www.bbc.com/portuguese/internacional-56752040. [N. E.]

decidiram que ativos digitais também são parte de um portfólio bem balanceado. Eles se juntaram a uma longa lista de tipos de operações — fundos de pensões, dotes e até mesmo um pequeno provedor 401(k) — que também abraçaram os ativos digitais.

Ric, é claro, há um bom tempo tem incentivado todos a fazer exatamente isso. Eles provavelmente estão se mordendo por não o terem escutado antes. Eu mesmo era um cético. Como um dos editores da *Barron's*, eu inicialmente soube do bitcoin em 2013, quando foi listado a 31 dólares. Vi a sua ascensão, e pensei nele como sendo a "teoria do mais tolo"[5] em funcionamento — você comprava bitcoin simplesmente na esperança de que alguém pagasse um preço maior por ele. E pagaram: 2.210 vezes mais alto em novembro de 2021. Se tivesse investido duzentos dólares lá em 2013 e sacado perto da alta recente, eu teria pago a ida de um dos meus filhos para a faculdade pelo preço de uma boa torradeira.

Se, por um lado, não descartei a possibilidade de estarmos presenciando uma teoria do mais tolo com anabolizantes, agora penso em ativos digitais de maneira análoga à internet nos anos 1990. Certamente houve excessos, mas, assim como a internet, vejo essa nova tecnologia como uma força transformadora, mudando o futuro mais do que a maioria de nós pode imaginar. Sim, alguns dos excêntricos de hoje se tornarão o Pets.com de nossa era (Dogecoin, alguém se lembra?),[6] mas, como Ric descreve nas páginas a seguir, a utilidade da tecnologia da blockchain é indiscutível.

A habilidade de "tokenizar" ativos ilíquidos pode permitir que investidores possuam uma parte de praticamente qualquer coisa, ou que um casal que está envelhecendo possa acessar o patrimônio representado por sua casa sem uma hipoteca pesada. Fotógrafos e compositores de músicas e até mesmo maquiadores podem lucrar com sua pro-

---

5 Conhecida como a crença do investidor que compra determinado ativo supostamente valorizado acreditando que poderá vender o ativo no futuro com uma alta valorização, pois espera que existirá um investidor "mais tolo" que vai comprar. Em outras palavras, o ativo não é comprado pelo preço que se imagina que vale, e sim pela expectativa de vendê-lo por um valor mais alto. [N. T.]
6 Veja mais em: www.cnnbrasil.com.br/business/comecou-como-piada-e-ganhou-mais-fama-que-o-bitcoin-conheca-a-dogecoin/. [N. E.]

priedade intelectual de maneiras que nunca poderiam ter imaginado. Ric prevê que o governo do Estados Unidos vai criar uma stablecoin até o final desta década. Por que o governo faria isso? Simplesmente porque o dinheiro digital permite que o governo rastreie transações, ou seja, que possa taxá-las.

Então, estou fazendo minha parte para educar pessoas, particularmente os consultores financeiros. Como digo aos céticos, não é meu papel dizer aos consultores como construir portfólios, mas eu asseguro a eles que um conhecimento básico a respeito de ativos digitais será pré-requisito para um exercício próspero da profissão. Seus clientes podem não esperar ver bitcoin em seus portfólios, mas os filhos deles vão esperar.

Uma máquina do tempo pode ser uma ferramenta útil para a tomada de decisão. Imagine-se daqui a dez anos proferindo esta frase: "Nossa, eu gostaria de não ter aprendido sobre aquela tecnologia emergente que estava criando bilionários e transformando o mundo das finanças".

Aproveite a jornada!

JACK OTTER
Diretor Global de Gestão de Riquezas & Ativos da *Barron's*
e anfitrião da *Barron's Roundtable*

Seja bem-vindo

Estou muito animado por você estar aqui! Você está prestes a embarcar em uma jornada fascinante, que começou em 2012. Eu estava entrevistando o famoso futurista Raymond Kurzweil em seu escritório na Universidade de Harvard para meu programa de TV na PBS. Mais tarde, enquanto conversávamos, Ray me encorajou a comparecer ao Programa Executivo na Singularity University. Junto com Peter Diamandis, ele fundou a instituição para auxiliar líderes mundiais a aplicar a tecnologia para resolver desafios globais e construir um futuro melhor para o planeta. Com a ajuda de Ray, fui aceito em um programa intensivo de nove dias sobre tecnologias exponenciais. O curso discorre sobre inteligência artificial, robótica, machine learning, impressão 3D, big data, nanotecnologia, biotecnologia, fintech, edtech, agritech e muito mais.[7]

Foi lá que ouvi pela primeira vez a palavra *bitcoin* e tive noção de que existem criptomoedas. Aquilo não fazia sentido para mim (apesar — ou por causa — do meu conhecimento e experiência no campo financeiro). Independentemente disso, fiquei intrigado. Desse modo, explorei o bitcoin ao longo de 2013 e comecei a investir nesse mercado em 2014. Conforme meu conhecimento crescia, e conforme passei a conhecer muitas das pessoas envolvidas, tornei-me extremamente consciente de dois fatos:

Primeiro, a tecnologia da blockchain e os ativos digitais que ela torna possíveis são revolucionários. Essa é a inovação mais profunda no comércio desde a invenção da internet.

Segundo, poucas pessoas percebem isso — incluindo a grande maioria dos profissionais financeiros.

---

7 Ao completar o curso, fui chamado para ser palestrante convidado e investir na organização. Aceitei ambos os convites.

Embora a comunidade cripto tenha criado um leque extraordinário de produtos e serviços, ela ainda não aprendeu a alcançar investidores como você. E o grosso da indústria de serviços financeiros, que nos Estados Unidos gerencia dois terços de todo o dinheiro de investidores, não entende por completo as incríveis oportunidades de investimento disponíveis nessa nova classe de ativos. Mesmo o campo financeiro ainda não sabe como dar acesso a essas oportunidades aos seus clientes.

Foi por isso que, em 2018, criei o Conselho de Ativos Digitais de Profissionais Financeiros (DACFP, na sigla em inglês). Hoje, o DACFP é amplamente considerado a principal fonte sobre esse tópico em Wall Street e no mundo corporativo norte-americano. Nós somos a ponte que conecta a comunidade cripto ao campo de serviços financeiros. Nosso papel é prover profissionais financeiros e investidores com os ensinamentos de que precisam para poder explicar essas novas tecnologias aos seus clientes, ajudando todos a ter acesso a essas oportunidades de investimento.

Ao longo da última década, dei treinamentos sobre blockchain e ativos digitais a milhares de consultores financeiros e executivos corporativos. Ironicamente, quanto mais conhecimento e experiência esses indivíduos têm, mais difícil para eles é compreender essa nova classe de ativos. Realmente descobri que, quanto maior o número de diplomas, quanto mais alta a posição profissional e quanto maior o tempo de experiência com finanças e investimentos, mais dificuldade eles têm com esse tópico. Isso ocorre simplesmente porque a blockchain e as tecnologias de ativos digitais não têm nada em comum com qualquer outra coisa que profissionais financeiros aprenderam ou experienciaram em suas carreiras. Logo, se você não sabe nada a respeito de economia, finanças, gestão de ativos ou análises de portfólio — bem... *parabéns!* Você tem uma clara vantagem sobre todos aqueles caras de Wall Street!

E, se você for (desculpe!) um desses caras com anos de experiência em investimentos e finanças, então eu faço um apelo para que, enquanto lê estas páginas, deixe de lado seu conhecimento e sua experiência por algum tempo. Sei que é muita coisa o que estou pedindo — eu mesmo tenho 37 anos de experiência no campo financeiro e seis condecorações profissionais, e, se alguém viesse me pedir para ignorar o que sei, bem... Sim, eu chamaria isso de um grande alerta de perigo. Tudo o que posso dizer é que eu entendo como você se sente. Eu me senti da mesma forma quando comecei a explorar essa nova classe de ativos. Mas rapidamente aprendi que, em vez de me *ajudar*, meu conhecimento e experiência eram, na verdade, um empecilho. Eu tinha muitas presunções, expectativas e julgamentos para superar. Agora, vejo que a resistência inicial *interferiu* em minha jornada em direção à compreensão sobre essa nova tecnologia e tudo o que ela oferece. Então, você pode tanto se beneficiar da minha experiência e prosseguir, como sugeri — o que vai lhe poupar muito tempo e muita irritação —, ou pode se arrastar adiante como fiz no início. Fica à sua escolha.

Vamos usar as palavras corretas

Os automóveis já foram conhecidos como *carruagens sem cavalos* — mas imagine o olhar que você receberia hoje se contasse a alguém que gostaria de comprar uma carruagem. De maneira semelhante, o bitcoin foi introduzido como uma criptomoeda — e, caso seja por esse termo que você o chame, está tão fora de moda quanto as pessoas que usam galochas em um dia chuvoso. Então, vamos usar a terminologia correta. Essa é a melhor maneira de demonstrar que você está por dentro.[8] A tecnologia é nova, e o mesmo vale para muitas das palavras que se relacionam a ela. Elas são frequentemente derivadas de (ou similares a) palavras e termos familiares, mas algumas são apenas piadas ruins.

Vou explicar tudo conforme formos avançando, mas alguns termos-chave já são dignos de nota.

---

8 Também é a maneira de descobrir imediatamente se a pessoa com quem você está falando realmente sabe sobre esse tópico. Pessoas que usam termos ultrapassados não sabem tanto quanto pensam que sabem — e você vai sair por cima praticamente todas as vezes que conversarem sobre esse tema.

Primeiro, existe *Bitcoin* (com maiúscula). Em seguida, existe *bitcoin* (com minúscula). Bitcoin se refere à rede de computadores; bitcoin se refere ao ativo que é usado na rede. Dessa forma, pode-se comprar e vender bitcoin na rede Bitcoin. Sim, pode-se usar bitcoin no plural, mas apenas em determinadas circunstâncias. Você vai perceber como eu lido com isso ao longo deste livro e pegar o jeito. Mas, em caso de dúvida, use o singular; é mais um caso do tipo *lápis* e *lápis* do que *gato* e *gatos*. Como em "Eu tenho muito bitcoin" e não "Eu tenho muitos bitcoins".

Zelle

Também está correto dizer *cripto* quando conversar com colegas da área de investimentos, como fiz alguns parágrafos atrás. Mas, de maneira geral, é melhor usar o termo *digital*. É muito mais amigável do que o amedrontador *cripto*, e, além do mais, todos estão familiarizados com o *digital*, agora que vivemos em um mundo digital — Twitter e outras redes sociais; PayPal, Venmo, Zelle e outros aplicativos de pagamento on-line; Amazon e outras lojas on-line; e por aí vai.

Quanto à segunda metade da palavra *criptomoeda*, bem, precisamos separá-la em duas partes: *moeda*, sim, mas *ativos* também. Não mencione um quando quiser falar do outro. Vamos discutir mais sobre isso no capítulo 8. Por enquanto, perceba apenas que existe uma diferença.

Mais um item: *moeda fiduciária*. Você vai encontrar muito essa expressão. Moedas fiduciárias são emitidas por governos, mas não são lastreadas em nada (por exemplo, ouro); em vez disso, cidadãos depositam sua fé na habilidade e boa vontade do governo de apoiar a moeda. Quando uma moeda é lastreada em, digamos, ouro (como era a situação do dólar americano antes de 1973), a quantidade de moeda que pode ser impressa é limitada pela quantidade de ouro nas mãos do governo. Ao substituir moedas lastreadas em ouro, o banco central pode controlar mais livremente o volume de dinheiro impresso. Hoje, praticamente todas as moedas do mundo, incluindo o dólar americano, são moedas fiduciárias.

Se eu não gosto do termo cripto, por que o usei no título do livro!?
Porque ainda é, infelizmente, a nomenclatura comum. Minha editora achou que essa seria a melhor maneira de atrair leitores,[9] e eu

---

[9] E funcionou!

achei difícil discordar disso. Mas espero que agora você saiba por que é melhor parar de usar o termo.

Comunicado

Este livro descreve muitas moedas e tokens digitais pelo nome, e eu e minha esposa, Jean, temos muitas delas. O livro também contém os nomes e descrições de várias empresas, e eu me relaciono com muitas delas também. Em alguns casos, Jean e eu investimos dinheiro nessas empresas (e não apenas em suas moedas e tokens). Em outros casos, investimos na empresa patrocinando seus investimentos. Finalmente, algumas empresas são patrocinadoras ou anunciantes da DACFP, ou de minha empresa de mídia, a The Truth About Your Future (A verdade sobre seu futuro, tradução nossa) (thetayf.com), dedicada a ensinar consumidores e investidores a respeito da blockchain, de ativos digitais e tópicos relacionados. Por fim, sou também um consumidor de alguns dos produtos mencionados neste livro.

Dessa forma, em cada página que contenha a primeira menção a cada uma dessas moedas, tokens ou empresas, você verá ícones (e notas de rodapé, caso mais comunicados sejam necessários). Os ícones e seus significados são:

No momento em que escrevo, Jean e eu possuímos o ativo sob discussão. Consequentemente, temos interesse econômico em seu sucesso.

No momento em que escrevo, Jean e eu temos patrimônio líquido, opções de ações, garantias, ações consultivas (advisory shares), dívidas conversíveis, bonds ou outras dívidas do emissor que está sendo analisado (ou cujo produto, serviço ou investimento esteja sendo discutido). Consequentemente, temos interesse econômico no sucesso do emissor. Caso você compre, contrate, assine ou de alguma forma utilize esses produtos, serviços ou investimentos, o emissor recebe um faturamento, que, em troca, pode beneficiar a Jean e a mim.

No momento em que escrevo, a empresa que está sendo discutida, ou a empresa por trás do produto ou serviço em discussão, é patrocinadora ou anunciante da DACFP e/ou da TAYF. Recebo um incentivo econômico se alguém comprar, contratar, assinar ou utilizar de alguma outra forma seus produtos ou serviços (especialmente se você disser que fui eu que o mandei!), de modo que vou ter mais chances de persuadi-los a manter ou aumentar seus patrocínios e campanhas de anúncio em minhas empresas.

No momento em que escrevo, sou um consumidor ou usuário do produto ou serviço mencionado.

Existem apenas duas maneiras de evitar esses conflitos de interesse: Jean e eu poderíamos renunciar a todos os ativos digitais ou encerrar nossas atividades empresariais — mas, convenhamos, isso não vai acontecer. Ou eu poderia omitir qualquer referência no livro a qualquer um desses ativos ou empresas. Seria um imenso desserviço a você. Faria este livro se tornar praticamente inútil, já que eu seria incapaz até mesmo de usar a palavra *bitcoin* (que aparece mais de 600 vezes nas páginas deste livro).

Então, como esses conflitos não podem ser evitados, adotamos a segunda melhor opção ao comunicá-los a você. Dessa forma, com base em seu próprio julgamento, você poderá tirar suas conclusões.

Conforme for avaliando a performance dos dados apresentados nestas páginas, tenha em mente que resultados passados não garantem retornos futuros. Além do mais, compilei dúzias de listas para ajudar você a encontrar investimentos, empresas e vendedores que estejam fornecendo os produtos e serviços que você vai descobrir serem úteis, conforme for se engajando no mundo dos ativos digitais. Embora eu tenha almejado providenciar listas que sejam precisas e completas, não me responsabilizo por quaisquer erros ou omissões que ocorram. Você deverá usar essas listas como um ponto de partida para seus próprios esforços de pesquisa, e não depender delas para tomar decisões de compra de qualquer produto ou serviço referenciado.

Singularity University

Agora você está preparado para começar!

Na primeira parte do livro, vou apresentar você à tecnologia da blockchain — veremos como ela funciona e por que ela é tão transformadora para nossa economia global. Na segunda parte, você vai aprender sobre bitcoin e outros ativos digitais. Na terceira parte, vai descobrir as oportunidades de investimento: como selecionar aquelas que são certas para você, e como incorporá-las a seu portfólio de investimentos gerais. Na quarta parte, abordaremos regulamentações, impostos e compliance. E, na quinta, vou ajudar você a começar a encontrar respostas para suas preocupações mais comuns.

Vamos começar!

I

ENTENDENDO A TECNOLOGIA

As quatro inovações mais transformadoras da história do comércio

Todos os avanços humanos se devem à inovação — desde novas formas de pensamento até a invenção de novas ferramentas. No mundo do comércio, especialistas sugerem que as quatro inovações mais impactantes são:

- O fogo;
- A roda;
- A internet;
- A blockchain.

É fácil concordar que as três primeiras mudaram a história. Mas e a blockchain?

Você não deveria ter me pedido para te mostrar como funciona.

Sim, a blockchain. Pense nela como a internet 3.0. A primeira internet conectou pessoas em uma escala massiva — é só lembrar do Facebook e de outras redes sociais. Você sabe quão impactante isso foi (e ainda é). O que levou à internet 2.0 (mais comumente conhecida como IOT, a Internet of Things [Internet das Coisas]). Essa internet conecta coisas umas às outras — meu cachorro usa uma coleira que me avisa pelo celular caso ele saia do quintal. E, na padaria, um QR code informa ao caixa automático que estou comprando uma banana.

A internet 3.0 é a Internet do Dinheiro, também conhecida como blockchain. Conectar o dinheiro via internet é tão transformador para o comércio e a sociedade quanto a Internet das Pessoas e a Internet das Coisas têm sido, e, como o dinheiro faz o mundo girar, a Internet 3.0 provará ser ainda mais impactante que suas predecessoras. As oportunidades de criação de riqueza em escala global nunca aconteceram antes.

De fato, a Nasdaq diz que a tecnologia da blockchain "assegura uma grande promessa ao permitir que mercados de capitais operem de maneira mais eficiente e com maior transparência e segurança". O Bank of England (banco central da Grã-Bretanha, comparável ao Federal Reserve norte-americano) vai além, ao dizer que a tecnologia da blockchain poderia transformar o sistema financeiro mundial. Mais de 90% dos bancos do mundo estão desenvolvendo tecnologias de blockchain; em 2021, o Bank of America sozinho emitiu mais de 160 aplicações de patentes envolvendo tecnologias de pagamento digital. A JPMorgan Chase diz que os bancos vão economizar 120 bilhões de dólares por ano. De acordo com a empresa de inteligência financeira IDC, bancos e outras empresas gastaram 6,6 bilhões de dólares na blockchain R&D em 2021 e vão gastar 19 bilhões por ano até 2024. Atualmente, quase todas as maiores faculdades e universidades dos Estados Unidos já oferecem cursos sobre a blockchain e ativos digitais, e engenheiros de blockchain já são os programadores mais bem pagos do país, ganhando mais de 175 mil dólares por ano. (De acordo com o LinkedIn, postagens de emprego em posições de "cripto" e "blockchain" dispararam 1.000% em 2021. As maiores empresas de serviços financeiros, incluindo JPMorgan Chase, BNY Mellon, Deutsche Bank, Wells Fargo, Citigroup, Goldman Sachs, Morgan Stanley, Capital One,

UBS, Bank of America, Credit Suisse e Barclays, contrataram 40% mais funcionários cripto em 2021 do que no ano anterior. Empregos incluem profissionais de vendas, trabalhadores projetando produtos de cripto para consumidores e engenheiros que constroem plataformas blockchain para bancos.)

A empolgação não se limita ao setor financeiro. A Marketsand-Markets reportou que o mercado blockchain vai crescer 53% por ano, chegando a 3,2 bilhões de dólares até 2026. A revista *Billboard*, por exemplo, diz que a blockchain "oferece soluções para problemas insolúveis, como o monitoramento de direitos autorais de músicas e a distribuição confiável de royalties e ingressos de eventos".

Tudo isso ajuda a explicar por que a PricewaterhouseCoopers afirma que a tecnologia blockchain acrescentará aproximadamente 2 trilhões à economia global, 80 trilhões de dólares até 2030. De fato, transformadora.

(2) Por que a blockchain é tão transformadora

A tecnologia blockchain vai ser tão impactante porque vai revolucionar os negócios. E tudo começa com um humilde livro-razão.

O que é um *livro-razão*? É um lugar em que se registram depósitos e saques. Sua caderneta é um livro-razão, uma tabela de Excel é um livro-razão. Ambas são privadas; apenas você tem acesso a elas, e apenas você pode decidir quem pode ver as informações. Caso você queira fraudar, pode criar um segundo livro-razão com informações falsas — e pode mostrar o falso para outras pessoas no lugar do verdadeiro (isso é conhecido como caixa dois, e foi a derrocada de Al Capone).

Livros-razão são usados em todo o sistema financeiro mundial. Uma vez que cada livro-razão é privado, seu gerenciamento e sua manutenção são caros, permitindo fraudes e abusos. Desse modo, de acordo com a IBISWorld, a indústria de contabilidade mundial vale 120 bilhões de dólares. Não é de surpreender que os custos sejam altos!

Agora, imagine um livro-razão em uma blockchain. Ele será amplamente distribuído a todos que têm conexão com a internet, o que é o motivo para a blockchain também ser conhecida como DLT, Distributed Ledger Technology (tecnologia distribuída de livros-razão, tradução nossa). Em vez de privada, a DLT é pública; qualquer um pode ver a qualquer momento, de graça (é só visitar www.blockchain.com/explorer). Mas, apesar de qualquer um poder ver os dados, ninguém pode alterá-los. De fato, os dados em uma blockchain nunca podem ser apagados, alterados ou copiados por ninguém.

Isso que acabei de descrever é revolucionário.

Veja: quando observo dados em seu livro-razão privado, sou forçado a confiar que os dados são legítimos. É por esse motivo que nosso sistema financeiro global é conhecido como a economia da confiança. Nós fazemos negócios uns com os outros porque confiamos uns nos outros. Mas existem limites para a confiança. Logo, eu contrato auditores para confirmar que o que você está me dizendo é verdade.

A confiança (ou a falta dela) é o que faz ser tão complicado comprar uma casa. Nos Estados Unidos, após assinar o contrato de venda, você designa um advogado imobiliário para conduzir uma pesquisa de titularidade — para verificar se o vendedor é realmente dono da escritura e detém os direitos legais de vendê-la. Depois, você compra um seguro da escritura, para o caso de a pesquisa de titularidade ter falhado. Enquanto solicita um financiamento, o emissor verifica se você realmente tem a renda e os ativos que diz ter. Tudo isso adiciona meses e dezenas de milhares de dólares à transação — e nada disso aumenta o valor da casa. Você está gastando dinheiro na verificação porque nós operamos em uma *economia de confiança*.

Blockhains eliminam tudo isso. Elas substituem a economia de confiança por uma *economia de autenticação*. Uma vez que os dados na blockchain são permanentes, não precisamos confiar em sua legitimidade. Eles simplesmente *são*, de maneira inata. O motivo: como um registro *distribuído*, múltiplas partes (todos os computadores na rede) possuem uma cópia idêntica. Todos os registros estão conectados de tal forma que ninguém é o detentor exclusivo do registro, e, dessa forma, ninguém pode adulterá-lo (precisariam adulterar todas as cópias do registro que existe, em todos os lugares, e precisariam adulterar todas ao mesmo tempo).

Retornemos às tabelas no Excel. Imagine inserir dados sobre si mesmo na célula A1. Na célula B1 você encontrará a escritura de sua casa, e, na C1, a informação sobre o comprador. Cada célula é um bloco. Dentro de cada bloco há dados. E os três blocos (block) estão conectados entre si em uma corrente (chain). Uma blockchain.[10]

---

10 Veja, essas coisas não são tão complicadas assim.

Como os dados foram verificados e estão conectados entre si, a transação pode ser completada quase instantaneamente — é tão rápido quanto comprar bananas na mercearia. Isso significa que você se qualifica instantaneamente para o financiamento. Sem precisar de pesquisas de titularidade ou seguros. Sem depósitos de caução. Eliminam-se meses de atraso e você poupa milhares de dólares em taxas. Você poderá se mudar para a casa no mesmo dia em que o contrato de venda for aceito.

É impossível exagerar ao afirmar o quanto isso é transformador para o comércio global. E também é incrivelmente disruptivo — porque, se você for o advogado imobiliário ou a empresa de seguros de escrituras, acaba de se tornar tão obsoleto quanto o construtor de carruagens puxadas por cavalos.

De fato, blockchains eliminam todos os *intermediários* entre compradores e vendedores. Graças à tecnologia de blockchain, não precisamos mais deles. Corretores da bolsa, advogados, agentes de seguros, revendedores de ingressos — qualquer um que processe papelada para auxiliar compradores e vendedores a executar suas transações provavelmente vai ficar sem trabalho. Estamos falando de cerca de dez milhões de trabalhadores de colarinho branco nos Estados Unidos, representando 21% do PIB norte-americano.[11]

---

[11] Para uma lista de exatamente quais trabalhos serão eliminados até 2035, veja o capítulo 14 do meu livro *The Truth About Your Future*.

As funcionalidades da blockchain

Até agora, vimos apenas um exemplo do poder transformador dessa nova tecnologia. E estamos apenas no começo. As funcionalidades da blockchain são extensas, graças aos seus muitos recursos. Destacamos alguns deles:

1. **É descentralizada.** Não há um único ponto de falha potencial. Nenhuma localidade ou indivíduo pode ameaçar a rede — seja por malícia ou incompetência.
2. **Sem conspirações.** Sendo descentralizada, é extremamente difícil ocorrer manipulação.
3. **Transparência.** Todos têm igual acesso a todos os registros. É a democratização da informação.
4. **Não há autoridade preferencial.** Não há hierarquia, como em sistemas centralizados.
5. **Imutabilidade.** Uma vez criado, um registro não pode ser deletado, copiado ou alterado.
6. **Ilimitado.** É possível incluir infinitamente novos dados em registros já existentes.
7. **Software *open-source*.** O programa não é apenas visível e auditável por qualquer um; ele também pode ser mudado por consenso. Sem ditadores, sem CEOs.
8. **Baixo custo de transações.** A tecnologia não é cara, o que a torna mais acessível a um número maior de pessoas em todo o mundo.
9. **Maior velocidade.** O tempo é a única commodity que todos possuímos em igual medida, e que não podemos repor. Dessa forma, a capacidade de completar transações mais rapidamente é uma das características-chave da blockchain.
10. **Anonimato.** Em muitos casos, você pode postar dados em uma blockchain e executar transações enquanto mantém sua privacidade.

Os benefícios da blockchain

Existem milhares e milhares de aplicações comerciais para a tecnologia de blockchain. A Distributed Ledger Technology (DLT) permite que governos e comércios operem em maior velocidade, com mais segurança, a um custo menor e com mais transparência. Vamos observar alguns de seus principais usos.

Compras de consumidores

Visa
Amex

Em 2020, 4,2 trilhões de dólares em transações comerciais, representando 14% de todo o comércio mundial, foram movimentados através da internet. A maioria dessas transações envolveu cartões de crédito; Visa e MasterCard tradicionalmente cobram dos comerciantes cerca de 2%; American Express e Discover, 3%. Isso representa cerca de 100 bilhões de dólares por ano em taxas, que os comerciantes repassam aos consumidores sob a forma de preços maiores.

A tecnologia de blockchain permite que consumidores pulem a infraestrutura do cartão de crédito e transmitam o dinheiro diretamente aos comerciantes. Isso proporciona aos consumidores um enorme corte de gastos, mas é uma ameaça existencial para as empresas de cartões de crédito.

Remessas

A cada ano, 4 trilhões de dólares são transferidos de um país a outro. E não são apenas grandes corporações que transferem dinheiro globalmente. Pessoas comuns também o fazem: de acordo com o Banco Mundial, trabalhadores migrantes enviam cerca de 500 bilhões de dólares de um país a outro — geralmente para familiares que vivem no país de origem.

Para enviar dinheiro a outro país (o que é chamado de *pagamento transfronteiriço*) por intermédio do sistema bancário mundial, utiliza-se o SWIFT, a rede Society for Worldwide Interbank Financial Telecommunication (sociedade para telecomunicações financeiras interbancários mundiais, tradução nossa). Mais de 11 mil bancos processam mais de 35 milhões dessas transações todos os dias, e cada transferência pode levar até cinco dias para ser processada e custa uma média de 6,7% da quantia que estiver sendo transferida (e até 20% em alguns países subsaarianos). Caso seja sexta-feira à noite, você vai precisar esperar até segunda-feira para pedir ao seu banco que inicie a transferência (e vamos torcer para segunda não ser feriado).

Com a tecnologia blockchain, pode-se transferir dinheiro 24 horas por dia, 7 dias na semana, 365 dias no ano. O recebedor será pago em questão de minutos, possivelmente de segundos, e a transação será gratuita — poupando de consumidores e empresas 268 bilhões de dólares por ano. Processadores de pagamentos como o Western Union poderiam se tornar obsoletos.

Financiamento corporativo

Goldman Sachs

Centenas de governos (incluindo o Banco Real do Canadá, o Banco da Tailândia, o Banco de Investimentos Europeu e o Banco Mundial) e corporações (incluindo HSBC, Goldman Sachs, Société Générale e Santander) venderam bonds[12] via blockchain. Segundo a fintech alemã Cashlink, fazer isso elimina 35% dos custos de análise de risco e permite que investidores recebam rendimentos superiores.

Comércio internacional

Empresas que realizam negócios fora de seus países de origem encontram riscos financeiros significativos por causa de atrasos rotineiros no sistema bancário. Ao usar a moeda local para comprar um produto, o comerciante estrangeiro deverá converter sua moeda para a moeda da região. Quanto mais essa conversão demorar, maior será o risco de flutuações de preço. Também existem taxas substanciais para converter uma moeda, mesmo que isso seja feito rapidamente. Já é ruim o suficiente quando se está gastando alguns milhares em uma viagem internacional. Imagine gastar vários bilhões de dólares em compras corporativas. As perdas podem ser enormes.

A tecnologia de blockchain pode resolver ambos os problemas. As transferências ocorrem em tempo real, eliminando o risco de conversão de moedas estrangeiras e aliviando preocupações de fluxo monetário. Com blockchain, moedas podem ser convertidas em segundos a, comparativamente, custo zero, o que representa uma enorme economia, tanto de dinheiro, quanto de tempo.

Dinheiro programável, ou contratos inteligentes

Quando se envia dinheiro a alguém via blockchain, ele é recebido quase instantaneamente. Mas talvez você não queira que isso aconteça. Tal-

---

12 Títulos de dívida, de renda fixa. [N. E.]

vez você queira pagar apenas se, ou quando, o que foi prometido for cumprido — como a entrega de sua pizza — ou, digamos, apenas em determinada data, hora, temperatura, clima, resultado político ou esportivo, ou qualquer outra situação. Com contratos inteligentes, seu dinheiro é enviado, mas não é recebido até que todas as condições sejam atendidas — usando uma blockchain como uma conta de custódia.

Ethereum

Contratos inteligentes poderiam alterar a forma como o comércio é conduzido em escala global. Acordos complexos no setor financeiro, no de manufatura, no imobiliário, entre outros, podem ser executados com maior transparência, eficiência, segurança e compliance — protegendo compradores do risco de que vendedores não cumpram suas promessas.

Micropagamentos

Um problema que impede que muitas indústrias alcancem o sucesso é a inabilidade de realizar pagamentos em pequenas quantidades. Em 2020, Bob Dylan vendeu os direitos autorais de seu catálogo de músicas para uma gravadora. E se essa empresa decidisse vender esses direitos a investidores? Seria legal ter uma ação de "Mr. Tambourine Man" — imagine receber a sua parte dos royalties toda vez que a música for tocada na rádio ou no Spotify!

O problema é que a sua parte seria minúscula. Segundo consta, o catálogo de mais de seiscentas músicas de Bob Dylan teria sido vendido por 400 milhões de dólares. Cada música, desse modo, vale aproximadamente 667 mil dólares. Digamos que as músicas sejam vendidas por ações custando mil dólares cada — isso seria cerca de 670 ações de "Mr. Tambourine Man". Quando a música é tocada na rádio, ela rende 9,1% em royalties. Caso toque doze vezes ao ano, cada uma dessas ações teria o direito de receber um pagamento de US$0,0016. Como eu disse, sua parte seria minúscula.

Além de não existir uma moeda para uma quantia tão baixa (pennies são apenas duas casas decimais de dólar), o custo da distribuição desse pagamento superaria o próprio pagamento. Só o selo para enviar o cheque pelo correio custa 55 centavos, e não vamos esquecer do custo do cheque e do trabalho para emiti-lo e registrá-lo. É economicamente impossível fazer pagamentos de quantias tão pequenas. Mas isso se dá apenas porque a menor fração do dólar é o penny, que alcança apenas duas casas decimais. Porém, o dinheiro digital (sendo composto de bits e bytes, de uns e zeros) pode ser fracionado em unidades muito menores. É fácil, dessa forma, criar um dinheiro digital que seja apenas uma centena de milionésimo de uma moeda. Isso já foi feito — conforme vamos aprender no capítulo 8. E, por ser digital, nenhum gasto de postagem é necessário para transferi-lo. Como resultado, a tecnologia de blockchain torna os micropagamentos possíveis, impulsionando ainda mais o potencial do e-commerce mundial.

De fato, 17% dos adultos que não têm contas bancárias — 300 milhões de pessoas — têm um telefone celular, e isso é tudo de que se precisa para acessar ativos digitais. Novas tecnologias estão providenciando para bilhões de pessoas um acesso sem precedentes a dinheiro.

Gestão de cadeias de suprimentos

Cadeias de suprimentos se referem ao movimento de bens de uma fábrica ao consumidor. Essa cadeia é longa, iniciando-se com matérias-primas e partes que são obtidas ou confeccionadas e mandadas para uma fábrica, onde, então, são construídas ou montadas, entregues para um distribuidor, depois a um varejista e, por último, ao consumidor. É caro para os fabricantes pedir e seguir o rastro de todas essas partes e produtos finalizados.

Graças aos registros compartilhados, disponíveis pela primeira vez via tecnologias de livros-razão distribuídos, podemos monitorar o processamento de bens e serviços enquanto eles fluem através da cadeia de suprimento. Dentro do modelo DLT, todas as partes da cadeia se tornam interconectadas. Comerciantes, despachantes, transportadores em terra, portos e terminais, transportadores oceânicos, assim como a alfândega, FDA, forças de policiamento e outras autoridades, todos trabalham dentro de um sistema seguro. Todos compartilham informações em tempo real, as quais contemplam marcos de entrega, detalhes de carga, documentos comerciais, preenchimentos de alfândega, leituras de sensores e mais. Quando não há confiança, o sistema promove colaboração ao digitalizar e automatizar processos empresariais essenciais ao comércio global.

Considere a indústria pesqueira. A Associação Norueguesa de Frutos do Mar está utilizando a blockchain criada pela IBM para rastrear salmões enquanto eles são criados, pegos, armazenados e despachados. No mercado, consumidores podem escanear o QR code de cada peixe e assim saber quando ele foi cultivado e há quanto tempo deixou o mar. Em troca, os pescadores podem se prevenir de fraudes e reduzir desperdícios.

Considere, então, os relógios de luxo. Alguns dos relojoeiros mais prestigiados do mundo, incluindo Vacheron Constantin, Ulysse Nardin e Breitling, estão usando tecnologia blockchain para rastrear todos os relógios que confeccionam. Isso permite que compradores autentiquem a procedência de cada relógio, da fábrica ao varejista — e garante a autenticidade ao longo de mudanças de donos. A Louis Vuitton está fazendo o mesmo com suas bolsas de luxo.

Praticamente, todas as indústrias podem encontrar utilidades e benefícios similares ao implementar tecnologias de blockchain. Hoje, a maioria das empresas ainda não está engajada, mas é quase certo que a aplicação de tecnologias de blockchain vai crescer exponencialmente; a Xerox inventou a máquina de fax comercial em 1964, mas máquinas de fax só se tornaram onipresentes em escritórios de empresas nos anos 1980. Não vai demorar tanto tempo assim para que tecnologias de blockchain se tornem corriqueiras. Registros médicos, transações financeiras, relatórios educacionais, informações ambientais — a lista de dados que podem ser colocados na blockchain é infinita, e empresas e governos têm um incentivo enorme para fazer isso.

Realmente infinita? Pode apostar. Temos falado sobre a cadeia de suprimentos em termos de produtos manufaturados. Mas poderíamos facilmente estender essa conversa para o setor de serviços financeiros, cujo produto é... dinheiro. Todos aqueles livros-razão, em todos os bancos e empresas de corretagem? Eles realmente são apenas armazéns de dados financeiros. Imagine fazer a transição de todos esses dados para uma blockchain. Sabe o que você teria? Todos os registros empresariais da atividade comercial, em todos os pontos da cadeia de suprimentos, em um único banco de dados. Todos poderiam rastrear cada transação, independentemente de quantos intermediários estiverem envolvidos. Teríamos acesso aberto e transparência de maneira nunca antes vista. Até agora. *Essa* é a verdadeira promessa da tecnologia de livros-razão distribuídos.

Identidade autogovernante

A tecnologia de blockchain permite que, em vez de ter o Facebook capturando, tornando-se dono e sendo capaz de usar todas as suas informações pessoais sem seu conhecimento ou aprovação, e sem que você tenha qualquer compensação por isso, você controle sua identidade e suas informações pessoais. Você pode dar acesso ao seu eu digital como quiser, e pode ser compensado por isso.

O benefício e o uso mais importantes de todos

É fácil descartar a tecnologia blockchain como uma moda passageira, uma novidade, um brinquedo, uma escolha. Ao pensar sobre ela, a maioria dos norte-americanos — e, de fato, a maioria das pessoas ao redor do mundo — pode muito bem perguntar: "Qual o objetivo disso?".

Afinal, todos estamos bem, muito obrigado, sem ela. Nosso sistema bancário opera bem (mesmo que gostemos de reclamar dele). Podemos assinar concessões e contratos de compra que nos permitam adquirir produtos após prometer pagar por eles no futuro. Podemos facilmente pegar dinheiro emprestado para comprar casas, carros e móveis. Não tem dinheiro hoje? Sem problemas, podemos simplesmente cobrar taxas diárias em nossos cartões de crédito. E o dinheiro em nossas contas bancárias? Ele está seguro — nós nunca nos preocupamos com a possibilidade de o banco fechar ou de o governo confiscar nossa renda.

Claro, se você está lendo este livro, as chances de que você não precise da blockchain para fazer a sua vida melhor são altas. Sua vida já é boa.

A vida é igualmente boa para 5,6 bilhões de outras pessoas ao redor do mundo. Mas 2 bilhões de pessoas (incluindo 6% em residências norte-americanas) não são tão afortunadas. Elas estão desbancarizadas, isto é, lhes faltam os fundos necessários para abrir uma conta bancária. Como resultado, elas não aproveitam nenhum dos benefícios que você e eu temos garantidos.

Considere o crédito. Sem crédito, nos Estados Unidos, você provavelmente não poderá entrar na universidade, dirigir um carro ou comprar uma casa — e esqueça as compras que requeiram um cartão de crédito (como as compras on-line). Sem crédito, os negócios não podem investir em fábricas, pagar por pesquisa e desenvolvimento de produtos, nem financiar com facilidade a distribuição de seus produtos. De fato, sem acesso a crédito, a economia global seria severamente prejudicada.

Mas aqui está a parte fascinante. Dos 2 bilhões de pessoas que estão desbancarizadas, a Fundação Pew diz que 60% têm celulares — que elas podem usar para obter e manter ativos digitais. Isso permite que se crie um histórico transacional de suas rendas e compras, o que permite que os credores lhe determinem um valor disponível para crédito. E microcredores — aqueles dispostos a emprestar quantias pequenas, como 25 dólares — podem alcançá-los. De repente, o acesso ao crédito se torna disponível sem o envolvimento de bancos.

Um ótimo exemplo disso é o M-Pesa, lançado no Quênia em março de 2007 (*M* representa *móvel*; *pesa* é *dinheiro* em suaíli). Hoje, 96% das residências quenianas o utilizam. Ele também está disponível na Albânia, na República Democrática do Congo, no Egito, em Gana, na Índia, em Lesoto, em Moçambique, na Romênia e na Tanzânia.

O M-Pesa permite que consumidores recebam e armazenem dinheiro de forma segura e paguem suas contas. Nenhuma conta bancária é necessária; tudo de que se precisa é um telefone celular básico (usuários de smartphones podem baixar um aplicativo). O governo queniano diz que o M-Pesa reduziu significativamente roubos na rua, invasões domésticas e a corrupção, comuns em economias baseadas em dinheiro físico. Ele também permitiu a criação de *medidores inteligentes*, aparelhos pré-pagos que permitem que residências de baixa renda paguem por eletricidade e água em modelo *pague conforme o uso*. O M-Pesa também é usado para pagar pela entrega de comida a 100 mil refugiados, eliminando intermediários e reduzindo, dessa maneira, o custo da distribuição dos subsídios, enquanto cria oportunidade de emprego para pessoas em campos de refugiados.

Tudo isso explica por que, dos norte-americanos que sabem o que é uma moeda digital, apenas 18% apoiam que o governo crie uma — o

Statista

que passa a 42% entre aqueles que não têm contas bancárias. Também explica por que 32% da população da Nigéria possui bitcoin, fazendo com que seja o país número 1 para a adoção de criptos, de acordo com o Statista; por que El Salvador declarou o bitcoin uma moeda de curso legal (e por que o Panamá, a Ucrânia e o Paraguai também planejam fazer o mesmo); por que Cuba formalmente adotou o bitcoin para ser usado pelos seus cidadãos, e por que os maiores usos *per capita* do bitcoin são no Vietnã (onde 21% dos adultos possuem bitcoin), nas Filipinas (20%), na Turquia (16%), no Peru (16%) e na Índia (9%).

A blockchain oferece a melhor via já inventada para eliminar a pobreza ao redor do globo, elevando o padrão de vida de bilhões de pessoas e alavancando a economia mundial, o que ajuda a todos no planeta. Sem dúvida, essa é a maior promessa da blockchain e seu uso e benefício mais importante.

Por mais emocionantes que todos esses ganhos sejam, tenha em mente que, por enquanto, eles são apenas promessas. Poucas aplicações já estão em uso, com relativamente poucos usuários. Conforme for avaliando as oportunidades de investimento que vamos abordar na Parte III, lembre-se de que os fundamentos de negócios ainda são válidos. A empresa está providenciando um serviço que os consumidores querem? A implantação da blockchain está resolvendo um problema real ou é apenas um chamariz de marketing? Tenha a mesma cautela que você teria com qualquer possível investimento.

③ Como a blockchain — e o bitcoin — surgiram

A maior parte das pessoas dá o crédito pela concepção da tecnologia de blockchain a Satoshi Nakamoto, que em 2008 escreveu um artigo descrevendo a ideia.[13] Na verdade, podemos agradecer Scott Stornetta e Stuart Haber. Eles se conheceram na Bell Labs. Scott é PhD em física teórica pela Stanford; Stuart é PhD em Ciência da Computação pela Columbia. Eles foram coautores em artigos pioneiros descrevendo seus conceitos em 1991 (recebendo o Prêmio Discover para Software de Computadores em 1992). Das oito citações no artigo técnico de Satoshi em 2008, três referenciam o trabalho de Scott e Stuart.[14]

Por que, então, Satoshi é tão mais famoso? Porque Satoshi solucionou o problema que impedia a tecnologia blockchain de funcionar.

O problema da apresentação dupla

Digamos que sua avó envie a você um cheque de 50 dólares no seu aniversário. Você gostaria de gastar esse dinheiro, mas ninguém vai aceitar o cheque como pagamento. Eles não sabem se o cheque é real, ou se sua avó tem cinquenta pratas na conta para cobri-lo (aqui está a tal *confiança* de novo). Então, você deposita o cheque em sua conta bancária e espera que ele seja compensado. Aí, você saca o dinheiro para poder gastá-lo.

Há pouco tempo, você teria que ir ao banco e fisicamente entregar o cheque da sua avó ao caixa. Adeus, cheque; olá, aumento no seu

---

13 Ninguém sabe quem ele é. Muitos acreditam que Satoshi seja um indivíduo; outros pensam que Satoshi é o nome de um grupo de pessoas que colaboraram para inventar o Bitcoin.

14 Scott é um membro do meu corpo docente na DACFP. Ele leciona cursos on-line que capacitam profissionais financeiros a obter seu certificado em Blockchain e Ativos Digitais.

saldo. Então, em 2009, o USAA se tornou o primeiro banco a aceitar a foto do cheque da vovó. Você simplesmente tirava uma foto com seu celular e a mandava via e-mail para o banco.

Mas... espere. Você ainda está em posse do cheque físico. O que impediria você de andar até uma agência do banco e depositar o cheque depois de ter mandado a foto? Ao fazer dois depósitos com o mesmo cheque — uma vez via telefone e outra via agência física —, sua conta teria 100 dólares, e não apenas 50. Faça um saque rápido antes que o banco perceba o que você fez, e você terá dobrado seu dinheiro.

Isso é crime, claro; a F5, uma firma de cibersegurança, diz que bancos perdem 1,7 bilhão de dólares anualmente por esse golpe, chamado de *fraude da apresentação dupla.*

Esse problema também poderia existir com blockchains. E se duas cópias da mesma escritura forem postadas? E se duas pessoas se declarassem, individualmente, donas da mesma casa?

Satoshi resolveu esse problema. Essencialmente, a inovação de Satoshi inclui uma marca do horário e uma encriptação em cada bloco de dados inserido em uma blockchain. Uma vez feito, todos sabem que a informação é confiável porque ela foi autenticada. Nenhuma confiança é necessária.

A introdução do bitcoin

Certo. Tudo bem. Você entendeu. Você precisa da tecnologia de blockchain para autenticar dados criptograficamente. Mas por que a necessidade de bitcoin?

A resposta é simples. Satoshi chamou essa nova blockchain de *Bitcoin*. E, para submeter um bloco de dados à corrente, você precisa de um meio de transporte. Satoshi chamou isso de *bitcoin*.[15] O bitcoin é para a rede Bitcoin o que fichas são para um cassino. Caso queira jogar pôquer, você deve converter seus dólares em fichas. As fichas são seu meio de transporte — você as utiliza para jogar as rodadas. Quando acabar, pode convertê-las de volta em dólares. O mesmo vale para a

---

15 Eu teria preferido usar uma palavra diferente, só que iniciando em minúsculas, de modo a evitar confusões, mas Satoshi não pediu minha opinião.

blockchain: caso queira inserir blocos de dados na rede, você deve utilizar moedas que sejam nativas do sistema. Satoshi as inventou, e, em vez de chamá-las de dólares, pennies, chips, tokens ou ações, ele as chamou de bitcoin.

Então, se você quiser se envolver com a blockchain de Satoshi, deverá usar bitcoin. Ele tem sua própria sigla (BTC), igual às ações negociadas publicamente.

O que motivou Satoshi a consertar aquele problema bancário ao inventar o Bitcoin

Em 2008, o mundo estava atolado em uma crise de crédito global. Emissores de hipotecas tinham feito empréstimos a pessoas que não poderiam pagá-los, e, quando milhões dessas pessoas deixaram de pagar, os credores perderam todo o seu dinheiro.

O maior credor, Countrywide Financial, colapsou junto com o IndyMac Federal Bank e o Washington Mutual Bank. O governo nacionalizou o Fannie Mae e o Freddie Mac. O Bear Stearns fechou as portas, seguido pelo Lehman Brothers. O governo resgatou o Citigroup, e então fez um arranjo para que o Bank of America comprasse o Merrill Lynch, que estava em processo de falência. Enquanto isso, a Wells Fargo comprou a Wachovia, ao passo que o Goldman Sachs e o Morgan Stanley se tornaram bancos gestores de participações, sujeitos ao Federal Reserve. O Reserve Primary Fund, o mais antigo mercado monetário do país, com 60 bilhões de dólares em ativos, *broke the buck*,[16] tornando-se o primeiro de tais fundos a perder dinheiro (e criando uma corrida em Wall Street). Finalmente, o Congresso liberou o Programa de Alívio de Ativos Problemáticos (TARP — Troubled Asset Relief Program) com 700 bilhões de dólares, para resgatar a Ford, a GM, a Chrysler e a AIG, maior empresa de seguros do mundo.

Ford
Bank of America

Tudo isso foi chocante e sem precedentes, e ocorreu a uma velocidade incrível. O TARP ajudou a evitar o colapso econômico, mas um novo medo surgiu: o de que o enorme fluxo de dinheiro para a econo-

---

16 Quando as ações de um investimento estão abaixo de 1 dólar. [N. E.]

mia e o aumento resultante na dívida federal levassem a uma inflação global descontrolada.

Satoshi estava de saco cheio. Não haveria uma maneira melhor de operar nosso sistema financeiro global? Então, em dezembro de 2008, nas profundezas da crise financeira, Satoshi publicou um artigo técnico de nove páginas, *Bitcoin, um sistema de dinheiro eletrônico peer-to--peer*.[17] No artigo, Satoshi descreveu o problema:

> A raiz do problema com moedas convencionais é toda a confiança necessária para que o sistema funcione. Deve-se ter confiança de que o banco central não vai depreciar a moeda, mas a história de moedas fiduciárias é cheia de falhas nessa confiança, e essa noção é o problema.

O que Satoshi sugeriu como solução? Você não precisa ler o artigo técnico. Em vez disso, leia apenas o título.[18] Vamos nos concentrar nas palavras exatas.

- **Bitcoin** — A primeira palavra do título foi a introdução da novíssima invenção de Satoshi. O nome é uma combinação esperta de coin [moeda] (fazendo referência a dinheiro) e bit (referindo-se aos bits e bytes de computadores, a base para dados).
- **Sistema** — É isso que o Bitcoin é: um sistema completo, contido em si mesmo, que permite o giro da economia digital.
- **Dinheiro** — Esse novo sistema eletrônico providencia uma maneira de transferir dinheiro de uma pessoa ou entidade para outra.
- **Eletrônico** — Satoshi criou um sistema projetado para funcionar na era digital, fazendo uso da internet. E, mais importante: o papel não está envolvido, diferentemente de moedas fiduciárias.
- **Peer-to-peer** — Significa "entre mim e você". Ao usar bitcoin, não existem intermediários, ninguém entre o comprador e o vendedor.

---

17 Leia o artigo em bitcoin.org. (Peer-to-peer ou P2P é uma arquitetura de redes de computadores onde cada um dos pontos ou nós da rede funciona tanto como cliente, quanto como servidor, permitindo compartilhamentos de serviços e dados sem a necessidade de um servidor central. Disponível em: pt.wikipedia.org/wiki/Peer-to-peer.) [N. E.]

18 Apesar de eu ter acabado de pedir que faça exatamente isso.

Esse, raramente, é o caso no sistema financeiro mundial vigente. Em vez disso, quase sempre há um intermediário.

Simplificando, o artigo técnico de Satoshi demonstrou como uma moeda digital poderia servir de alternativa para as moedas emitidas pelos bancos centrais do mundo.

Agora você sabe por que Satoshi criou o bitcoin. Mas como ele funciona?

4 Como a blockchain funciona

Vamos começar com dados. Suponha que você tenha um documento, qualquer coisa, desde um pequeno texto até uma tese de doutorado. Talvez você tenha um simples registro bancário mostrando que você deve 10 dólares ao seu irmão.

Qualquer que seja o dado, vamos convertê-lo em um hash, que é uma linha de código de computador que representa um dado. Essas linhas podem ser compridas, e, caso um único caractere no documento original seja alterado, um hash completamente novo e com um valor diferente é produzido e vinculado ao anterior. É assim, por exemplo, que a escritura de uma propriedade é conectada ao vendedor, e então vinculada ao comprador.

As conexões em uma blockchain são seguras e invioláveis, além de serem amplamente distribuídas entre todos esses nodes de computadores ao redor do mundo. Juntas, as conexões formam um único registro, algo que a comunidade cripto chama de *fonte da verdade*.

É importante notar que qualquer tipo de registro — e não apenas transações financeiras — pode ser alocado em uma blockchain.

Por exemplo, eu poderia dizer a você que uma coleção de blocos ligados a uma corrente não é necessariamente conectada de forma linear. O Hedera Hashgraph é um caso de uma blockchain mais nova e mais complexa que o Bitcoin (e alguns dizem que muito superior). E daí? A lição-chave para você é que conectar os blocos entre si — qualquer que seja a forma como é conectado a uma blockchain — é o que garante a integridade deles. Para pensarmos isso na prática, imagine um sistema automobilístico: além de volante, gasolina, pedais e freios, há outra parte essencial para o seu carro: a chave. Sem ela, você não pode ter acesso ao veículo ou ligar o motor. Blockchains também têm chaves; cada uma delas é chamada de assinatura digital.

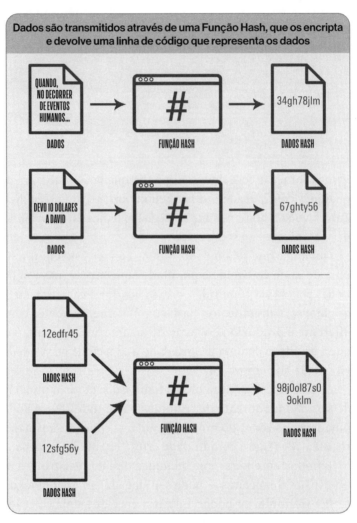
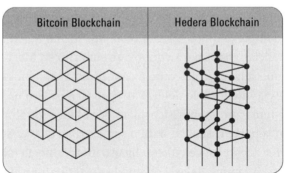

A esta altura de nossa jornada, os tecnólogos de blockchain que estiverem lendo este livro provavelmente já arrancaram os cabelos de frustração por causa da minha extrema simplificação ao descrever o funcionamento de DLTs. Mas me perdoe, caro nerd, este é um livro para consumidores e investidores, não um curso técnico de programação. E não foi feito para ajudar ninguém a arranjar emprego como engenheiro de software de blockchain.

Então, querido leitor, vamos permanecer juntos, enquanto o nerd pega uma cerveja gelada (paga com bitcoin, é claro) e relaxa. Tudo o que você está lendo aqui está correto, mesmo que esteja simplificado. Você está aprendendo o essencial, então a esta altura está fluente o suficiente nesse novo ecossistema para conseguir decidir se quer participar – e, se quiser participar, qual será a melhor forma de fazê-lo.

Em outras palavras, estou ensinando você a dirigir um carro – e isso significa mostrar os pedais de aceleração e freio; não estamos explorando os princípios internos do motor de combustão.

Chaves públicas e privadas

Cada assinatura digital consiste em dois identificadores, uma *chave pública* e uma *chave privada*.

Sua chave privada é o diamante Hope das senhas. Altamente valiosa. Insubstituível. Ela é designada a você (não, você não pode escolher a sua) e é muito comprida, então não tente memorizá-la. Quando você se envolver em uma transação, sua chave privada vai gerar sua chave pública, e esta será compartilhada com os outros.

Pense desta forma: sua chave privada é como as credenciais de login que lhe permitem acessar sua conta de e-mail. Sua chave pública é como o seu endereço de e-mail, que você compartilha com os outros. Você não compartilha a sua chave privada com ninguém. Nunca.

É essencial manter sua chave privada... privada. É a única maneira pela qual é possível recuperar seus ativos digitais de um livro-razão distribuído. Se você perder essa chave, vai perder o acesso a seus ativos digitais para sempre. E, se alguém descobrir a sua chave privada, vai poder roubar seus ativos digitais.

Soa ameaçador? Está com medo de que sua chave possa ser perdida ou roubada? Eu tenho uma solução para você — no capítulo 16.[19]

Blockchains públicas × privadas

Até agora, falamos sobre blockchains públicas. Elas são *sistemas sem permissão* — porque você não precisa da permissão de ninguém para se unir ou participar delas, e ninguém pode ser excluído ou censurado.

Mas algumas blockchains são privadas. Cada uma é operada por uma empresa, e isso é conhecido como *sistema de permissão*, uma vez que a empresa que a opera verifica sua identidade antes de deixar você usá-la. Em 2019, a JPMorgan Chase lançou a JPM Coin, tornando-se o primeiro banco global a lançar sua própria blockchain. A JPM Coin permite que os clientes do banco façam pagamentos instantâneos, 24/7, além-fronteiras. Porém, para ter acesso ao sistema da JPMorgan, você deverá completar os procedimentos KYC/AML do banco. Essas leis, Know Your Customer e Anti-Money Laundering (Conheça Seu Cliente e Antilavagem de Dinheiro, tradução nossa), são projetadas para ajudar o governo a lutar contra o terrorismo, o tráfico de drogas e a evasão fiscal. É exigido que bancos e empresas de corretagem saibam com quem estão fazendo negócios — e que alertem os órgãos reguladores e as autoridades policiais caso suspeitem de algo errado.

A JPMorgan seria fechada por autoridades bancárias caso facilitasse transações com pessoas desconhecidas. Mas a rede Bitcoin permite que você mantenha sua privacidade. Alguns até dizem que esse é o melhor recurso do Bitcoin. Embora outras pessoas possuam sua chave pública, ninguém sabe quem você é.[20]

---

19 Fique ligado!
20 Agora você sabe por que crackers frequentemente querem que os pagamentos em casos de sequestro de dados sejam feitos em bitcoin.

II

ENTENDENDO O BITCOIN E OUTROS ATIVOS DIGITAIS

5 Como funciona o bitcoin

Satoshi lançou a blockchain Bitcoin no dia 3 de janeiro de 2009. O primeiro bloco escrito no livro-razão é chamado de Bloco Gênesis[21] ou Bloco 0 (e, sim, ele ainda está lá para você ver).

O Bloco Gênesis cita uma manchete de um jornal londrino: "Chanceler na Iminência de Segundo Resgate para os bancos".

O que é notável no Bloco Gênesis é que ele não é financeiro. É apenas texto, o que é irônico para um sistema conhecido pelo dinheiro digital. Enquanto esse texto é amplamente considerado como uma crítica aos bancos centrais do mundo (a razão pela qual o Bitcoin estava sendo inventado), o fato de o primeiro bloco não ter sido de dinheiro mostra o verdadeiro valor da tecnologia de blockchain: ela pode servir como um repositório de *dados*.

No entanto, o artigo de Satoshi não deu ênfase a dados ou blockchain; ele enfatizou o dinheiro. Dinheiro digital. Dessa forma, todos que leram o artigo focaram dinheiro e bitcoin. Demoraria seis anos para que se olhasse seriamente para a blockchain, a tecnologia por trás da existência do bitcoin.

[21] Um ótimo exemplo do esforço da comunidade cripto para ser criativa com seu novo vocabulário. Trata-se claramente de uma referência ao primeiro livro da Bíblia, Gênesis, e do uso comum do termo *gênese*, significando origem ou início de algo.

Onde é armazenado o bitcoin

Você sabe que, no momento em que deposita dinheiro em sua conta bancária, seu banco mantém um registro do seu depósito em seu sistema de livros-razão. Isso é um livro-razão fechado, ou *centralizado* — ele está disponível apenas para o seu banco e para você. O banco gasta muito dinheiro em enormes data centers para armazenar todos os seus dados.

Mas quem opera a blockchain que Satoshi construiu? Satoshi não é uma empresa e não tem clientes. Então como funciona?

Lembre-se de que a Bitcoin é uma tecnologia de livros-razão distribuídos. Por enquanto, concentre-se no termo *distribuídos*. O livro-razão da Bitcoin não é centralizado como o do Bank of America. Ao contrário, ele é *descentralizado* — distribuído através de milhões de computadores ao redor do mundo. Como resultado, nenhuma empresa, nenhum governo ou indivíduo (incluindo Satoshi) o controla.

Pelo contrário: a rede de computadores da Bitcoin opera no mundo inteiro, na internet. Cada computador na rede Bitcoin é chamado de *node*. Os nodes contêm os dados.

Como sabemos que os dados armazenados nos nodes são autênticos?

Para dizer de maneira simples, você posta um bloco de dados na rede Bitcoin. Alguém na rede utiliza seu próprio computador para verificar os dados; o processo leva cerca de dez minutos. Uma vez verificado, o bloco de dados é adicionado como um novo bloco na blockchain. Uma vez lá, ele é permanente e estará sempre disponível para que todos vejam.

Por que alguém se daria ao trabalho de autenticar os meus dados?

Quando eu posto dados na rede, preciso que alguém os verifique para mim. Para estimular você a fazer isso, Satoshi criou um incentivo: ao adicionar meus dados à blockchain, você é pago. Isso se chama *recompensa de bloco*. Receber a recompensa prova que você realizou o trabalho de verificar meus dados.

A recompensa de bloco não paga você em dólares. Em vez disso, você recebe *bitcoins*.

Quando Satoshi lançou a rede Bitcoin em 2009, os validadores de dados recebiam cinquenta bitcoins por cada bloco que verificassem. Cinquenta parece muito, mas naquela época os bitcoins não tinham preço aparente, sua mineração não era cara e não poderiam ser convertidos em nada prático. Então, aqueles cinquenta bitcoins não eram considerados valiosos. Mas os programadores de computador gostam de brincar com novas ideias. Portanto, em vez de jogar videogame, eles disseram: "Dane-se, vamos brincar com essa nova rede Bitcoin". A princípio, era fácil colecionar recompensas de bloco. Afinal, não havia muitas pessoas querendo recebê-las.

Hoje, milhões de pessoas ao redor do mundo competem pelas recompensas de bloco; a competição é feroz.

Mineração

O processo em que se realizam as complexas equações matemáticas exigidas para decifrar um bloco é chamado de *mineração*.

Como você pode aumentar as chances de ganhar uma recompensa de bloco? É como uma corrida de carros: o melhor piloto, com o carro mais veloz, é quem mais provavelmente vencerá. Portanto, mesmo que possa minerar bitcoin com um computador de mesa comum, você deveria considerar arranjar um computador bem mais rápido.

Computadores mineradores de bitcoin custam cerca de 12 mil dólares. Na verdade, compre milhares deles e conecte-os entre si para aumentar ainda mais suas capacidades computacionais. *Fazendas de computadores* são operadas ao redor do mundo, cada uma competindo para ser a primeira a resolver os quebra-cabeças criptográficos de cada bloco — ganhando, assim, a recompensa de bloco.

Fazenda de mineração de bitcoin da Riot Blockchain, em Rockdale, Texas

Fonte: Fotos cortesia de Riot Blockchain

Eu mencionei que a recompensa de bloco em 2009 era de cinquenta bitcoins. Não é mais. Isso ocorre porque, a cada quatro anos, em média, acontece um halvening:[22] a recompensa de bloco é cortada pela metade. Halvings ocorreram em 2012, 2016 e 2020 — reduzindo a recompensa de 50 para 25, depois para 12,5 e atualmente para 6,25 bitcoins. No próximo halving — em janeiro de 2024 —, a recompensa de bloco passará a ser de 3,125 bitcoins. Ela vai sofrer um halving novamente em 2028, e de novo e de novo, até que os últimos bitcoins sejam minerados em 2140.

Por causa disso, muitos estão otimistas quanto ao preço do bitcoin. Se a recompensa de bloco é cortada pela metade, o preço para que mineradores mantenham seu nível de ganhos deve dobrar. O preço

---

[22] Ou halving. Bitcoiners usam ambos os termos. Deixarei os linguistas resolverem a disputa.

do bitcoin sempre aumentou, *no passado*, após cada halving. Será que esse padrão vai se repetir? Ninguém sabe (retornos passados não são garantias de resultados futuros). Então, decida por si mesmo.

2009: Mineradores de bitcoin recebiam recompensas de bloco de 50 bitcoins	Recompensa de bloco cortada para:
2012: primeiro halving	25 bitcoins
2016: segundo halving	12,5 bitcoins
2020: terceiro halving	6,25 bitcoins
2024: próximo halving	3,125 bitcoins

Prova de Trabalho × Prova de Participação

A mineração é chamada de Proof of Work (POW [Prova de Trabalho, tradução nossa]). É tudo parte da nomenclatura de *autenticação* — ao resolver as computações complexas, a blockchain Bitcoin autentifica de maneira criptográfica cada transação. Não é necessário haver confiança.

Mas o POW não é a única maneira de autenticar dados na blockchain. Também é possível fazê-lo via Proof of Stake (POS [Prova de Participação, tradução nossa]).

O POS evoluiu por causa de uma crítica a respeito do POW: este opera baseado em pura força bruta — ou seja, em seu poder computacional. Quanto mais computadores você tiver, e quanto mais rápidas forem essas máquinas, maiores serão suas probabilidades de ganhar uma recompensa de bloco. Mas todas essas engrenagens de computadores puxam eletricidade (veremos mais sobre isso neste capítulo). A Prova de Participação evita esse problema (e a crítica que o acompanha).

O protocolo POS é como uma rifa. Se existem 5 mil nomes e você comprar apenas um, sua chance de vencer será de 1 em 5 mil. Mas, se você comprar mil nomes, sua chance será de 1 para 5. Portanto, quanto mais moedas você possuir em uma blockchain POS — quanto mais *participações* você tiver, sacou? —, mais provável será que ganhe a recompensa de bloco. O protocolo POS, dessa forma, encoraja as pessoas a comprar moedas; teoricamente, o preço sobe conforme mais e mais moedas forem sendo compradas.

O POW e o POS são os dois processos mais comuns (chamados de mecanismos de consenso) para verificar dados em uma blockchain. Mas não são os únicos. Existem outros, e novos processos vão sendo inventados regularmente. No entanto, nenhum dos outros métodos é comum ainda, portanto eles não valem uma conversa aqui.[23]

Quantos bitcoins serão criados?

Diferentemente do dólar, que o Federal Reserve imprime em quantidades infinitas, apenas 21 milhões de bitcoins serão produzidos — desde o primeiro ano, em 2009, até o último, em 2140. Destes, cerca de 18,5 milhões já foram criados e cerca de 4 milhões são dados como perdidos.

PERDIDOS?!

Sim. Coisas assim acontecem. Lembre-se, o bitcoin não tinha nenhum preço acordado em 2009 e 2010. Apenas um pequeno grupo de nerds usuários de computadores estava brincando com a rede, recebendo recompensas inúteis pelo tempo que gastavam. Muitos desses programadores perderam o interesse e desistiram, deletando seus arquivos — e, com eles, seus bitcoins. Outros compraram novos computadores (e jogaram fora os antigos). E outros ainda sofreram com HDs queimados ou simplesmente esqueceram suas chaves privadas.

Tudo o que vem fácil vai fácil. Sem nenhum preço atribuído ao bitcoin, ninguém perdeu nada de valor naquela época.

Os mineradores não são os únicos que competem na blockchain. Os usuários também. Caso queira que sua transação seja verificada antes das outras, você vai pagar uma taxa de transação para que os mineradores sirvam você primeiro (isso é chamado, às vezes, de taxa de aceleração — funciona mais ou menos assim: quanto mais combustível você puser, mais rápido vai andar. O que significa que, quanto mais você pagar, mais rápida será a verificação de sua transação).

23 De nada.

Conforme as recompensas de bloco forem sendo cortadas, as taxas de transação se tornarão cada vez mais importantes para os mineradores. Elas vão assegurar que as validações sejam feitas mesmo quando não existirem mais bitcoins a serem recebidos como recompensa.

Um indivíduo que agora trabalha em Wall Street me disse que, no início de 2010, logo após ele ter se graduado no MIT, um antigo colega de quarto o convidou para visitar sua casa e disse: "Você tem que ver o que estamos fazendo". Ao chegar e encontrar seu antigo colega de quarto e três outros caras minerando bitcoin, ele perguntou: "O que é isso?".

Ao longo do final de semana seguinte, os cinco mineraram dia e noite, acumulando 250 bitcoins. Na noite de domingo, o cara estava exausto. "Nós acabamos de gastar dois dias e duas noites inteiras desperdiçando nosso tempo, colecionando essas coisas sem valor!", proclamou ele. "Estamos perdendo nosso tempo!"

Todos eles desistiram. Desligaram seus computadores e destruíram seus arquivos — e, por tabela, seus bitcoins. "Se tivéssemos continuado", me disse o homem, com um sorriso sarcástico, "hoje seríamos bilionários".

Existem centenas de histórias como essa, de pessoas que desistiram antes de perceber do que estavam abrindo mão. Outros, porém, sabem exatamente o que jogaram fora — como o inglês James Howells, 35, que contou ao mundo em 2021 que, oito anos antes, ele acidentalmente descartara no lixo um HD contendo 7.500 bitcoins. Ele pediu à prefeitura municipal permissão para procurar no lixão da cidade, até mesmo oferecendo ao governo 25% dos bitcoins caso os achasse. Enquanto escrevo, o conselho recusou o pedido, citando preocupações ambientais.

E também há Stefan Thomas, um programador de São Francisco que guardou cerca de 300 milhões de dólares em bitcoin em um HD portátil — e depois esqueceu a senha (lembre-se, esse é um sistema de livros-razão descentralizado; não há nenhuma empresa oferecendo um botão de ESQUECI MINHA SENHA para salvar você).

Finalmente, há o triste caso do bilionário Mircea Popescu, 41, amplamente conhecido como um dos maiores donos de bitcoin. Em 2021 ele se afogou no mar da Costa Rica. Foi noticiado que ninguém na família ou em seu círculo de negócios conhecia sua chave privada. Se isso for verdade, os bilhões de dólares que ele supostamente possuía em bitcoin estão perdidos para sempre.[24]

Por mais chocantes que sejam essas histórias, elas não têm nada de novo. O Departamento do Tesouro diz que 3,1 trilhões de dólares foram perdidos ou destruídos — incluindo 3 bilhões em moedas de um centavo produzidas desde 2014.

Tipos de carteira

Você sabe o que é uma carteira. Você tem uma no bolso ou na bolsa![25]

Você guarda seu dinheiro em sua carteira. Da mesma forma, você guarda seus ativos digitais em uma carteira digital. Dã.

**Apple
Amazon
PayPal
Venmo**

Tudo bem. Mas onde se consegue uma carteira digital? Elas são fornecidas pelos aplicativos que você utiliza. Ao criar uma conta no PayPal ou no Venmo, eles criam uma carteira contendo o dinheiro que você depositar nos aplicativos deles. Google, Walmart, Apple, Android,

---

24 Este livro não fala sobre planejamento de bens. Então leia um que fale, escrito por mim: *The Truth About Money*.

25 Consegue perceber? Você realmente sabe mais sobre esse assunto do que imaginava.

Samsung e muitos outros, todos providenciam carteiras digitais para seus usuários.

Caso abra uma conta em uma corretora de ativos internacionais, ela também vai colocar o dinheiro que você depositou nela em uma carteira digital (uma corretora de ativos digitais é como uma corretora de ações. Veremos mais sobre isso no capítulo 16).

Uma carteira digital é conhecida como uma *carteira quente* (hot wallet) porque está conectada à internet. Isso é importante porque, caso você não tenha acesso à internet, não poderá acessar o aplicativo ou instruí-lo a mover seu dinheiro para dentro ou para fora de sua carteira. Porém, esse também é um problema para as carteiras quentes: estarem conectadas à internet. Isso as torna arriscadas, uma vez que um hacker poderia ganhar acesso a sua carteira e roubar seu conteúdo. Para resolver esse problema, você pode criar ou obter uma *carteira fria* (cold wallet). Elas não estão conectadas à internet, portanto são seguras contra hackers.

Muitos vendedores vendem carteiras frias por cerca de 100 dólares, e elas são fáceis de usar. Elas se parecem com (e na verdade são) pendrives, do tipo que se usa para armazenar dados de um computador. Carteiras frias são feitas para guardar suas moedas e tokens digitais — portanto, elas vêm com encriptação (senhas privadas conhecidas apenas por você). Caso alguém roube sua carteira fria, essa pessoa não vai conseguir ter acesso ao conteúdo.

É claro, você poderia usar qualquer pendrive; simplesmente não haverá qualquer encriptação. Ou você poderia simplesmente escrever sua chave privada em um pedaço de papel — para, então, guardar o papel em algum lugar seguro.

Carteiras frias estão a salvo de hackers, mas não dos bons e velhos ladrões de casa. E há o risco de perdê-las, de esquecer onde guardou ou esquecer a senha. Lembra do cara que guardou seus bitcoins em um HD encriptado e esqueceu o código?

Sabe, você pode fazer isso facilmente na internet.

	Aparelhos hardware de carteira fria
BC Vault bc-vault.com	A BC Vault é uma carteira de armazenamento frio de criptomoedas que arquiva as chaves privadas em um aparelho hardware seguro. Cada BC Vault é enviada pré-carregada com uma chave privada, encriptada da mesma forma que qualquer outra carteira no aparelho. Essa chave privada corresponde a um endereço público que possui 1 BTC.
BitBox shiftcrypto.ch	A BitBox é um hardware e software de fabricação suíça para o fácil armazenamento de seus ativos digitais. A BitLox tem a habilidade de usar a segurança da melhor carteira hardware, acompanhada da privacidade absoluta de uma ferramenta de acesso baseada na Darknet. Pode ser manuseada com acessos baseados em TOR.
Coldcard coldcard.com	A Coldcard é uma carteira hardware ultrassegura, open-source, de fácil backup por meio de um cartão microSD. Sua chave privada é armazenada em um chip de segurança específico. O design de software MicroPython permite que o usuário faça mudanças.
CoolWallet coolwallet.io	A CoolWallet é uma carteira hardware Bluetooth do tamanho de um cartão de crédito, compatível com vários tokens, incluindo bitcoin, Ethereum, Litecoin, XRP, ERC20 e muitos outros.

D'CENT Biometric dcentwallet.com	A D'CENT Biometric protege os ativos digitais dos clientes por meio da Carteira Hardware D'CENT, uma combinação de soluções de segurança de software e hardware.
ELLIPAL ellipal.com	A ELLIPAL Titan é um armazenamento frio completamente isolado da rede. A carteira fria ELLIPAL fornece proteção total contra ataques remotos e on-line.
KeepKey shapeshift.com	A KeepKey é uma carteira de armazenamento frio que não possui nenhum sistema operacional. Senhas PIN e frases de acesso protegem contra usos não autorizados. O usuário recebe velocidades de transferência customizáveis e endereços de carteiras ilimitados em um único aparelho. KeepKey é propriedade da ShapeShift, uma plataforma de ativos digitais que permite aos clientes comprar, vender, trocar, rastrear, enviar, receber ou interagir com seus ativos digitais.
Keystone keyst.one	A Keystone oferece uma carteira de armazenamento frio de alto nível para usuários avançados (Cobo Vault), além de serviços de custódia para investidores institucionais, com suporte para mais de trinta moedas e setecentos tokens.
Ledger Nano X ledger.com	A Ledger Nano X pode ser, de maneira opcional e temporária, conectada via cabo a um dispositivo Mac ou Windows de forma que o cliente possa comprar, vender, trocar, apostar, emprestar, ou seja, de alguma forma gerenciar mais de 1.500 tokens. O aplicativo móvel opcional Live Ledger gerencia a carteira via Bluetooth; outros modos de conexão sem fio são bloqueados.
NGRAVE ngrave.io	A NGRAVE ZERO é 100% isolada, sem wifi/bluetooth/NFC, com nenhuma conexão com a internet via USB, a fim de prevenir ataques on-line. Em vez disso, ela utiliza um QR code de mão única para transferir informação. O estojo de aço inox é resistente ao fogo.
Opendime opendime.com	O Opendime é um pequeno dispositivo USB que permite ao usuário gastar bitcoin. Ele pode ser conectado a qualquer USB para checagem de saldo.
Prokey prokey.io	A carteira hardware Prokey é um aparelho de armazenamento frio off-line e seguro que mantém sua chave privada off-line e protegida, enquanto permite ao usuário receber, armazenar e assinar transações para enviar ativos digitais como bitcoin, Ethereum, Litecoin, Tether e mais.
Secalot secalot.com	A Secalot é uma carteira hardware de criptomoedas. É um pequeno dispositivo USB que contém um cartão inteligente OpenPGP, um autenticador U2F e um gerador de senha pontual.

SecuX secuxtech.com	A tecnologia SecuX providencia um Infineos SLE Solid Flash CC EAL 5+ Secure Element de nível militar. Sua operação entre plataformas inclui os aplicativos e a rede SecuX para mais de mil ativos digitais e até quinhentas contas.
Trezor trezor.io	A Trezor é a primeira carteira hardware de bitcoin. As carteiras frias Trezor One e Trezor Model T suportam, cada uma, mais de mil moedas, têm uma interface LED de fácil utilização compatível com Windows, Mac e Linux e apresentam diversas funcionalidades de segurança, incluindo senhas de entrada PIN via frases de acesso, além de recuperação de aparelho.

Para uma lista atualizada e completa com hyperlinks, visite **DACFP Yellow Pages** em dacfp.com

O problema final com carteiras frias é que o dinheiro armazenado nelas não pode ser gasto. Quando estiver pronto para vender seus ativos digitais ou usá-los para comprar bens e serviços, você deverá transferir suas moedas para a carteira quente de seu aplicativo. Transferir moedas de carteiras quentes para frias e depois transferi-las de volta pode ser entediante e demorado. Entretanto, isso realmente reduz o risco de ser hackeado, pois suas moedas estarão na carteira quente apenas durante o tempo necessário para que você execute as transações.

Para mitigar o aborrecimento, alguns aplicativos oferecem *carteiras mornas* (warm wallets). Suas moedas são mantidas em uma carteira quente, mas você adiciona instruções limitando para onde as moedas podem ser mandadas. Isso é eficiente apenas se você mandar dinheiro sempre para as mesmas carteiras (outras pessoas ou vendedores).

Existem duas soluções para esse problema. A primeira é abrir uma conta com uma corretora de ativos digitais. Eles vão providenciar a você tanto uma carteira quente quanto uma fria; você simplesmente vai dizer a eles quantas moedas quer alocar em cada uma (você pode facilmente mover moedas entre elas a qualquer momento).

A outra solução é colocar o seu dinheiro em um fundo e não diretamente em moedas. É como comprar um fundo de ações em vez de ações individuais. Vários fundos investem em ativos digitais; alguns estão disponíveis a qualquer um que tenha uma conta de corretagem tradicional, enquanto outros estão disponíveis apenas para investidores certificados (leia-se: pessoas ricas. Veremos mais sobre isso no capítulo 16).

Alguns fundos investem em um único ativo digital, enquanto outros compram uma cesta de moedas, fornecendo mais diversificação. Todos os fundos cobram taxas, que você deveria comparar com os custos de transação que seriam cobrados em corretoras. Falaremos mais sobre tudo isso no capítulo 16.

O primeiro uso comercial conhecido do bitcoin

Vamos retornar àqueles primeiros mineradores de bitcoin. Eles estavam recebendo cinquenta bitcoins para cada recompensa de bloco, e, embora fosse barato e fácil ganhá-los e acumulá-los, não havia um modo simples de determinar quanto eles valiam.

Para descobrir isso, o desenvolvedor de softwares Laszlo Hanyecz se dispôs a comprar com bitcoin duas pizzas do Papa John's. Ele encontrou um participante disposto a isso no dia 22 de maio de 2010. Nessa data — hoje conhecida carinhosamente como *Bitcoin Pizza Day* —, Laszlo realizou a primeira transação comercial utilizando bitcoin do mundo.

As duas pizzas custaram 14 dólares. O número de bitcoins exigidos para completar a transação?

Dez mil.

A 50 mil cada, esses 10 mil bitcoins valeriam US$500.000.000. Quinhentos milhões de dólares.

Foram duas pizzas bem caras.

Outros meios de receber moedas

Mineração e participação não são os únicos meios de obter moedas. Existem outros.

Forks [Garfos]

Não estou me referindo à ferramenta usada para comer espaguete. Na verdade, isso é o que acontece quando desenvolvedores trabalhando em uma blockchain discordam sobre como a tecnologia deve operar. E não, não quero dizer que um deles exclama "Fork you!".[26]

Ao criar o bitcoin, Satoshi deixou o código do software como *open-source*, para que outros desenvolvedores pudessem melhorá-lo. Mudanças não podem acontecer sem um consenso, mas algumas vezes os consensos não podem ser alcançados. Por exemplo, alguns desenvolvedores começaram a lamentar a baixa velocidade do bitcoin (demora cerca de dez minutos para cada bloco de dados ser verificado). Se mudássemos o código, disseram eles, poderíamos torná-lo mais rápido. No entanto, outros notaram que isso enfraqueceria sua segurança.

Incapazes de chegar a um consenso, em 2017 os desenvolvedores concordaram em dividir o bitcoin em duas partes, chamados de *forks*. É semelhante ao que acontece quando uma grande empresa faz um desdobramento, fazendo de cada divisão uma empresa separada, independente.[27]

Quando empresas realizam desdobramentos, e quando criptos passam por um fork, os donos dessas moedas mantêm o que possuem. Eles também recebem algo da nova entidade. No caso do fork de 2017, todos os donos de BTC receberam alguns BCH, a nova moeda, bitcoin cash. O bitcoin cash foi, então, alterado de modo a fornecer maiores velocidades (hoje, o BCH é dezessete vezes mais rápido do que o BTC).

Bitcoin Cash
Bitcoin SV

Converter o BTC ao mesmo tempo em BTC e BCH é chamado de *fork forte*, porque agora existem duas blockchains em vez de uma. Em um *fork fraco*, ambas as moedas — a antiga e a nova — utilizam a blockchain original.

Caso você esteja pensando nisso, não, o fork forte do BCH não resolveu a disputa dos desenvolvedores. Desacordos adicionais levaram a outro fork forte — desta vez, do BCH para o BSV (para Bitcoin Satoshi Vision). O BSV promete aderir estritamente ao artigo técnico de Satoshi. É 128 vezes mais rápido que o BTC, e defensores dizem que ele oferece uma melhor experiência do usuário, custos menores e maior segurança. (No momento em que escrevo, o BTC é o maior ativo digital; o BCH, o

---

26 O trocadilho se perderia em português. *Fork you!*, algo como "garfe-se!", tem o som parecido com *Fuck you*!, "Dane-se!" em inglês. [N. T.]

27 Obs.: o tratamento de taxação para forks *não* é similar àquele dado a desdobramentos. Veremos mais sobre isso no capítulo 19.

19º maior, e o BSV fica com a 51ª posição — sugerindo que as pessoas não aderiram aos supostos aprimoramentos criados pelos forks.)

Na última década, houve centenas de forks, envolvendo muitas moedas, então esses são apenas alguns dos exemplos. A propósito — e esse é um grande "a propósito" —, isso tem uma implicação sobre os impostos em forks, que vamos ver no capítulo 20.

Airdrops
Outra forma de criar moedas é via airdrop (remessa aérea). O termo vem da frase "dinheiro de helicóptero", que passou a ser usada em 2008, quando o governo norte-americano injetou ("despejou do céu", por assim dizer) 700 bilhões de dólares na economia para combater a crise de crédito.

Eis o que acontece. Você cria um novo protocolo, *melhor-que-o-bitcoin*. Para fazer as pessoas o utilizarem, você cria moedas e as envia para pessoas que possuem determinadas moedas — talvez moedas similares (mas, na sua opinião, inferiores) à sua. É como uma banda nova tentando ser notada — ela marca um show em um bar local e envia ingressos gratuitos para os moradores da região.

Os airdrops realmente são, muitas vezes, apenas artifícios de marketing. Para receber moedas, ocasionalmente você vai precisar fazer alguma coisa, por exemplo, seguir certa conta no Twitter. E, sim, existem implicações em impostos ao aceitar airdrops (veremos no capítulo 19).

Preocupações com o envolvimento do bitcoin em atividades ilícitas
Criminosos, terroristas e Estados ditos "vilões" adoram executar transações financeiras sem revelar suas identidades. Uma das maiores funcionalidades do bitcoin é o anonimato. Dessa forma, os caras maus são naturalmente atraídos por ele.

bitcoin

Imagine conseguir comprar e vender drogas, armas e cartões de crédito roubados sem ter que transferir o dinheiro pelo sistema bancário! Foi isso o que o site ilegal Silk Road facilitou em 2011. Essa operação não durou muito — isso explica por que as forças policiais amam tanto a blockchain e os ativos digitais.

O FBI derrubou o Silk Road em 2013. Em 2021, depois que hackers exigiram 4,4 milhões de dólares em bitcoin da Colonial Pipeline, o FBI recuperou a maior parte do dinheiro da empresa em duas semanas. E, quando hackers roubaram 611 milhões de dólares em ativos digitais da Poly Network, os ladrões devolveram quase todo o dinheiro em questão de dias. Como esses crimes foram solucionados e o dinheiro foi recuperado tão rapidamente? Isso aconteceu porque ativos digitais deixam rastros digitais. (Tudo o que foi necessário foi o CEO da Poly Network publicar um tuíte dizendo que conhecia os endereços do computador e do e-mail do hacker. Puf! O dinheiro foi prontamente devolvido.)

Não estou sugerindo que não haja risco em possuir ativos digitais. Muitas plataformas de custódia já foram hackeadas, incluindo Mt. Gox, Bitfloor, NiceHash, BitFunder e Bitstamp. De 2014 a 2020, a Comissão de Valores Mobiliários dos Estados Unidos (SEC, na sigla em inglês) realizou 87 ações de fiscalização envolvendo blockchain e ativos digitais, incluindo ofertas de seguros fraudulentas, fraudes relacionadas ao comércio de criptomoedas, falhas na comunicação apropriada de compensações e esquemas Ponzi[28] envolvendo bitcoin. A média é de quinze casos por ano.

Mas esses estão entre os mais de setecentos casos de fiscalização anuais da SEC. O que significa que as criptos compreendem apenas 2% dos casos da SEC. Da mesma forma, um relatório de 2021 da Chainalysis mostra que as atividades criminosas representam apenas 0,34% de todo o volume de transações de criptomoedas. Isso contradiz diretamente a Secretária do Tesouro, Janet Yellen, que em 2021, afirmou que ativos digitais "são usados principalmente para financiamentos ilícitos". De fato, Jake Chervinsky, conselheiro geral da Compound Labs, disse à *Forbes*: "A declaração dela é comprovadamente falsa".

Vamos nos lembrar de que já houve fraudes em todas as classes de ativos: ações, bonds, petróleo, ouro, mercado imobiliário, arte e mais. Ninguém recomenda o fechamento desses mercados. Toda inovação, infelizmente, será adotada também por aqueles que farão o mal — é um acompanhamento inevitável.

E sempre foi assim. O primeiro título comprado publicamente nos Estados Unidos foi a emissão, por parte de Alexander Hamilton, de

---

28 Operações fraudulentas no estilo "pirâmide". [N. E.]

bonds federais para pagar de volta a dívida que as colônias contraíram durante a Guerra de Independência. O plano de Hamilton vazou, e os bonds foram rapidamente envolvidos na primeira fraude de investimentos do mundo: a informação privilegiada. (Pessoas de dentro compraram os bonds de veteranos por centavos do dólar, sabendo que Hamilton logo os compraria em paridade.)

Desde o momento em que começamos a investir, temos as fraudes de investimentos. Assim como a invenção dos carros levou ao surgimento de ladrões de carro.

Dados da Organização das Nações Unidas provam a tolice de criticar o bitcoin por causa de atividades ilegais. A ONU estima que a lavagem de dinheiro e outras atividades ilegais rotineiras compreendem de 2% a 5% do PIB global. Então, em vez de banir o bitcoin porque uma pequena parcela é usada de maneira corrupta, não deveríamos primeiro eliminar todas as moedas fiduciárias, uma vez que elas são usadas impropriamente em grau muito maior?

Preocupações com o impacto ambiental da mineração de bitcoin

Talvez você queira comprar bitcoin, mas tenha ficado sabendo que isso é "ruim para o planeta". Você pode prosseguir e comprar bitcoin — e se sentir bem —, porque a afirmação "ruim para o planeta" simplesmente está errada.

Essa declaração não é nada mais que uma distração, normalmente alardeada por pessoas que não acreditam que o bitcoin é uma boa ideia de investimento. (Vamos cobrir *essa* questão na parte III.)

A partir do momento em que os detratores se mostraram incapazes de impedir as pessoas de comprar bitcoin ou de impedir que o preço do bitcoin subisse, eles se apegaram a outra tática: a culpa. "Bitcoin é ruim para o planeta!" E daí? Fumar, beber e jogos de azar também são ruins, mas não os banimos. Em vez disso, apenas os regulamentamos. O bitcoin também pode ser regulamentado.

Ou talvez o bitcoin não precise desse cuidado. Talvez ele não seja ruim para nós da mesma maneira que fumar, consumir álcool ou jogos de azar. Vamos explorar isso, começando com a reclamação de que a mineração de bitcoin consome a cada ano tanta energia quanto a Argentina.

Argentina?

Eu verifiquei. Essa declaração aparentemente está correta. Mas também é correto afirmar que a Argentina não utiliza muita energia: ela ocupa a última posição entre os trinta países mais industrializados do mundo.

E, antes de ficar preocupado com o uso de energia do bitcoin, você deveria ficar bravo com relação aos carros. A Administração de Informação Energética dos Estados Unidos relata que os automóveis são o maior ladrão de energia do mundo, consumindo cerca de 25% de toda a energia mundial. Mas o consumo energético da rede Bitcoin é de menos de 0,5%, de acordo com o Centro de Cambridge para Finanças Alternativas. Então, caso esteja disposto a dirigir um carro, pegar um ônibus ou se sentar em um avião, você não deveria ver qualquer problema em comprar bitcoin.

Os carros nem sempre consumiram tanta energia. Eles consumiam pouco em 1920, quando a indústria automobilística ainda era nova. A popularidade dos automóveis cresceu, assim como sua utilização de energia.

Acontece o mesmo com o bitcoin. Dez anos atrás, o bitcoin utilizava pouca energia. O fato de utilizar muita energia hoje reflete uma demanda crescente. É um sinal de sucesso. Alguns discutem que os carros pelo menos têm usos comerciais, mas, como temos visto, o bitcoin também tem.

Nós fizemos três bilhões de dólares minerando bitcoin, menos a nossa conta de energia – isso nos deixa com US$ 1,61.

Então, em vez de bater no bitcoin, vamos bater em algo que é um ladrão de energia maior — um ladrão energético muito pior, pois não tem nenhum propósito útil. Estou falando de todos aqueles aparelhos sempre ativos em sua casa: TV, cafeteira, Alexa, ou o relógio bobo do seu forno.[29] Esses aparelhos consomem anualmente 344 kW/hora de eletricidade nos Estados Unidos, e despejam 250 milhões de toneladas de dióxido de carbono na atmosfera — 4% de todas as emissões de gás causadores de efeito estufa do país, de acordo com o Conselho de Defesa dos Recursos Naturais. Somente nos Estados Unidos, esses aparelhos consomem tanta energia quanto todos os mineradores de bitcoin no mundo inteiro! Portanto, antes de mandar os mineradores de bitcoin desligarem suas máquinas, você deveria dizer para as pessoas tirarem a TV da tomada todas as noites.

E, caso realmente queira eliminar gastos energéticos, diga a todo mundo para parar de jogar videogame. Um estudo de 2020 descobriu que os jogadores de videogame consomem 46% mais energia do que todos os mineradores de bitcoin.

Emissões, não energia

Aqueles que reclamam do consumo de energia do bitcoin estão esquecendo de um ponto importante: não importa quanta energia você utiliza. O que importa é quanto dióxido de carbono você joga na atmosfera.

ADA
Algo

Maiores moedas de Prova de Participação (Proof of Stake), por valor de mercado	
Moeda	Emissor
ADA	Cardano
ALGO	Algorand
ARDR	Ardor
ARK	Ark
DCR	Decred
EOS	EOS
HBAR	Hedera Hashgraph

---

29 Aliás, por que os fogões precisam de relógios?

HIVE	Hive Toke
ICX	ICON
LSK	Lisk
ONT	Ontology
QTUM	Qtum
RUNE	THORChain
STEEM	SteemROSE
TOMO	TomoChain
TRX	Tron
TOMO	Tezos

Quase 80% da energia utilizada pela indústria de transporte é fornecida por petróleo, gás natural ou carvão. Seu uso emite enormes quantidades de dióxido de carbono, o que é ruim para o planeta. Mas 73% do consumo de energia do bitcoin é neutro em carbono. O Índice Cambridge de Consumo de Energia do bitcoin mostra que os mineradores utilizam principalmente energia solar, eólica, geotérmica e de hidrelétricas. Apenas 38% depende de carvão. Como resultado, o jornal *Joule* relatou, em 2021, que as emissões globais do bitcoin são equivalentes às da cidade de Londres, e não ao país inteiro da Argentina.

Imagine Ford dizer que, apesar de usar muita energia para construir carros, os motoristas não utilizam energia para operá-los. Se assim fosse... Mas é assim com o bitcoin: quase toda a energia utilizada pelo bitcoin é consumida pela mineração. A partir do momento em que as moedas foram mineradas, a energia necessária para validar cada transação é mínima.

Dito tudo isso, o uso de energia do bitcoin não é zero. Não precisamos chegar a tanto, e todos na comunidade cripto sabem disso. E é por causa desse fato que, como foi notado pela *Harvard Business Review*, muitos assinaram o Acordo Climático Cripto (comparável aos Acordos Climáticos de Paris), que defende a redução da pegada de carbono do Bitcoin.

Os mineradores podem fazer mais para resolver a crise energética do mundo do que qualquer outra indústria. Por quê? Porque eles têm a maior motivação para fazer isso. Para a maioria das indústrias, materiais e folhas de pagamento são suas maiores despesas. Mas o custo número 1 para mineradores é o preço da eletricidade. Isso os incentiva a reduzir seus custos de energia — o que os motivará, em troca, a buscar fontes de energia mais baratas. Muitas empresas de mineração, por exemplo, transferiram suas instalações para locais em que conseguem tirar vantagem de fontes de energia renováveis, como fazendas eólicas e hidrelétricas. Não há dúvida de que outras indústrias utilizarão quaisquer soluções que a rede Bitcoin descubra.

Não compartilho da visão de que o bitcoin deva ser banido porque é ruim para o meio ambiente. Caso pense dessa maneira, então simplesmente não compre bitcoin. Compre, em vez disso, moedas de Prova de Participação.[30] Problema resolvido.

---

30 Para saber mais, veja, por exemplo, exame.com/future-of-money/criptomoedas-o-que-sao-prova-de-trabalho-prova-de-participacao-e-tokens/. [N. E.]

6 Quem utiliza bitcoin?

Percorremos um longo caminho desde que Laszlo pagou 10 mil bitcoins por duas pizzas. O volume de transações anuais do bitcoin agora ultrapassa 1,5 trilhão de dólares — mais do que o dobro do PayPal e seis vezes mais que a Discover. Não é de surpreender que, no momento em que escrevo, o valor de mercado do bitcoin seja maior do que o de JPMorgan, MasterCard, UnitedHealth, Home Depot e The Walt Disney Company. Ainda assim, a Bitcoin não tem escritórios, funcionários ou acionistas. É realmente revolucionário.

As empresas começaram a oferecer cartões de crédito conectados ao bitcoin em 2021; em vez de receber cashback ou milhas quando usar o cartão, você recebe bitcoin — e a Visa diz que seus clientes já gastaram mais de 1 bilhão de dólares em cartões de recompensa em bitcoin. A MasterCard também oferece "experiências seguras e protegidas para clientes e negócios na economia digital contemporânea", enquanto o PayPal permite que seus 325 milhões de usuários comprem bitcoin em sua plataforma e o utilizem para fazer compras com os mais de 24 milhões de comerciantes conectados ao aplicativo; a empresa diz que cerca de 20% de seus usuários já fizeram isso.

A AXA, terceira maior empresa de seguros do mundo, agora permite que seus clientes paguem em bitcoin, devido à "crescente demanda dos consumidores", e não que "o bitcoin torna os pagamentos mais fáceis". A agência de viagens on-line Travala diz que já agendou 10 milhões de viagens, com 70% de seus clientes pagando em bitcoin. A United Wholesale Mortgage permite que proprietários façam pagamentos de hipoteca em bitcoin.

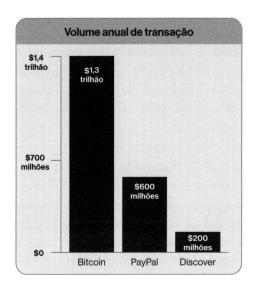

Varejistas não são os únicos a aceitar bitcoin. Políticos também os estão aceitando. A Comissão Federal de Eleições permite que candidatos aceitem contribuições políticas em bitcoin. Ohio aceita que negócios paguem seus impostos em bitcoin. A Wharton Business School permite que estudantes de ativos digitais paguem seus estudos em bitcoin e Ethereum. Milhares de instituições de caridade e ONGs também aceitam doações em bitcoin.

Quem tem bitcoin?

No momento em que escrevo, 200 milhões de indivíduos possuem bitcoin, incluindo 17% dos adultos norte-americanos, de acordo com o Crypto.com. O Coinbase é o aplicativo gratuito mais popular na Apple Store. Outros 63% dos adultos referem-se a si mesmos como "curiosos sobre cripto". As pessoas estão se envolvendo porque estão ouvindo muito sobre o assunto.

E isso não acontece por acaso; a comunidade cripto está trabalhando duro para ter certeza de que você saiba a respeito do bitcoin. A Coin Cloud, uma empresa que instala caixas eletrônicos de bitcoin (sim, você pode comprar bitcoin em uma banca de calçada, e o Walmart está instalando caixas eletrônicos de bitcoin em lojas pelos Estados Unidos), contratou

Spike Lee para dirigir e estrelar um comercial de TV. A CoinFlip, outra operadora de caixas eletrônicos de bitcoin, contratou Neil Patrick Harris para aparecer em seus anúncios. Alec Baldwin está fazendo anúncios para a corretora eToro. Matt Damon aparece em anúncios promovendo a Crypto.com, que também contratou a lutadora de MMA, Ronda Rousey, o astro de basquete Carmelo Anthony, a snowboarder Lindsey Jacobellis, o rapper CL e o astronauta Scott Kelly. A concorrente, FTX, contratou a estrela da NFL Tom Brady e o duas vezes MVP da NBA, Stephen Curry, como embaixadores da marca, enquanto a corretora Voyager Digital contratou o quatro vezes campeão do Super Bowl, Rob Gronkowski, como embaixador da marca. A artista pop Mariah Carey está promovendo a corretora de criptos Gemini. O quarterback dos Green Day Packers, Aaron Rodgers, três vezes MVP da NFL, juntamente com a rapper Megan Thee Stallion e a cantora Miley Cyrus, em parceria com a Cash App, se envolveram em um sorteio, no Twitter e no Instagram, de 1 milhão de dólares em bitcoin. Após um fã ter pego o seiscentésimo passe de *touchdown* do *quarterback* do Tampa Bay Bucaneers, Tom Brady, Brady enviou um bitcoin ao fã. Ele e sua então esposa, a supermodelo Gisele Bündchen, compraram participações na corretora de criptos FTX. O Los Angeles Staples Center, a casa dos Lakers e Clippers da NBA, do Kings da NHL e do Sparks, da WNBA, agora é Crypto.com Arena. (A empresa pagou 700 milhões de dólares para assegurar os direitos do nome por vinte anos.) Os Dallas Mavericks se associaram à corretora de bitcoin Voyager, enquanto a NBA e a WNBA tornaram a Coinbase sua patrocinadora de criptos exclusiva, em um acordo multianual. A gigante do ramo de restaurantes Landry's (dona do Bubba Gump Shrimp, Morton's The Steakhouse, Rainforest Cafe e dúzias de outras marcas) tem um programa de fidelidade que dá 25 dólares em bitcoin quando um cliente gasta 250 dólares em seus estabelecimentos. A Adidas está entrando em uma parceria com a Coinbase ("provavelmente nada" [nome de uma moeda virtual], brincou a Adidas em um tuíte). O Burger King está se associando à Robinhood Crypto, doando bitcoin, Ether e Dogecoin. O Burguer King até mesmo lançou seu próprio ativo digital na Rússia, chamado de WhopperCoin. A AMC Theaters está divulgando que agora aceita bitcoin, Ethereum, Bitcoin Cash e Litecoin — e relata que 14% de seus frequentadores pagam ingressos on-line por meio desses ativos digitais.

Caixa Eletrônico de Bitcoin

Fonte: © Adobe Stock impressa com permissão

E tudo isso não está acontecendo apenas nos Estados Unidos; é mundial. Na Índia, por exemplo, 70% dos anúncios de televisão que apareceram durante a Copa do Mundo de Críquete promoviam empresas cripto.

Toda essa publicidade, apoiada por enormes aumentos no preço do bitcoin e de outros ativos digitais, tem criado uma força aparentemente irrefreável. A Coinbase, uma corretora on-line negociada publicamente, agora tem mais correntistas que a Charles Schwab. E a Schwab relatou em 2019 que, no top 10 das participações de seus clientes millennials, estava a Grayscale Bitcoin Trust (sobre a qual vamos aprender no capítulo 16). De fato, disse a Schwab, os clientes millennials têm mais bitcoin do que ações da Berkshire Hathaway, Disney, Netflix, Microsoft ou Alibaba.

O Bank of New York Mellon, o mais antigo dos Estados Unidos (fundado por Alexander Hamilton em 1792), agora fornece serviços de custódia para bitcoin e outros ativos digitais. A Amazon está operando um projeto de moeda digital no México. JPMorgan, Goldman Sachs, Bank of America Merrill Lynch e MassMutual, todos oferecem bitcoin a seus clientes. A Uber aceita bitcoin como pagamento.

O Gabinete do Controlador da Moeda (OCC) começou a aprovar que bancos aceitem e façam a custódia de ativos digitais. Em 2021, a OCC aprovou o primeiro banco de ativos digitais, o Anchorage Digital Bank.

Schwab Voyager Digital

Schwab

Grayscale Bank of New York

Bancos de ativos digitais	
Anchorage Digital Bank anchorage.com	O Anchorage Digital Bank é o primeiro banco de ativos digitais dos Estados Unidos. Como Depositário Certificado por uma licença federal, ele mantém os fundos dos clientes, assegura títulos e permite que RIAs atendam a obrigações federais de custódia. Os correntistas podem reivindicar e emprestar ativos digitais sob os protocolos blockchain de governança de custódia do Anchorage.
Avanti Bank & Trust avantibank.com	O Avanti Bank & Trust é um banco de Wyoming que tem o propósito de conectar ativos digitais ao sistema de legado. O Avanti é um depositário de ativos digitais que pode satisfazer os padrões dos níveis mais rigorosos de custodiantes institucionais.
Kraken kraken.com	A Kraken é a primeira corretora de ativos digitais a obter uma licença bancária no estado de Wyoming como SPDI. Os clientes do Kraken Bank podem depositar com facilidade ativos digitais e moedas fiduciárias, e transferir bens de suas contas bancárias para seus portfólios de investimentos e negociações.
Silvergate Bank silvergate.com	O Silvergate Bank é um banco membro do Federal Reserve e o líder no fornecimento de soluções e serviços de infraestrutura financeira inovadores para a indústria crescente de ativos digitais.

Bancos comunitários e sindicatos de crédito também estão atendendo pequenos investidores. Por meio de uma parceria com a NCR (a empresa de registro de dinheiro criada em 1884) e a NYDIG, uma firma de investimento em ativos digitais, 24 milhões de clientes de 650 bancos (40% de todas as instituições financeiras nos Estados Unidos) podem negociar bitcoin em seus celulares.

E não devemos deixar de fora as crianças. Dezenas de acampamentos cripto de verão ensinam crianças, desde os 5 anos, a minerar bitcoin. Os pais também podem fazer isso; eles só precisam do software antivírus Norton. Clique em um botão, e seu computador vai minerar bitcoin sempre que não estiver sendo usado, permitindo que você ganhe dinheiro simplesmente por deixar o computador ligado.

Os consumidores comuns não são os únicos envolvidos. O Goldman Sachs diz que 24% de seus investidores abastados e 10% de seus clientes institucionais também estão comercializando ativos digitais — e que outros 20% estão interessados em fazer o mesmo. O JPMorgan afirma que 10% de seus clientes institucionais agora estão comercializando ativos digitais.[31]

Fidelity
Fidelity Digital Assets

Todas as maiores firmas estão ocupadas em ajudar seus clientes a comprar ativos digitais. O Morgan Stanley oferece um fundo de investimentos em bitcoin; o Citigroup possui um grupo de ativos digitais; o Bank of America Merrill Lynch permite que os clientes troquem futuros[32] de bitcoin por intermédio de sua equipe de pesquisa de ativos digitais; o State Street Global Advisors conta com uma divisão de serviços para fundos de ativos digitais. O Fidelity serve clientes institucionais via Fidelity Digital Assets, e o Franklin Templeton também dispõe de uma divisão de ativos digitais.

Vanguard
BlackRock
ARK
Franklin Templeton
Marathon Digital
MicroStrategy

Fundações universitárias também estão comprando ativos digitais, incluindo as de Harvard, Yale, MIT, Stanford, Darthmouth e da Universidade da Carolina do Norte. Os 4 mil fundos de pensão da Alemanha, que, juntos, gerenciam 2,1 trilhões de dólares, receberam aprovação governamental para investir até 20% de seus ativos em ativos digitais. (Caso todos invistam o limite legal, 400 bilhões de dólares vão fluir para o bitcoin e outros ativos digitais.) Fundos de pensão norte-americanos já estão investindo, incluindo-se aí o Fundo de Aposentadoria e Assistência aos Bombeiros de Houston, assim como o Sistema de Aposentadoria dos Servidores do Condado de Fairfax (VA) e o Sistema de Aposentadoria dos Policiais.

31 Só para constar: em 2017, o CEO do JPMorgan, Jamie Dimon, chamou o bitcoin de fraude.
32 Para saber um pouco mais sobre contratos futuros, ver, por exemplo: www.infomoney.com.br/guias/mercado-futuro/. [N. E.]

Bilionários também possuem ativos digitais, a exemplo de Paul Tudor Jones, Stanley Druckenmiller, Ricardo Pliego, Bill Miller, Ray Dalio, George Soros, Mark Cuban, Tim Cook, Peter Thiel e Bill Gurley.

PayPal
CNBC*

E as empresas estão comprando ativos digitais: Paypal, Square, MicroStrategy, TIME, MassMutual e Tesla. Segundo Jim Cramer, da CNBC,[33] é "quase irresponsável empresas não possuírem bitcoin" como parte de suas reservas de tesouro corporativas.

Muitos gestores de fundos também investem em bitcoin, incluindo os gestores de Renaissance, Ruffer, Guggenheim, Bridgewater, BlackRock e SkyBridge. O The Motley Fool também investe.

Skybridge

O bitcoin se tornou tão comum que agora é a primeira pergunta a ser feita na sua declaração de imposto. O Formulário 1040 da IRS[34] pergunta: "Em algum momento ao longo do ano você recebeu, vendeu, enviou, trocou ou de outra forma adquiriu algum lucro financeiro em qualquer moeda virtual?". Esse é o modo de o IRS de dizer que sabe que muitos norte-americanos possuem ativos digitais, mas não estão declarando suas transações ao governo — nem pagando os impostos devidos.

---

33 Eu também apareço frequentemente na CNBC e em CNBC.com.
34 Internal Revenue Service (IRS [Serviço de Renda Interna, tradução nossa]) é um serviço de receita do Governo Federal dos Estados Unidos. [N. T.]

(7) Por que existem tantas moedas?

Satoshi inventou o bitcoin em 2009 para substituir moedas fiduciárias. Uma moeda para um propósito: um sistema eletrônico de dinheiro.

Entretanto, o bitcoin enfrenta algumas limitações. Por exemplo, o preço flutua — e muito. A média do movimento do preço diário do bitcoin é de 3%, ou três vezes mais do que o mercado de ações. Volatilidade é ruim para uma moeda, de modo que alguém criou o Tether, a primeira stablecoin (moeda estável), um ativo digital cujo preço deve ser igual ao do dólar americano, ou ao de alguma outra moeda fiduciária. (Veremos mais sobre stablecoins no capítulo 8.)

Outra pessoa percebeu que o Bitcoin leva um longo tempo (sete segundos) para verificar cada transação. A Visa processa 1.700 transações por segundo (o que resulta em 150 milhões por dia). Isso levou à Litecoin, que processa 56 transações por segundo — muito mais rápido do que o Bitcoin, e ainda assim muito mais devagar que a Visa.[35]

Outra coisa: as transações de bitcoin são processadas imediatamente, mas isso pode não ser o que você quer que aconteça. A introdução dos contratos inteligentes do Ethereum permite controlar o timing de suas transações.

Tudo bem, acabamos de identificar três razões legítimas para o Bitcoin não ser o suficiente e para o Tether, o Litecoin e o Ether terem sido introduzidos. Adicione mais algumas soluções, inovações e melhorias, e vamos poder justificar a necessidade de talvez mais uma dúzia de moedas, ou algo perto disso.

---

35 Entretanto, quanto mais rápido é o processo, mais fraca será sua segurança. Consumidores norte-americanos perderam 11 bilhões de dólares para fraudes de cartão de crédito em 2020, de acordo com o Nilson Report, e a Visa diz que encontra uma média de 140 mil ocorrências de softwares maliciosos em seus servidores todos os meses. A rede Bitcoin, por outro lado, nunca foi hackeada.

Ainda assim, a CoinMarketCap lista 11.233 moedas e 393 corretoras onde você pode comprá-las. E mais moedas emergem todos os dias. Muitas delas são truques, outras são golpes (veremos mais sobre isso no capítulo 13), e muitas são puras manobras de marketing, projetadas para capturar a atenção e o dinheiro dos consumidores. E muitas são apenas extensões de marcas.

Levi's
Heinz

Outro dia, visitei o site da Levi's para comprar duas calças jeans. O site pediu que eu selecionasse o meu caimento preferido e forneceu estas opções: Taper, Reta, Slim, Atlética, Relaxada, Skinny, Bootcut, Original, Solta, So High ou Western. Então, me foi perguntado se eu queria jeans 501 ou 502, 505, 510, 511, 512, 513, 514, 517, 527, 531, 541, 550, 551, 559 ou 569. E se eu iria querer preto, azul, marrom, dark wash (seja lá o que signifique isso), verde, cinza ou cáqui? Calma, não terminamos. Eu gostaria de um material chamado Sustentabilidade, WaterLess, Algodão Orgânico, Sustentabilidade Suave com TENCEL, LYOCELL, Cânhamo Algodonizado, Poliéster Reciclado, Algodão Reciclado ou Repreve, e eu gostaria dos meus jeans com elasticidade ou não, desgastados ou não desgastados? Também tive que escolher o estilo: Chino, Cargo, Cropped, Hi-Ball Roll, Jogger ou Western. E eu gostaria de 100% algodão, Tecnologia Todas as Estações, Personalizado (ah, não!), Eco Ease, Cânhamo, Flex ou Selvedge? Finalmente, botão ou zíper?

Tive o mesmo problema ao comprar um vidro de ketchup. A Heinz oferece ketchup em uma variedade de tamanhos, é claro, mas também:

- Sem adoçantes artificiais;
- Sem adição de sal;
- Sem adição de açúcar;
- Adoçado apenas com mel;
- Com uma mistura de vegetais;
- Quente & picante, mesclado com molho de pimenta Tabasco;
- Jalapeño mesclado com jalapeño de verdade;
- Sriracha mesclada com Sriracha.

Fonte: ©sheilaf2002 / Adobe Stock impresso com permissão

Se você achou que a invenção do bitcoin de Satoshi em 2009 serviria para sempre como o único dinheiro digital de que você precisaria (ou acabaria possuindo), bem, tenha isso em mente quando derramar ketchup na sua calça.

O universo dos ativos digitais

O ecossistema dos ativos digitais é complexo e está em constante crescimento. O Fórum Econômico Mundial dispõe todas as moedas em uma de quatro categorias; já vi outros descreverem de duas até sete. Vixe...

Meu objetivo é ajudar você a ter uma ideia dos tipos de protocolos e moedas que existem, em parte para que você os compreenda, mas também para suas considerações de investimento. Portanto, vou apresentar quatro categorias. As duas primeiras vão ao encontro da abordagem do Fórum Econômico Mundial:

- *protocolos de camada-base* (as redes blockchains básicas que permitem a criação, transferência e armazenamento de ativos digitais);
- *protocolos de camada secundária* (construídos em cima da camada-base, fornecem recursos e capacidades adicionais).

As duas próximas categorias descrevem uma variedade de produtos e aplicações que permite que consumidores, investidores e negócios interajam com as camadas-base e secundária. São elas:

- financeira;
- não financeira.

Protocolos de camada-base

Também chamados de *camada nativa*, é aqui que tudo se inicia. Todas as moedas digitais começam como um protocolo; cada um deles é nomeado pelos seus criadores. Satoshi criou o protocolo Bitcoin, Vitalik Buterin criou o protocolo Ethereum e Jeb McCaleb concebeu o protocolo Ripple, para citar alguns exemplos.

Cada protocolo cria um ativo digital para operar em sua plataforma — algo como dizer "vou construir uma estrada, e depois vou construir os carros que passarão por ela". A estrada é a blockchain, a moeda ou o token são os veículos que vão transitar sobre ela, e o protocolo estabelece as regras que essas moedas devem seguir.

Cada criador dá um nome a sua blockchain. Eles também nomeiam a moeda. Satoshi não foi incrivelmente esperto ao dar o nome de *bitcoin* tanto para a blockchain quanto para a moeda. A moeda da Ethereum é o Ether, enquanto a moeda da Ripple é a XRP. E assim sucessivamente.

**Amazon
Disney**

E, assim como as ações têm símbolos — AMZN para Amazon, F para Ford Motor Company e DIS para Walt Disney Company —, os ativos digitais também os possuem. BTC para bitcoin, ETH para Ether e XRP para a, é... para XRP. Dessa forma, acabam existindo três descritivos para cada protocolo — a blockchain, a moeda e seu símbolo, como em Bitcoin, bitcoin e BTC, ou Ethereum, Ether, ETH.

Principais protocolos de camada-base

Arweave — arweave.org
O principal objetivo do projeto é garantir que informações históricas e culturais vitais nunca sejam perdidas, censuradas ou alteradas. O token da Arweave (de mesmo nome) recompensa quem armazena dados, para que aqueles que hospedarem aplicativos na rede não precisem se preocupar com manutenções técnicas e custos de hospedagem contínuos; com o código implementado, ele dura para sempre.

Para preservar informações históricas, a Arweave faz parcerias com instituições como o Internet Archive, objetivando proteger registros. Arquivos podem ser armazenados mediante o pagamento de uma tarifa única, e o conteúdo pode ser postado e compartilhado anonimamente. A Arweave foi lançada em 2018.

Avalanche — avax.network
A Avalanche se apresenta como a plataforma de contratos inteligentes mais rápida na indústria blockchain, e possui a maior quantidade de validadores assegurando sua atividade entre todos os protocolos de Prova de Participação. Ela pode lidar com mais de 4.500 transações por segundo.

Bitcoin — bitcoin.org
A primeira blockchain.

Bitcoin Cash — bitcoincash.org
A Bitcoin Cash permite que você envie dinheiro para terceiros por menos de um centavo e armazena poupanças de maneira segura, sem intermediários. A BCH também é privada; não existem históricos de transações como aqueles em contas bancárias. Mais de 11 milhões de transações BCH ocorrem mensalmente, e já são mais de 300 milhões desde sua criação, em 2017. Dezenas de corretoras permitem que você compre, venda e retenha BCH.

cUSD — celo.org
cUSD é uma stablecoin que rastreia o valor do dólar americano. O objetivo da Celo é servir aos desbancarizados. A cUSD foi lançada em 2020, e já tem 27 mil endereços de carteira e 15 milhões de cUSD em circulação. Mais de 1 milhão de transações já foram processadas. A plataforma é apoiada pela Aliança pela Prosperidade, grupo de mais de cem organizações dedicadas ao aprimoramento da vida das pessoas desbancarizadas e desfavorecidas do mundo.

EOS — eos.io

O preço do bitcoin aumenta quanto mais pessoas o utilizam. A Blockchain Pública EOS apresenta um modelo diferente: ela tranca os tokens EOS de forma a reservar banda larga da CPU (o tempo para processar a transação), banda larga (o tamanho da transação em bytes) e memória RAM (o armazenamento dos dados em bytes). Essencialmente, os tokens EOS possuem propriedades imobiliárias digitais; ao trancar seus tokens, você reserva uma porção dos recursos totais disponíveis. Você pode pagar uma pequena taxa para fornecer energia à sua conta por tempo suficiente para executar sua transação ou depositar tokens ociosos, de modo a receber uma porcentagem das taxas geradas pela blockchain EOS inteira. Dependendo do seu nível de utilização, você pode acumular mais taxas do que paga para alimentar a sua conta.

Ether — ethereum.org

A Ethereum foi pioneira nos "contratos inteligentes". É uma blockchain programável; isso significa que o usuário pode ditar os termos de transferência das moedas ether. A rede de milhares de computadores da Ethereum rastreia a condição de cada contrato; qualquer um pode auditá-los no livro-razão público da Ethereum, que é mantida pela Fundação Ethereum, uma organização sem fins lucrativos. Para imaginar a escala, veja a comparação: a Microsoft emprega 40 mil desenvolvedores de software. Enquanto isso, há mais de 200 mil desenvolvedores programando na blockchain Ethereum.

Filecoin — filecoin.org

A missão da Filecoin é descentralizar o armazenamento em nuvem ao permitir que usuários escolham milhares de fornecedores de armazenamento distribuídos geograficamente. Você obtém espaço de armazenamento ao pagar com Filecoins, dando um incentivo àqueles que têm um espaço de armazenamento extra para que o dividam. A Filecoin foi lançada em outubro de 2020; em três meses, milhares de minerados comprometeram 1,3 exabyte de armazenamento (o suficiente para conter 650 vezes a quantidade total de dados armazenados nos laboratórios de pesquisa dos Estados Unidos). Mais de cem aplicações já foram construídas sobre a Filecoin.

Litecoin — litecoin.io

A utilização do Bitcoin como plataforma de transferência de dinheiro é limitada por sua habilidade em processar transações. A Litecoin foi criada para resolver esse problema. Ela confirma blocos em velocidade oito vezes maior do que o Bitcoin.

MobileCoin — mobilecoin.com

A MobileCoin é projetada para ser utilizada como dinheiro digital em seu celular. A maioria das transações é completada em menos de dez segundos. Aplicativos de mensagens como WhatsApp, Facebook Messenger e Signal podem ser integrados a uma carteira MobileCoin. Cada transação é protegida criptograficamente. A MobileCoin não está disponível para usuários norte-americanos, pois os pagamentos são privados.

Neo — neo.org

Neo é a "plataforma blockchain mais completa em recursos" para aplicações descentralizadas, suportando armazenamento descentralizado, oráculos e serviços de nomeação de domínios. Foi a primeira plataforma pública de contratos inteligentes fundada na China — por Da Hongfei e Erik Zhang, em 2014 —, o que a torna pioneira no início da indústria blockchain. Hoje, a Neo tem desenvolvedores em todo o mundo, contribuindo para o desenvolvimento central, a infraestrutura e construção de ferramentas, incluindo egressos da Microsoft, Facebook, Amazon, Samsung, Dell, Seagate, entre outras empresas.

Stellar — stellar.org

A rede Bitcoin foi criada apenas para transacionar bitcoin. Em contraste, a Stellar digitaliza todos os formatos de dinheiro, permitindo que o sistema financeiro global opere em uma única rede. Ela também é mais rápida e barata do que outras blockchains (seu livro-razão é verificado e atualizado a cada cinco segundos). Foi lançada em 2015 e já processou mais de 450 milhões de operações por mais de 4 milhões de contas.

A moeda digital da Stellar é o lumen, necessário apenas para inicializar as contas. Depois disso, transações podem ser feitas em qualquer moeda. Por exemplo, dólares digitalizados podem ser usados por pessoas em todo o mundo sem a necessidade de uma conta bancária norte-americana. O mesmo vale para todas as moedas fiduciárias. Na verdade, você poderia usar a Stellar para emitir um token para qualquer ativo — desde uma bacia de milho até uma hora do seu tempo como consultor.

Tokens da Stellar podem ser vistos, mantidos e comercializados por qualquer usuário, mas são altamente configuráveis. E, diferentemente de outros sistemas de pagamentos, a Stellar permite que um usuário envie uma moeda enquanto o destinatário recebe outra — ou seja, realiza o câmbio de dinheiro na mesma transação. Cowrie, Settle, Tempo, Finclusive e muitas outras moedas operam na Stellar.

Tether — tether.to

Tether é uma stablecoin atrelada ao dólar americano, ao euro e ao yuan offshore chinês. O Tether é a moeda digital parafiduciária mais amplamente integrada em uso hoje.

Tez — tezos.com

A Tezos foi lançada em 2011 e pioneira no protocolo de Prova de Participação. A plataforma permite aos usuários criarem contratos inteligentes e construírem aplicações descentralizadas que não podem ser censuradas ou banidas por terceiros. As partes interessadas também podem participar de atualizações da rede ao avaliar, propor ou aprovar emendas sem forks fortes. Tezos podem representar ações, ouro, propriedades imobiliárias — e até mesmo votos em eleições presidenciais.

> **XRP** — ripple.com
>
> A rede RippleNet pode conectar centenas de instituições financeiras pelo mundo por meio de uma única interface, permitindo que o dinheiro circule de maneira mais rápida, fácil e confiável. Ao utilizar a XRP, instituições financeiras não precisam ter fundos em suas contas de antemão nas moedas de destino para facilitar pagamentos internacionais. Pagamentos são acertados em cerca de três segundos; a rede pode suportar mais de 1.500 transações por segundo, a um custo de apenas US$0,0003 cada.
>
> A RippleNet está disponível em mais de 55 países em seis continentes, com capacidade de pagamento em mais de setenta países. Dezenas de empresas já assinaram contratos para sua liquidez *on-demand*, incluindo MoneyGram, Azimo, Santander, American Express, CIMB, Siam Commercial Bank, SBI e HDFC.

> **Zcash** — electriccoin.co
>
> Transações Zcash podem ser transparentes, apesar de seus usuários terem a opção de blindar suas informações de modo parcial ou integral, providenciando privacidade nos níveis de transação. Zcash é um projeto *open-source* apoiado pela Electric Coin Company e a Fundação Zcash.

Protocolos de camada secundária

Os desenvolvedores continuam procurando maneiras de melhorar as redes de blockchain. Eles querem cumprir três objetivos:

1. **Descentralização**, significando que a rede (e não uma empresa ou governo único) é responsável pelos ativos;
2. **Segurança**, significando que a rede não pode ser invadida, ter seus dados copiados, alterados, deletados, roubados ou tornados inacessíveis;
3. **Escalabilidade**, significando que o que se pode fazer para dez pessoas pode ser feito para 1 bilhão.

O esforço para conquistar os três objetivos é chamado de "trilema", um termo cunhado pelo fundador da Ethereum, Vitalik Buterin. É fácil construir uma blockchain que conquiste um ou dois desses objetivos, mas é extraordinariamente difícil providenciar todos os três.

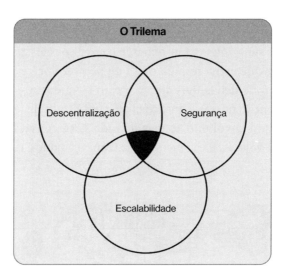

A Bitcoin e a Ethereum, por exemplo, foram projetadas com foco em descentralização e segurança (nenhuma das duas é propriedade de ninguém, e nunca foi hackeada), mas elas fornecem esses recursos à custa da escala (a Ethereum consegue processar apenas 15 transações por segundo, e a Bitcoin é ainda mais devagar, com 7 transações por segundo. A Visa, em contrapartida, consegue processar 24 mil transações por segundo, mas é controlada por uma corporação, e já foi hackeada diversas vezes).

O trilema atrapalha protocolos de camada-base, o que levou desenvolvedores a criar uma estrutura por cima da camada-base. Dessa forma, a camada-base fornece segurança e descentralização, enquanto a camada secundária fornece velocidade e escala.

Bitcoin
Bitcoin Cash
Bitcoin SV
Ether

O primeiro e mais conhecido exemplo é o da Lightning Network, que está posicionada sobre a blockchain da Bitcoin. Inventada em 2015 por Joseph Poon e Thaddeus Dryja, a Lightning Network completa transações de maneira mais rápida e barata porque não necessita da computação completa e do estabelecimento do esforço de Prova de Trabalho da Bitcoin. Ela realiza isso por meio de transações off-chain — chamadas assim porque as transações não são executadas em uma blockchain.

Para entender isso, pense na vida em um cassino, imaginando que o cassino seja uma blockchain. Você entra e converte seus dólares em fichas (a moeda digital do cassino). Isso é uma transação on-chain (ou seja, na blockchain) — você precisa da permissão do dealer para trocar seus dólares por fichas, e o cassino registra a transação. Mas, uma vez que estiverem na mesa de pôquer você e os outros jogadores trocam de fichas livremente e com frequência — e o cassino não presta atenção nessas transações off-chain (ou seja, entre partes). O cassino estará envolvido apenas quando você converter suas fichas de volta em dólares, e é somente essa transação que é registrada na blockchain.

Transações on-chain

Transações off-chain

Principais protocolos de camada secundária

Aave — aave.com
Um dos primeiros protocolos descentralizados de empréstimos, o Aave permite que o usuário empreste ou pegue dinheiro emprestado usando dezenas de ativos digitais. Mais de 25 bilhões de dólares em ativos residem na plataforma

Bancor — bancor.network
O Protocolo Bancor converte tokens de modo instantâneo e a preços justos e previsíveis. Ele descentraliza câmbios automáticos de tokens na Ethereum e em outras blockchains, fazendo uso de contratos inteligentes de modo a criar formadores de mercados automatizados (chamados de AMMs [Automated Market Makers], piscinas de liquidez ou bonding curves). Ele é, desse modo, um método alternativo às abordagens "oferte e pergunte" ou de "livros de pedidos" que empesteiam corretoras tradicionais.

O Protocolo Bancor mostra de forma contínua as cotações de todos os tokens em tempo real, e qualquer token pode ser adicionado à rede por qualquer um, a qualquer momento — não apenas por instituições financeiras e grandes investidores. Desde seu lançamento, em 2017, piscinas de liquidez foram adicionadas à rede Bancor para centenas de tokens na blockchain Ethereum. Mais de 2 bilhões de dólares em conversões token-para-token ocorreram através de dezenas de milhares de carteiras.

Cardano — cardano.org

O Cardano foi construído em cima do protocolo Ouroboros, e utiliza a linguagem de programação Haskell para ter segurança e estabilidade incomparáveis.

Chainlink — chain.link

Os contratos inteligentes da Ethereum necessitam de informações que estão off-chain. Sem elas, os contratos não conseguem funcionar. A Chainlink resolve esse problema ao conectar de maneira segura os contratos inteligentes a fontes e sistemas de dados externos confiáveis. O token LINK alimenta a Chainlink. Ele pode ser comercializado por moedas fiduciárias e digitais.

Compound — compound.finance

O Compound existe sobre a blockchain Ethereum. Qualquer ativo obtido via Ethereum pode ser depositado no Compound, onde o usuário ganhará rendimentos. Também é possível postar o ativo como um colateral, de modo a poder obter empréstimos 24/7 em qualquer lugar do mundo. Dessa forma, o Compound cria um novo mercado de crédito, com taxas de juros baseadas em oferta e demanda.

Etherisc — etherisc.com

O Etherisc foi o primeiro protocolo de seguros construído sobre a blockchain Ethereum. Ele assegura que termos diretivos sejam permanentemente programados em contratos inteligentes, com pagamentos sendo executados imediatamente e de maneira confiável. Exigências de licenciamento são limitantes ao crescimento; abordagens estão sendo testadas para aumentar proteções para riscos programados sem a necessidade de licenças de seguros.

The Graph — thegraph.com

The Graph é um protocolo de indexação. Os dados podem ser compartilhados entre aplicações de modo que qualquer um possa consultá-los com apenas alguns cliques. Antes do The Graph, as equipes utilizavam servidores de indexação próprios. Agora, os dados são armazenados em redes abertas, com integridades verificáveis.

Lightning Network — lightning.com

A Lightning almeja fazer a Bitcoin ser mais rápida e barata, de modo que ela possa se tornar a principal rede de pagamento para a internet. Com a Lightning, o processo de envio e recebimento de bitcoin é tão simples quanto mandar e receber uma foto.

Executar uma transação de bitcoin é instantâneo. E o custo é incomensuravelmente pequeno: apenas 0,0000001 satoshi. Você poderia executar cem milhões de trocas Lightning pelo custo de um único satoshi.

OMG — omg.network
O objetivo da rede é permitir pagamentos e transferências de ativos digitais em tempo real, peer-to-peer — e não apenas de ativos digitais, mas também de outras formas de valor intangíveis, como pontos de fidelidade. O OMG se situa sobre a rede blockchain Ethereum, permitindo que aplicações operem de maneira mais rápida e barata sem comprometer a segurança da Ethereum. O OMG pode realizar milhares de transações por segundo, a um terço do preço. Os tokens do OMG estão distribuídos através de 678 mil endereços, fazendo com que seja um dos tokens mais amplamente distribuídos do ecossistema Ethereum.

SushiSwap — sushi.com
Rival do Uniswap (veja a seguir), estreou em agosto de 2020.

Uniswap — uniswap.org
Um dos maiores projetos na Ethereum é o Uniswap, uma corretora descentralizada (veremos mais sobre isso no capítulo 10). Desde 2018, o protocolo suportou 20 bilhões de dólares em volume, comercializados por mais de 25 mil endereços individuais, através de mais de 8 mil ativos, e assegurou mais de 1 bilhão de dólares em liquidez, depositados por mais de 49 mil fornecedores de liquidez.

Para uma lista atualizada e completa com hyperlinks, visite **DACFP Yellow Pages** em dacfp.com

Chainlink
Uniswap
MetaMask

Existem ainda outras abordagens de escalabilidade, como as sidechains e as childchains. Uma sidechain é uma blockchain que está conectada a uma "blockchain mãe", mas é mais rápida que ela. A Rootstock e a Liquid são exemplos disso. Uma childchain é uma blockchain que opera sobre a blockchain original, e não ao lado dela. A Plasma é um bom exemplo. Childchains são, dessa forma, dependentes da blockchain anfitriã (mãe), enquanto sidechains não o são. Enquanto childchains são tão seguras quanto sua blockchain mãe, as sidechains, não.

Produtos e serviços financeiros

Bitgo

Satoshi criou o Bitcoin para que as pessoas pudessem mover dinheiro pelo mundo de maneira livre. Você acha que isso foi criativo? Espere até ouvir sobre as próximas inovações. Todas são desenvolvidas por cima das camadas-base e secundária da tecnologia blockchain.

Principais aplicações blockchain de produtos e serviços financeiros

Binusu — binusu.com

Os 42 milhões de habitantes de Uganda possuem apenas 6 milhões de contas bancárias — mas 23 milhões são assinantes de dinheiro móvel. Entretanto, o dinheiro móvel sofre com altos custos e transações lentas, e também com serviços e recursos limitados. O Binusu permite que ugandenses emprestem, peguem emprestado, guardem, invistam e troquem, utilizando uma blockchain personalizada, transacionando o BNU, uma stablecoin atrelada à moeda da Uganda, o xelim. O Binusu, dessa forma, entrega serviços financeiros sem custódia a comerciantes e consumidores fora do sistema bancário. A taxa de juros do Binusu é a menor de Uganda, e seus serviços mercantis viabilizam liquidações em tempo real.

BitGo — bitgo.com

A BitGo serve clientes institucionais; em 2018 a BitGo Trust Company se tornou o primeiro depositário regulamentado e independente criado para ativos digitais. Sua plataforma de segurança é usada por centenas de corretoras, investidores institucionais e no espaço de ativos digitais. A BitGo agora oferece o armazenamento seguro de ativos digitais, serviços prime (que agregam empréstimos, câmbios, liquidações, acordos e outros serviços de mercados capitais em uma conta gerenciada) e ferramentas de portfólio, incluindo soluções de impostos, de modo a ajudar usuários a gerenciar suas posições. Desenvolvedores e instituições podem facilmente integrar as ofertas da BitGo em suas aplicações. A firma tem mais de 350 clientes institucionais em cinquenta países, e processa mais de 15 bilhões de dólares em transações mensalmente. Isso representa 20% de todas as transações do Bitcoin.

Cowrie — cowrie.exchange

A moeda da Nigéria não é comercializada globalmente, fazendo que pagamentos internacionais sejam caros e lentos. A Cowrie permite aos nigerianos transacionar pelo mundo de maneira eficiente e com boa relação custo-benefício, com tokens digitais respaldados pela naira nigeriana

Deutsche Bank — cib.db.com/solutions/securitiesservices

Uma das dez maiores instituições financeiras globais, o Deutsche Bank está desenvolvendo uma plataforma de custódia completamente integrada para clientes institucionais e seus ativos digitais. Trata-se de uma plataforma fácil e multifuncional que assegura a segurança de seus clientes via armazenamentos quentes/frios de qualidade institucional, equipados com proteção de qualidade assegurada.

MetaMask — metamask.io
A MetaMask fornece uma carteira Ethereum segura e de fácil usabilidade, que permite a interação dos usuários com milhares de sites e contratos inteligentes em apenas um login — proporcionando mais casos de uso do que qualquer outra solução, incluindo pagamentos, trocas e permutas em corretoras descentralizadas (DEX swap), serviços financeiros descentralizados, jogos, coleções de arte, transações internacionais, identidades autogovernantes, autenticações etc. Dois terços dos usuários da Meta-Mask Mobile se localizam fora dos Estados Unidos e da Europa, em sua maioria em mercados desbancarizados.

PayPal — paypal.com
A empresa de pagamentos quer expandir a adoção de ativos digitais entre seus 346 milhões de consumidores e 26 milhões de comerciantes em mais de duzentos mercados pelo mundo. Seu objetivo é permitir que compradores paguem com bitcoin e deixar que as transações se estabeleçam em moedas fiduciárias. No momento em que escrevo, usuários podem comprar, vender e manter bitcoin, ethereum, litecoin e bitcoin cash.

Rally — rally.io
A Rally permite que influencers, atletas e criadores de conteúdo com milhões de seguidores lancem e gerenciem suas próprias moedas digitais, de modo a alimentar o engajamento de fãs. Uma vez criadas, as moedas podem ser compradas ou ganhas por fãs, construindo uma comunidade descentralizada. Suas ferramentas "sem código" permitem que qualquer criador de conteúdo lance uma moeda sem qualquer conhecimento técnico ou entendimento avançado a respeito de ativos digitais.

Ripio — ripio.com
Em 2019, o banco central da Argentina limitou a quantidade mensal de compra de dólares para 200 dólares, além de ter introduzido um imposto de 65% para evitar enormes drenagens das reservas. A Ripio, a firma líder em ativos digitais na América do Sul, permite que os argentinos guardem dinheiro e ganhem rendimentos por meio de produtos que são compatíveis com as regulações locais, mas não são afetados por limites de compra e taxações. A plataforma permite que usuários depositem e saquem pesos argentinos 24/7, e possam facilmente comprar, vender e guardar ativos digitais.

SuperRare — superrare.co
A SuperRare torna a arte acessível para qualquer um que tenha uma conexão de internet. Cada artista emite um certificado de autenticidade para a obra, permitindo que os patronos rastreiem sua procedência.

XBT Provider — coinshares.com/etps/xbtprovider
Em 2015, o Bitcoin Tracker da CoinShare se tornou o primeiro título baseado em bitcoin disponível em uma corretora regulada, facilitando a investidores comprarem ativos digitais por meio de corretoras de títulos tradicionais.

Aplicações e serviços não financeiros

Se você está impressionado pela criatividade do setor financeiro, vai ficar duplamente impressionado quando ler sobre algumas das inovações oferecidas por quem está fora da indústria.

Principais aplicações e serviços blockchain fora da indústria financeira

Crypto Fund — cryptofund.unicef.io
A Unicef lançou o CryptoFund em outubro de 2019 para poder receber e gastar bitcoin e ether, como meio de financiar startups em economias emergentes ou em crescimento que estão desenvolvendo tecnologias inovadoras para resolver desafios locais. A transferência de ativos digitais para startups pode ser feita em alguns minutos, virtualmente a custo zero se comparada a métodos tradicionais, que envolvem diversos bancos intermediários, levam dias até serem completados e custam até 8% do dinheiro sendo transmitido.

World Food Programme — innovation.wfp.org/project/
Ganhadora do Prêmio Nobel da Paz de 2020, a World Food Programme (Programa de Comida Mundial) é a maior agência de entrega de ajuda humanitária do mundo. A agência já distribuiu bilhões de dólares para dezenas de milhões de pessoas em dezenas de países. Dar dinheiro aos necessitados é, muitas vezes, o meio mais efetivo e eficiente de distribuir ajuda humanitária, ao mesmo tempo que apoia as economias locais. Entretanto, em muitas das áreas onde a WFP atua, fornecedores de serviços financeiros são comumente insuficientes, instáveis ou indisponíveis. Em outros, os refugiados não conseguem operar ou acessar contas bancárias.

Tentando resolver esses problemas, a WFP faz uso de uma rede de ativos digitais para distribuir dinheiro por meio de telefones celulares. Os beneficiários controlam como e quando receberão e usarão o dinheiro — em lojas, caixas eletrônicos, via dinheiro móvel, e mais. Por exemplo, 25 milhões de dólares foram transferidos para refugiados por meio de 1,1 milhão de transações, incluindo 106 mil refugiados sírios, na Jordânia. Ao usar tecnologia de blockchain, a WFP reduz suas taxas de transação em 98%.

⑧ Ativos digitais são dinheiro?

Claramente, a intenção de Satoshi era que o bitcoin fosse tratado como dinheiro, uma moeda digital que substituísse todas as moedas fiduciárias. Será que o sonho de Satoshi se tornou realidade — e, se não, será que algum dia vai se tornar?

Para responder a essa pergunta, primeiro devemos responder outra: o que é dinheiro? Vamos explorar esse conceito para que você possa decidir se o bitcoin ou qualquer outro ativo digital corresponde à definição — ou se isso importa. Isso vai ajudar você a decidir se quer possuir algum ativo digital e, caso queira, quais.

O que é dinheiro?

Durante séculos, o dinheiro tem desempenhado uma função coordenadora central da sociedade. Ele permite e facilita transações de maneira eficiente, possibilitando que não precisemos do ineficiente *sistema de escambo*.

Se você der um litro de leite ao seu vizinho em troca de uma xícara de açúcar, isso é escambo. Os registros mostram que o método foi usado por mesopotâmicos, fenícios e babilônios desde 6000 a.C. — muito antes de as moedas serem inventadas.

Entretanto, fazer escambo é um aborrecimento, pois você deve carregar o leite consigo até encontrar alguém que tenha um pouco de açúcar. Necessitava-se de um método mais fácil de trocas — e foi isso o que introduziu o conceito de dinheiro. Em vez de carregar o leite, posso carregar pequenos pedaços de papel, metal ou algum outro item. Ao me dizer que você tem açúcar, eu posso lhe dar o papel em troca do produto. Mais tarde, você consegue dar o papel a alguém que lhe dê leite.

Escambo × Economia do dinheiro

O dinheiro torna a vida mais eficiente. Você não precisa receber leite no mesmo instante em que me dá açúcar. Você consegue carregar e guardar o dinheiro mais facilmente do que o faz com leite. E o papel é intercambiável por qualquer coisa — não é preciso possuir o que a pessoa que tem leite quer.

Nossos ancestrais usaram todo tipo de item como dinheiro, incluindo animais, lavouras, conchas, metal, papel, sal e até mesmo pedras grandes.

Leite é leite, e, assumindo que esteja fresco, há pouca diferença entre um litro e outro. Dessa forma, é fácil para as pessoas concordarem sobre quanto leite é necessário para obter uma xícara de açúcar. Mas, se eu quiser lhe dar moedas pelo seu açúcar, quantas moedas você vai exigir?

Você vai querer saber quem criou a moeda. E esse foi o primeiro problema. Nos primórdios do dinheiro, qualquer um poderia criá-lo — assim como qualquer um poderia ordenhar uma vaca. Uma vez que indivíduos e negócios criaram seu próprio dinheiro, muito dele se provou sem valor. Como resultado, as pessoas ficaram relutantes em aceitar dinheiro como pagamento — o que nos levou de volta ao sistema problemático do escambo.

Para dar às pessoas mais confiança de que valia a pena aceitar as moedas, governos começaram a declarar que eles, e apenas eles, tinham permissão para emitir dinheiro. Governos são mais estáveis e têm autoridade (graças a seus exércitos) para fazer cumprir suas regras. Entretanto, o problema é que governos vêm e vão, e sempre existe mais do que um.

Pedras Rai

Habitantes das ilhas Yap, da Micronésia, usavam pedras como dinheiro. Chamadas de rai, seu diâmetro variava de cerca de 4 centímetros até 3,7 metros (e pesando 4 toneladas). As grandes eram difíceis demais de transportar, e a população conseguiu mantê-las ali graças a histórias orais. Você ainda pode encontrar essas pedras nas ilhas – assim como em museus ao redor do mundo.

Fonte: ©Adobe Stock impresso com permissão

Nos Estados Unidos, por exemplo, todas as treze colônias emitiam dinheiro. Mas a moeda de Massachusetts não tinha o mesmo valor que a moeda da Pensilvânia, nem havia um acordo amplo sobre quais eram esses valores relativos.

Este não é um livro sobre história econômica, então vou pular os detalhes, mas você sabe como tudo acabou: nos Estados Unidos, o governo federal é o único emissor de dinheiro, e, assim como é dito em todas as notas de dólares, essa moeda é válida para todas as dívidas, públicas e privadas. Outros governos também emitem moedas para uso dentro de suas fronteiras, com muitos deles se recusando a aceitar as moedas impressas em outros países. Entretanto, o dólar americano é aceito em praticamente todo o mundo.

Como você vai pagar? Cripto, Venmo, Zelle, transferência de fundos eletrônicos, cartão de crédito, cheque, em espécie, metais preciosos, conchas de cores brilhantes ou cabeças de gado?

Mas esses dólares americanos ainda estão sendo impressos em papel.[36] O Gabinete de Gravação e Impressão do Departamento do Tesouro emite 4,2 bilhões de peças todos os anos, em valores que variam de 1 a 100 dólares.

Certamente, carregar dinheiro na carteira é muito mais fácil do que carregar leite. Mas o dinheiro ainda é um incômodo — especialmente se você tem muito dele. Você gostaria de andar por aí com centenas de milhares ou milhões de dólares no bolso ou na bolsa?

Consequentemente, as pessoas logo decidiram que precisavam de um lugar para guardar seu dinheiro — e isso levou à criação dos bancos. A princípio, você fazia depósitos em espécie no seu banco local e ele guardava seu dinheiro em seu cofre. Mas esse já não é mais o caso. Hoje, seus depósitos são feitos eletronicamente; bancos locais têm pouquíssimo dinheiro em espécie à mão. (Na Suécia, os bancos exigem aviso prévio, e cobram uma taxa, caso você queira sacar dinheiro físico.)

E, ainda assim, o Departamento do Tesouro continua produzindo dinheiro em papel.

Nós digitalizamos praticamente todo o resto — de fotos a registros médicos e escrituras —, então era inevitável que alguém descobrisse

---

36 Na verdade, o material é 75% algodão e 25% linho — parte dos esforços do governo contra falsificações.

como digitalizar o dinheiro. Esse alguém não foi o Federal Reserve, o Banco Mundial ou o Fundo Monetário Internacional. Foi Satoshi Nakamoto. Imagine só.

Mas bitcoin é dinheiro de verdade?

Ah, na verdade não tem nada de errado com o nosso casamento. Só queremos bolar um jeito de monetizá-lo.

Definindo dinheiro

Para responder a essa pergunta, vamos deixar claro o que qualifica o dinheiro. O dinheiro normalmente é caracterizado por três funções-chave:

1. Reserva de valor;
2. Unidade de conta;
3. Meio de troca.

Vamos dar uma olhada em cada uma delas.

Reserva de valor

Você confia que cada dólar em sua carteira vai manter o seu valor. Graças a essa confiança, você estará disposto a receber 1 dólar hoje, mesmo que não planeje gastá-lo nos próximos dias — ou décadas. Enquanto isso, você pode facilmente guardar seu dinheiro e recuperá-lo a qualquer momento. Nada disso é verdade para o leite, que se decompõe com o tempo e, desse modo, não retém seu valor.

Entretanto, o dinheiro não é uma reserva de valor perfeita, pois seu poder de compra diminui com o passar do tempo. Isso acontece por causa da inflação. Nos Estados Unidos, o objetivo do Federal Reserve é reduzir o valor da moeda em 2% por ano. Por uma decisão política, você pode esperar que cada dólar em sua carteira hoje irá valer 98 centavos daqui a um ano.

Se perder 2 centavos por ano é irritante, considere países com governos e economias ainda menos estáveis. A taxa de inflação da Venezuela em 2021 foi de 2.300% — significando que as compras que você faria na padaria pela manhã por 100 dólares custariam 300 na noite do mesmo dia. Em 2021, você precisaria de 400 bilhões de bolívares venezuelanos para comprar o que se compraria com um único dólar americano.

É seguro dizer que, se a sua moeda não for uma reserva de valor, ela não é dinheiro.

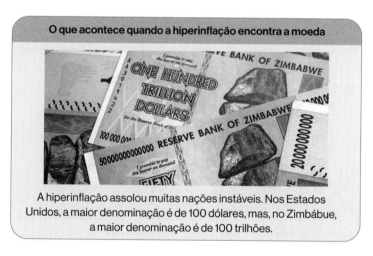

A hiperinflação assolou muitas nações instáveis. Nos Estados Unidos, a maior denominação é de 100 dólares, mas, no Zimbábue, a maior denominação é de 100 trilhões.

Fonte: ©Adobe Stock impresso com permissão

Unidade de conta

Dinheiro pode ser usado para descrever o valor relativo de bens e serviços, de ativos e passivos. Isso nos permite pôr um preço em algo e comparar isso com outra coisa.

Ao vermos que um carro custa 30 mil dólares, enquanto outro custa 100 mil, imediatamente entendemos seus valores relativos. Sem o dinheiro como denominador comum, seria virtualmente impossível para a sociedade realizar o comércio.

Meio de troca

O dinheiro é um intermediário; ele facilita as trocas de bens e serviços. Sem ele como meio de troca, somos forçados a depender de inconveniências, como o sistema de escambo.

O bitcoin satisfaz essas três definições?

Sim, de acordo com essas três características, bitcoin é dinheiro. Mas alguns argumentam que há mais coisas a considerar. O bitcoin, dizem eles, não pode ser considerado dinheiro porque não é respaldado por nada tangível, como ouro ou prata. Esse argumento não funciona — pelo simples motivo de que dólares americanos também não são mais respaldados por ouro ou qualquer outra coisa.

Os dólares americanos têm valor porque as duas partes que o utilizam em uma transação concordam que tem valor. E elas concordam sobre qual é esse valor. As partes confiam na moeda e, consequentemente, estão dispostas a usá-la. Elas confiam na moeda.

Existe algum consenso, segurança e confiança semelhante com o bitcoin?

	Dólar americano	Bitcoin
Reserva de valor	✓	✓
Unidade de conta	✓	✓
Meio de troca	✓	✓

Não em um nível que se equipare com o consenso, segurança e confiança que as pessoas têm pelo dólar americano. Talvez, conforme o bitcoin seja mais utilizado, o nível de consenso, segurança e confiança nele cresçam. Milhões de pessoas ao redor do mundo já acreditam que bitcoin é dinheiro — porque ele passa no teste das três características acima —, e talvez algum dia todos concordem.

Vamos assumir no momento que você está entre aqueles que concordam que bitcoin é dinheiro. Isso significa que bitcoin também é uma moeda?

Definindo moeda

Moeda é a representação física de dinheiro. Desse modo, como perguntamos se o bitcoin é dinheiro, também devemos perguntar se o bitcoin pode ser considerado uma moeda.

As moedas têm seis características:

1. Durabilidade;
2. Portabilidade;
3. Divisibilidade;
4. Uniformidade;
5. Oferta limitada;
6. Aceitação.

Vamos examinar cada uma, para que possamos decidir se o bitcoin passa no teste.

- **Durabilidade** — Uma moeda deve ser resistente o suficiente para sobreviver a repetidos usos. Cabeças de gado e produtos agrícolas não passam nesse teste, mas notas e moedas metálicas de dólar, sim.
- **Portabilidade** — Uma moeda deve ser fácil de transportar e usar. Notas de dólar são facilmente portáteis; barris de petróleo, não. Pequenas quantidades de ouro são portáteis, mas grandes quantidades, não.
- **Divisibilidade** — Uma moeda deve ser redutível a denominações menores. Dólares podem ser reduzidos a pennies. Barras de ouro podem ser cortadas em onças ou gramas — e até mesmo ser divididas ao nível atômico, caso você tenha o equipamento correto.
- **Uniformidade** — Cada unidade da moeda deve ter o mesmo valor que todas as outras unidades equivalentes, independentemente de quando essa unidade foi criada. Cada dólar, por exemplo, tem o mesmo valor que todos os outros dólares.

- **Oferta limitada** — Para que o dinheiro mantenha seu valor, sua moeda deve ser escassa. O Federal Reserve mantém um controle rígido sobre a emissão de dólares americanos de modo a prevenir que uma oferta excessiva entre no mercado. Como vimos com os bolívares venezuelanos e os dólares zimbabueanos, a emissão excessiva de moeda pode reduzir abruptamente o valor do dinheiro.
- **Aceitação** — Uma moeda deve ser aceita de modo generalizado por uma população para a troca de bens e serviços. Dólares americanos são aceitos em quase todo o mundo, não apenas nos cinquenta estados do país.

O bitcoin satisfaz essas seis definições?

- **Durabilidade** — Ativos digitais são extremamente duráveis porque são compostos de bits e bytes — códigos de software nunca se degradam ou evaporam. Os uns e zeros que compõem nossa era eletrônica podem durar para sempre.
- **Portabilidade** — Ativos digitais são completamente portáteis. Uma vez que os dados são armazenados na internet e acessados por meio de aplicativos em seu celular, seus ativos digitais sempre estão com você. Você sempre tem acesso imediato, e pode transmiti-los para outras pessoas em questão de segundos.

Muitas pessoas (incluindo eu) acreditam que a oferta limitada de bitcoins auxilia sua escalada de preço. É a teoria econômica clássica da oferta × demanda, sobre a qual vamos falar no capítulo 11. É evidente que isso poderia interferir no fato de o bitcoin ser ou não ser dinheiro, porque, se você estiver convencido de que o preço daquilo vai subir, você não vai gastá-lo em compras na padaria. Em vez disso, você vai acumulá-lo. Na verdade, existe um nome para tal tipo de pessoa: HODLers — como em Hold On for Dear Life (Persista por amor à sua vida, tradução nossa). Também chamado de "mãos de diamante", pois, como diz o ditado, diamantes são eternos.

- **Divisibilidade** — A menor denominação para o bitcoin é o *satoshi* (ou *sat*, para encurtar); cada um equivale a 0,00000001 bitcoin. Cem milhões de satoshis equivalem a um bitcoin.[37]
- **Uniformidade** — Bitcoins são como dólares ou ouro; cada unidade vale tanto quanto as outras. O mesmo não é verdade para cabeças de gado, frutas e vegetais, casas ou carros.
- **Oferta limitada** — Diferentemente dos dólares — em cujo caso a oferta continua crescendo porque o governo continua imprimindo (especialmente durante crises financeiras) —, o bitcoin tem uma oferta limitada. Apenas 21 milhões de bitcoins serão produzidos.[38]
- **Aceitação** — O bitcoin vem sendo cada vez mais aceito como método de pagamento. Dezenas de milhões de comerciantes ao redor do mundo aceitam bitcoin como pagamento via PayPal, e governos (começando com El Salvador) começaram a designar o bitcoin como sua moeda oficial, ao lado de suas moedas fiduciárias. Mas a aceitação ainda não é universal.

O bitcoin claramente tem todas as características de uma moeda, com exceção, talvez, da aceitação. Então ele se qualifica como uma moeda? Eu diria que depende da pessoa a quem você perguntar, e em qual país você estiver. Em algum momento a resposta vai se tornar um sim ou não claros. Nesse meio-tempo, você decide.

---

37 Por esse motivo, não importa quão alto se torne o preço do bitcoin. O preço já está tão alto que a maioria das pessoas não consegue pagar por um. Em vez disso, elas compram *satoshis* — partes de um bitcoin. (De maneira semelhante, ninguém tem dinheiro suficiente para comprar a Apple, mas podem comprar parte da Apple — uma ação individual —, e, uma vez que as ações individuais da Apple se encontram caras no momento, você pode comprar uma fração de uma ação por apenas 5 dólares.) No futuro, as pessoas não vão se referir aos bitcoins. Elas vão se referir aos *satoshis*.

38 A oferta limitada não é sempre um recurso de ativos digitais. Alguns permitem quantidades ilimitadas. (Da Dogecoin, por exemplo, existem mais de 130 bilhões de unidades, e mais 5 bilhões são adicionados anualmente — uma das muitas razões pela qual investir em Dogecoin é tão estúpido quanto perigoso. Veremos mais sobre isso adiante.)

	Dólar americano	Bitcoin
Durabilidade	✔	✔
Portabilidade	✔	✔
Divisibilidade	✔	✔
Uniformidade	✔	✔
Oferta limitada	✔	✔

Uma moeda digital melhor que o bitcoin

Uma das maiores preocupações a respeito do uso do bitcoin como moeda é sua volatilidade. Como se pode confiar em uma moeda cujo preço flutua constantemente, e muitas vezes de maneira abrupta?

Entram em cena as stablecoins. Fomos apresentados ao Tether no capítulo 7. Ele, juntamente com todas as stablecoins, afirma fazer o que o bitcoin não consegue: providenciar um preço estável. Caso seja verdade, isso permite que elas realmente sirvam como uma moeda digital. Vamos, então, dar uma olhada mais de perto.

Stablecoins

Diferentemente do bitcoin e de outros ativos digitais cujos preços são "quaisquer que os investidores digam que são", o preço de uma stablecoin é o mesmo que o da moeda que ela deve substituir — eliminando, assim, a volatilidade.

Digamos que você compre 100 dólares em uma stablecoin norte--americana. O patrocinador utiliza seu dinheiro para comprar 100 dólares americanos, criando então uma proporção 1 para 1 de moeda para dólar. Na prática, isso faz com que usar as stablecoins seja exatamente igual a utilizar dólares americanos.

Por que se dar ao trabalho com a stablecoin, então? Por que não usar apenas os dólares, como sempre fizemos?

Simples: os dólares operam dentro do sistema financeiro federal. Você precisa de uma conta bancária para guardá-los, e só pode enviar dinheiro se seguir suas regras — as quais, como aprendemos no capítulo 2, consomem tempo e recursos. Em contrapartida, você pode transferir stablecoins todos os dias do ano, em qualquer hora, virtualmente e de graça.

102

Bem, existem dois problemas com as stablecoins, sendo o segundo um resultado do primeiro. O primeiro, como foi notado, é que as stablecoins não necessariamente se conformam às leis bancárias federais. É exigido que bancos mantenham certa quantidade de capital, por exemplo, mas stablecoins não têm essa obrigação. Elas também não precisam aderir a regras antilavagem de dinheiro, a regras de observância dos impostos e outras mais. E não existe um FDIC[39] para te proteger.

O preço de uma ação vai flutuar por conta desses três fatores...

Algumas stablecoins são atreladas ao dólar americano. Outras são vinculadas ao euro ou ao iene – ou a uma cesta de muitas moedas fiduciárias.

Outras stablecoins são atreladas a uma commodity, como ouro, prata ou petróleo. Algumas são até mesmo apoiadas por um algoritmo, que controla a oferta e demanda de modo a estabilizar o preço das moedas.

E sim, existe uma stablecoin que é respaldada por – você acertou – outras moedas digitais.

---

39 Sigla para Federal Deposit Insurance Corporation. Equivalente ao Fundo Garantidor de Crédito no Brasil, é uma organização que assegura os depósitos de correntistas contra eventuais fraudes bancárias, ou da falência de bancos. [N. T.]

Isso nos leva ao segundo problema. Enquanto todas as stablecoins dizem que são atreladas 1 para 1 com as suas moedas de base, nenhuma lei ou regulamento exige que elas assim o façam. Portanto, como você pode prever, foram levantadas dúvidas sobre os ativos que estão supostamente respaldando algumas stablecoins.

Considere o Tether. É a maior entre as stablecoins, e clama que todos os seus depósitos são respaldados exclusivamente pelo dólar americano. Mas a Comissão de Valores Mobiliários americana diz que muitos dos ativos do Tether são, na verdade, mantidos em títulos do Tesouro Americano, Certificados de Depósitos bancários, papéis comerciais, bonds corporativos e dívidas municipais. Esses ativos não são tão seguros quanto o dólar americano. (O Tether e a Bitfinex pagaram uma multa de 41 milhões de dólares à Comissão de Comércio de Futuros de Commodities em outubro de 2021 por falsamente alegarem que seus tokens digitais eram completamente respaldados por dólares americanos.)

O governo está preocupado, pois investidores e consumidores alocaram 120 bilhões de dólares em stablecoins. Uma série de agências federais está trabalhando no assunto, incluindo o Grupo de Trabalho Presidencial sobre Mercados Financeiros, o Federal Reserve, o Gabinete do Controlador da Moeda e o Conselho de Supervisão da Estabilidade Financeira. Será que as stablecoins serão reguladas ou até mesmo banidas? Essa resposta virá adiante neste livro.

Mas... será que o governo não está sendo meio bobo? Quer dizer, por que se levantam objeções às stablecoins? Conceitualmente, elas são uma escolha melhor do que o nosso sistema financeiro vigente — que demora demais (cinco dias) e custa demais (6,7% em média) para mover dinheiro entre fronteiras. Pode demorar uma semana ou mais até mesmo para enviar dinheiro *dentro* das nossas fronteiras (tente enviar um cheque para alguém que vive em outro estado e veja quanto tempo demora para esse cheque ser compensado depois de ter sido depositado). E, se você transferir esses fundos, vai incorrer em taxas de transferência. E tudo isso pressupondo que você tenha uma conta bancária. Nosso sistema financeiro atual podia ser digno de defesa cinquenta anos atrás, mas hoje, em face das capacidades tecnológicas atuais, nosso sistema está severamente ultrapassado.

Então, em vez de se preocupar com stablecoins e com o fato de que não existem regulamentos, e temer que o respaldo seja insuficiente, por que o governo simplesmente não cria a sua própria stablecoin?! Plantão de notícias: ele vai fazer isso.

Moedas digitais de bancos centrais

Antes do final desta década, você estará ganhando, recebendo, utilizando e armazenando dólares digitais. Eles serão o mesmo que os dólares em seu bolso ou em sua bolsa, emitidos pelo Federal Reserve e respaldados pela completa fé e crédito do governo federal dos Estados Unidos.

Para entender por que e como isso está acontecendo, vamos dar um passo para trás e observar como os governos (sozinhos ou em parcerias com nações vizinhas) emitem moeda.

O processo é bem simples: os governos contratam um banco. O banco imprime a moeda e a distribui para outros bancos. Como parte de sua licença, o banco é responsável pela política monetária da nação. Isso inclui estabelecer as taxas de juros e determinar quanta moeda ele vai distribuir no país. O banco até mesmo tem autoridade regulatória sobre outros bancos, como dizer a eles quanto dinheiro em espécie devem manter relativo aos seus depósitos (o que impacta seu potencial de lucro). E o banco que recebe essa licença governamental detém o monopólio de todos esses direitos; nenhum outro banco no país tem a mesma autoridade.

Esse é um acordo muito bom, é claro. Você pode pensar que todos os bancos no país lutam pela chance de serem selecionados. Mas não, não é assim que funciona. Normalmente, os governos simplesmente inventam um novo banco e investem nele todos esses poderes e responsabilidades. Uma vez que o banco é tão importante, tão central para o sistema econômico da nação, ele é chamado de banco central.

Virtualmente todos os governos do mundo têm um banco central. Existe até mesmo uma associação deles, chamada de Banco de Compensações Internacionais. Atualmente, 63 dos 179 bancos centrais do mundo são membros dessa associação.

Todos os bancos centrais funcionam de maneira semelhante. E, de todos os costumes que eles têm em comum, um em particular (para os nossos propósitos neste livro) é digno de nota: todos eles ainda imprimem suas moedas.

É sério isso?

Sim, mesmo nesta era digital, eles ainda funcionam à moda antiga. Até mesmo você, um cidadão comum, está gerenciando seu dinheiro de maneira mais avançada do que bancos centrais. Você recebe salário, pensão, pagamentos anuais e auxílios sociais por meio de depósitos bancários eletrônicos. Você paga suas contas com cartões de crédito e débito, e envia e recebe dinheiro por meio de aplicativos digitais como PayPal, Venmo e Zelle. Você nem mesmo se importa em pagar manualmente a maioria de suas contas; pode apenas deixá-las em débito automático para não ter que se preocupar mais com elas. Você também preenche seu imposto de renda, paga seus tributos e recebe sua restituição de imposto de maneira eletrônica.

Grande parte das suas compras você faz on-line. E, quando está em uma loja, você simplesmente passa o celular perto da caixa registradora. Você não consegue se lembrar da última vez que pagou alguma coisa em dinheiro. E pode ter até mesmo parado de carregar dinheiro com você, uma vez que não há mais necessidade disso.

Mas, ainda assim, o governo continua imprimindo.

Todo esse dinheiro impresso vem com problemas. Um é a pura magnitude do esforço. O Gabinete de Gravação e Impressão americano gasta 1 bilhão de dólares por ano para imprimir 5,8 bilhões de notas, indo de 1 a 100 dólares. Esse dinheiro precisa ser mantido em segurança, transportado até bancos locais e protegido contra falsificações. E, todo ano, muito desse dinheiro é destruído — o que implica ainda mais custos.

Até mesmo o dinheiro em si cria problemas. O primeiro problema tem a ver com terrorismo e cartéis de drogas. Traficantes e terroristas não pagam por drogas ou bombas com Visa ou MasterCard. Eles usam dinheiro em espécie. Em 2007, por exemplo, os governos norte-americano e mexicano apreenderam 200 milhões de dólares em dinheiro em uma operação antidrogas. Nações rebeldes e organizações terroristas financiam a si mesmas em grande parte a partir do uso ilícito de dinheiro.

Outro problema é a evasão fiscal. Quando você paga 50 dólares para a babá,[40] provavelmente não emite uma nota fiscal — e é igualmente improvável que a babá reporte a renda em sua declaração de imposto. O mesmo vale para o construtor que diz que seu telhado novo vai custar 25 mil dólares, mas custaria apenas 20 mil se você pagasse em dinheiro, permitindo, desse modo, que o construtor "esqueça" de reportar a renda à Receita Federal — economizando talvez 10 mil dólares em impostos. Quão grande é o problema? Bem, o Comissário da Receita Federal americana Charles Retting diz que os impostos que deixam de ser pagos somam 1 trilhão de dólares por ano — o mesmo que a totalidade do déficit orçamentário do governo federal pré-Covid. Em outras palavras, o Congresso não precisa elevar os impostos para os pagadores de impostos cumpridores da lei; ele precisa apenas coletar os impostos que não estão sendo pagos por trapaceiros.

Claro, de uma perspectiva de cumprimento da lei e da conformidade com os impostos, a moeda impressa é perigosa e danosa. Mas agora existe uma solução: dinheiro digital.

O dinheiro digital pode fortemente impedir — se não eliminar de uma vez — financiamentos terroristas, negociações ilegais de drogas e evasão fiscal. Essa possibilidade ocorre porque o dinheiro digital deixa um rastro digital. Toda transação eletrônica que você faz pode ser rastreada — e, enquanto isso, pode irritar os defensores da privacidade, ao mesmo tempo que deixa criminosos em pânico.

É por causa disso que os ativos digitais vieram para ficar: os governos os amam. E é por isso que todos os bancos centrais do mundo estão investigando ou desenvolvendo CBDCs — central bank digital currencies (moedas digitais de bancos centrais). As Bahamas já lançaram a sua, chamada de dólar de areia. (A moeda da Bahamas é chamada de dólar.) O governo das ilhas percebeu que furacões costumeiramente forçam os bancos locais a fecharem por semanas — impedindo os residentes de acessarem seu dinheiro no exato momento em que precisam de grandes quantidades dele. O dólar de areia permite à economia das ilhas funcionar mesmo quando os bancos não puderem abrir.

---

40 Via PayPal ou Venmo, certo? Alguém ainda usa dinheiro? Alguém? Ferris Bueller?

As Bahamas não estão sozinhas. A China está testando um yuan digital, assim como a Rússia, o rublo digital, e o Japão, o iene digital. A Nigéria lançou sua moeda digital em 2021, o Brasil[41] e a Suíça farão o mesmo em 2022, a Suécia, em 2023. Os bancos centrais da Austrália, Malásia, Singapura e África do Sul estão testando uma CBDC conjunta com o Banco de Compensações Internacionais; os bancos centrais de Hong Kong, China, Emirados Árabes Unidos e Tailândia estão fazendo o mesmo.

Nos Estados Unidos, o Federal Reserve de Boston está trabalhando junto com a Iniciativa Moeda Digital, no MIT, para identificar os benefícios e desafios de um dólar digital. O assistente do vice-presidente do Fed de Boston, Robert Bench, classifica o potencial do projeto como "imenso". Enquanto isso, o Federal Reserve contratou seu primeiro diretor-chefe de inovação. Lael Brainard, vice do Conselho de Governadores do Fed, disse em 2021: "É essencial que o Federal Reserve continue na fronteira da pesquisa e desenvolvimento de políticas relativas a CBDCs", notando que "O dólar é muito dominante em pagamentos internacionais, e, se você tiver as outras grandes jurisdições do mundo com uma oferta de CBDCs, e os Estados Unidos não tiverem uma, eu simplesmente não consigo imaginar... Isso não soa como um futuro sustentável para mim".

Outros concordam. Um artigo do Banco da Inglaterra, em julho de 2021, nota:

> Novas formas de dinheiro digital seriam a inovação mais recente em um cenário em evolução para a maneira como os pagamentos são feitos na economia. Elas poderiam contribuir para pagamentos mais rápidos, baratos e eficientes, e poderiam potencialmente melhorar a inclusão financeira. Novas formas de dinheiro digital poderiam, também, potencialmente, oferecer benefícios em termos de custo e funcionalidade. Também poderia haver ganhos em potencial vin-

---

41 A moeda digital brasileira é o Real Digital, produzido e regulado pelo Banco Central. Mais informações em: www.infomoney.com.br/guias/real=-digital/#:~:text-compra%20e%20investe.-,O%20que%20%C3%A9%20o%20Real%20Digital,transacionada%20exclusivamente%20no%20ambiente%20digital.

dos de uma mudança para finanças baseadas no mercado. Também é possível que elas melhorem a transmissão de políticas monetárias.

No mês seguinte, a presidente do Banco Central Europeu, Christine Lagarde, disse: "Precisamos nos certificar de que faremos isso do jeito certo — devemos isso aos europeus". E os bancos centrais do Japão, Canadá e Coreia do Sul publicaram seus artigos técnicos enaltecendo os benefícios de CBDCs.

Dito isso, 80% dos bancos centrais do mundo estão explorando CBDCs, de acordo com o Banco de Compensações Internacionais, que projeta o uso disseminado de CBDCs ao redor do mundo até 2025. Não é de surpreender que 76% dos profissionais de finanças no mundo, de acordo com levantamento feito pela Deloitte em 2021, tenham concordado que os ativos digitais "[...] nos próximos 5 a 10 anos servirão como uma forte alternativa, se não como uma completa substituição, para moedas fiduciárias". Um estudo feito pelo Deutsche Bank chegou à mesma conclusão, dizendo que criptomoedas iriam substituir dinheiro em papel até 2030.

A ameaça Facebook

Mas não devemos nos enganar. Os bancos centrais não estão planejando lançar as CBDCs apenas por causa de suas vantagens. Eles estão lançando as CBDCs porque estão aterrorizados com o que pode acontecer com eles e seus governos caso não façam isso.

O medo se tornou claro em 2019, quando Mark Zuckerberg anunciou que havia formado uma organização sem fins lucrativos na Suíça que lançaria a stablecoin Libra (chamada agora de Diem). Atrelada às principais moedas fiduciárias do mundo, a Diem estaria disponível apenas para os usuários de aplicativos de propriedade do Facebook, como o WhatsApp e o Messenger, onde eles poderiam usar a Diem para enviar dinheiro uns aos outros e para comprar produtos no Facebook Marketplace, que compete com Amazon, Walmart, Craigslist e eBay.

O Facebook tem quase 3 bilhões de usuários. Isso é praticamente metade da população mundial; dois terços de todas as pessoas com uma conexão com a internet têm uma conta no Facebook. Se todos no mundo agora pudessem comprar qualquer coisa instantaneamente, e enviar dinheiro para qualquer um utilizando uma moeda criada de maneira privada operante fora da supervisão ou controle governamentais, bem... Por que alguém teria qualquer uso para dólares, libras ou euros? Um mundo, uma moeda — tudo controlado por um cara, Mark Zuckerberg.

Instantaneamente, governos mundo afora se apavoraram. Passados minutos do anúncio de Zuckerberg, o ministro das Finanças da França, Bruno Le Maire, disse que seu país não iria permitir a Diem dentro da União Europeia, citando ameaças a sua soberania monetária. O Japão começou imediatamente a investigar a Diem e seu potencial impacto nas políticas monetárias e regulamentações financeiras do país. E oficiais de 26 bancos centrais rapidamente se reuniram para discutir a moeda digital de Zuckerberg.

Nos Estados Unidos, uma legião de reguladores e legisladores uivou após algumas horas do anúncio de Zuckerberg. A deputada Maxine Waters, presidente do Comitê de Serviços Financeiros da Câmara, arrastou Zuckerberg para o Capitólio para audiências, e mais tarde enviou uma carta ao Facebook demandando que fosse interrompido o desenvolvimento da Diem, citando preocupações de privacidade, segurança nacional, comércio e políticas monetárias. O presidente do Federal Reserve, Jerome Powell, disse ao Congresso que o Fed tinha "sérias preocupações" a respeito da Diem, e o presidente Donald Trump tuitou que, se o Facebook quisesse continuar, ele "deveria procurar uma nova Licença Bancária e se tornar sujeito a todas as Regulações Bancárias". Em 19 de outubro de 2021, os senadores norte-americanos Richard Blumenthal, Sherrod Brown, Brian Schatz, Tina Smith e Elizabeth Warren escreveram a Mark Zuckerberg demandando que ele "não trouxesse a Diem ao mercado".

E as autoridades não pararam por aí. O Congresso também foi atrás de Visa, PayPal, MasterCard e Stripe, forçando-os a explicar o que fariam se o Diem fosse lançado.

Diante de tamanha resistência, Zuckerberg... diminuiu o passo. Ele transferiu a empresa da Suíça para o Estados Unidos, de modo a assegurar ao Congresso que não estava tentando evitar as leis norte-americanas. No momento em que escrevo, a Diem ainda não foi lançada, mas Zuckerberg continua insistindo nisso.

Apesar de todas as maquinações, os governos do mundo sabem que não conseguem impedir esse processo. É claro, eles podem parar o Facebook — mas apenas porque o Facebook é uma grande empresa, com outros interesses de negócios que desejam proteger. Mas outro ator, que não tivesse as vulnerabilidades do Facebook, poderia chegar em cena. A internet está em todo lugar, e tecnologias de blockchain permitem que organizações sejam criadas sem localizações ou autoridades centrais (veremos mais sobre essas Organizações Autônomas Descentralizadas, as OAD [DAO, na sigla em inglês] —, no capítulo 10), tornando desafiador para governos impedi-las ou até mesmo regulamentá-las.

Então, é claro, as CBDCs oferecem benefícios incríveis a todos na mesma medida — governos, negócios e consumidores. Mas os bancos centrais do mundo estão motivados a criar suas próprias moedas digitais porque sabem que, caso não o façam, alguém como Mark Zuckerberg o fará em seu lugar, eliminando-os — eles e o sistema financeiro atual.

Se não pode vencê-los, junte-se a eles.

Consequentemente, os bancos centrais estão se juntando a eles. E, quando o fizerem, uma nova questão surgirá: se o governo nos fornecer moedas digitais, ainda vamos precisar de stablecoins?

As Central Banks Digital Currency (CBDCs) ameaçam o bitcoin?
Reguladores não precisam banir stablecoins. Eles poderiam simplesmente torná-las desnecessárias, ao criar as suas próprias moedas digitais. De fato, um dólar digital emitido pelo Federal Reserve será muito mais popular entre empresas e consumidores do que uma stablecoin inventada por alguma entidade privada. O mercado vai decidir, mas não há dúvida que a CBDC do Fed será a stablecoin a ser batida.

Caso as CBDCS vençam a guerra das stablecoins, o que isso significará para o bitcoin? Será que CBDCs representam uma ameaça existencial para o bitcoin ou outros ativos digitais como ele — seja porque os governos vão banir o bitcoin (como eles podem banir as stablecoins) ou porque o interesse dos consumidores vai se desvanecer (e o bitcoin vai simplesmente morrer, sem valor) à medida que todos escolherem a CBDC do Fed?

Penso que nenhum dos dois cenários vai acontecer. As perspectivas do bitcoin como moeda permanecem intactas, algo que é demonstrado pela decisão de El Salvador de tornar o bitcoin uma moeda oficial (com Panamá, Ucrânia e Paraguai seguindo o exemplo no momento em que escrevo). No entanto, mesmo se o bitcoin não for amplamente considerado uma moeda, ele ainda não é uma ameaça aos bancos centrais — diferentemente da Diem.

A razão? Enquanto pode existir um debate sobre se o bitcoin é ou não uma moeda digital, não há debate a respeito de ele ser ou não um ativo digital. E os ativos digitais não ameaçam o Fed. Como prova, considere que já existem muitos ativos digitais — milhas aéreas, cartões de presente, pontos de fidelidade e mais —, e eles não amedrontaram nenhum banco central. É claro, o bitcoin e outros ativos digitais encontram problemas quanto ao preço, disponibilidade, segurança e privacidade, mas isso pode ser facilmente regulamentado — como ocorreu com o mercado de ações e bonds.

Isso também explica por que o interesse no bitcoin não vai enfraquecer. Os preços de todos os ativos variam, e isso atrai mais do que repele os investidores. Não se pode ficar rico comprando moeda, mas é possível ficar rico comprando ações, imóveis e cartões de beisebol. Se as pessoas pensarem que podem fazer dinheiro ao comprar bitcoin e outros ativos digitais, elas vão continuar a comprá-los.

Desse modo, o surgimento de CBDCs de governos ao redor do mundo aumenta mais do que diminui a legitimidade do bitcoin. A emissão de um dólar digital é a franca admissão pelo governo federal de que o dinheiro digital funciona e de que tem benefícios e recursos que faltam ao dinheiro em papel. Isso é um endosso implícito da blockchain (tecnologia utilizada para lançar e gerenciar todas as CBDCs) e, consequentemente, de todos os ativos digitais.

Portanto, você vai poder comprar uma moeda digital, emitida pelo governo com um valor estável, ou um ativo digital, emitido por terceiros, a preços que lhe darão oportunidade para a criação de riqueza. Ambos vão coexistir pacificamente.

Ouro × bitcoin

Não podemos terminar um capítulo que fala de dinheiro sem falar do ouro. Não porque o ouro seja dinheiro, mas porque algumas pessoas insistem que ele é. Esses "insetos de ouro" acreditam que o ouro é o único e verdadeiro dinheiro — e que não vale a pena possuir ações, bonds, imóveis e qualquer outro tipo de ativos. Mas os adeptos do bitcoin acreditam que o bitcoin é melhor que o ouro. Alguns realmente se referem ao bitcoin como "ouro digital".

Bem, para os entusiastas do ouro, essas palavras são motivo para briga. E, com certeza, os adeptos do ouro oferecem muitas razões para que alguém o possua:

- O ouro tem servido como reserva de valor há mais de 5 mil anos — oferecendo uma confiança que outros ativos não podem equiparar.
- O ouro é um ativo real, físico. Não é meramente um pedaço de papel representando algo.
- O ouro protege contra a inflação e incertezas geopolíticas.
- O ouro tem muitos usos comerciais, pois é inerte; ele não mancha ou enferruja, não exige lubrificação, manutenção ou reparo; pode ser facilmente derretido e transformado em fios, moldado até folhas superfinas, ou misturado em ligas com outros metais; conduz eletricidade; é não alergênico. O ouro é mais frequentemente utilizado em joias, mas também é usado em eletrônicos, no programa espacial e no sistema de saúde (incluindo na odontologia e em tratamentos para artrite reumatoide e câncer). Pelo fato de o ouro gozar de uma excelência tão estabelecida, prêmios e medalhas são comumente feitos a partir dele.
- A mineração de ouro vem diminuindo desde os anos 2000, enquanto a demanda cresceu. A tese da oferta e demanda argumenta que o preço do ouro vai aumentar.
- O ouro não está positivamente correlacionado a ações ou bonds, fazendo com que ele seja uma ótima adição para a diversificação de seu portfólio.
- Existem muitas maneiras de comprar — lingotes, moedas de ouro, ações de empresas mineradoras, contrato de futuros de ouro e ETFs de ouro.

Não estou incrivelmente impressionado pela lista acima. A história do ouro é irrelevante: é o futuro que conta.

Quanto a incertezas políticas, bem, caso o mundo entre em colapso, você não vai querer ouro, mas balas e uísque. Quanto ao benefício de ser um ativo físico, 1 milhão de dólares representa cerca de 16 quilos. Tente arrastar isso o dia todo.

E mais: o ouro não é necessariamente uma salvaguarda contra a inflação. Ao longo dos últimos cem anos, o preço do ouro às vezes aumentou com a inflação. Mas, ao longo do tempo, ele cai. Você simplesmente não pode estar confiante de que o ouro vai protegê-lo da inflação.

Vamos também nos lembrar de que negociantes de ouro, assim como seus preços e taxas, não são regulamentados; é comum os preços de ações de mineradoras de ouro se desviarem do preço do ouro. É verdade que esse minério nunca mancha ou expira, mas isso também significa que a oferta cresce todo ano — o que requer uma demanda progressiva apenas para impedir os preços de colapsarem.

Então, estou dizendo a você para não ter ouro? De modo algum. Em vez disso, acredito que o debate "ouro × bitcoin" é tolo. As duas classes de ativos não têm nada em comum, e as palavras *bitcoin* e *ouro* nunca deveriam aparecer na mesma frase.

Esse debate inteiro é um contorcionismo criado por fanáticos (de ambos os lados) que acreditam que a única maneira de estarem corretos é se todos os demais estiverem errados. A verdade é: você não precisa escolher entre os dois. Caso seja um discípulo da diversificação de portfólio (um conceito que vamos explorar no capítulo 14), você deveria possuir ambos!

9 Tokens

Ah, não, aí vem mais uma palavra nova... tokens. Mas não tema: você já está familiarizado com eles e com seu funcionamento. Só não percebeu isso ainda.

Tokens são pequenas representações físicas de algo intangível. Durante décadas, foi necessário um token para poder andar nos ônibus e metrôs de Nova York. Tokens são utilizados para poder brincar nas barracas de brinquedos de muitos parques de diversões.

Um "token gesture" (gesto token, tradução nossa, e gesto simbólico, em tradução convencional) é um pequeno ato que representa seus sentimentos — como dar uma rosa à pessoa amada.

Note a palavra *pequeno*. Ela é a chave. Imagine comprar uma pizza grande. Você não consegue comer tudo, então corta a pizza em oito pedaços. Cada pedaço é uma fatia, uma *parte* da pizza.

O mesmo vale para ações. Não seria legal ser dono da Amazon? Infelizmente, a Amazon vale 1,6 trilhão de dólares — e você não tem essa quantia. Não se preocupe: você pode comprar uma pequena fatia da empresa — uma parte (ação), assim como em nossa pizza — e será dono de algo da Amazon. Quanto mais ações você comprar, de mais partes da empresa será dono.

No mundo cripto, não são vendidas ações. Algumas vezes, eles vendem *moedas*, como já vimos. Mas, em outros casos, eles vendem tokens. A mesma coisa que ações e moedas, mas com um nome diferente (mais um).

Vamos ver, agora, ativos digitais que são emitidos na forma de tokens.

Tokens utilitários

A palavra utilidade se refere a algo que é útil. Pontos de milhas aéreas são um exemplo de tokens utilitários — cada ponto tem um valor, e, caso acumule o suficiente deles, você pode trocá-los por algo útil, como uma passagem de avião ou um quarto de hotel.

Tokens utilitários são válidos apenas para um uso determinado. Não é possível utilizar milhas aéreas para pegar o metrô, assim como não é possível usar tokens de metrô para voar para Paris. Novas empresas, chamadas de startups, emitem tokens utilitários com frequência. Digamos que você esteja lançando um novo negócio. Logo terá um produto novinho em folha, mas ele ainda não está pronto. Sem um produto, você não consegue atrair clientes, ou o dinheiro deles. Mas agora você precisa desse dinheiro para ajudá-lo a financiar o desenvolvimento do seu produto. Como ainda não consegue vender um produto, você vende tokens aos consumidores — o direito de receber o seu produto quando ele se tornar disponível. "Compre meu token hoje", diria você para o futuro cliente, "e no futuro você poderá trocá-lo pelo meu produto."

Tokens utilitários não são investimentos ou títulos, como ações e bonds, da mesma maneira que tokens de metrô não o são. Seus preços são estabelecidos pela empresa emissora, e não se espera que flutue (embora isso possa acontecer, caso a startup emita apenas alguns deles e permita que os recebedores os revendam). Em vez disso, as pessoas normalmente compram tokens utilitários porque precisam do produto que você está prometendo entregar, e querem estar entre os primeiros a recebê-los. Ou, em casos em que o produto será feito de forma limitada, eles querem estar entre os primeiros a comprar antes que o produto acabe.

Você está correndo um risco ao comprar tokens utilitários, porque a empresa emissora pode nunca liberar o produto, ou, quando liberar, você pode não querer mais. Enquanto isso, provavelmente não há maneira de você vender seu token. É como comprar o ingresso de um show: você espera que o evento realmente venha a acontecer e espera poder de fato ir — porque, caso não consiga fazê-lo, provavelmente não vai conseguir vender seu ingresso, e a empresa que organizou o evento não vai providenciar um reembolso se o show for cancelado.

Seja cuidadoso ao comprar tokens utilitários.

Tokens de segurança

O nome é enganoso, pois esse tipo de token não tem nada a ver com cibersegurança. Em vez disso, o nome é uma referência (pobre, incorreta) à lei federal de seguridades. Desse modo, esses tokens deveriam ser chamados de tokens de seguridade, e não tokens de segurança.

Mas (suspiro), uma vez que a comunidade cripto utiliza a palavra errada, devemos fazer o mesmo. Vamos em frente (resmungo).

Tokens de segurança são a representação on-line de um ativo real, físico. Você sabe que uma escritura representa a posse de uma casa, e que a certificação de uma ação representa a posse de uma empresa. O mesmo vale para um token de segurança: ele representa a posse de um ativo — um ativo identificado por quem quer que tenha emitido o token.

Mas tokens de segurança não são simplesmente uma nova maneira de empresas emitirem ações. Na verdade, esses ativos digitais podem ser usados para levantar capital e fornecer liquidez para *qualquer* ativo — incluindo aqueles que, historicamente, têm sido altamente ilíquidos.

Você consegue pensar em algum ativo que vale muito dinheiro, mas que é notavelmente difícil de vender? Acertou: imóveis.

Seria muito legal ser dono de, digamos, o Empire State Building. Mas o edifício vale 2,3 bilhões de dólares. Isso não é um problema apenas para você (uma vez que você não tem tanto dinheiro em sua conta corrente), mas também para o dono do prédio. Quando quiser vender, ele deverá encontrar compradores com bolsos beeemmm cheios.

As blockchains vêm socorrê-lo. O dono do prédio poderia tokenizar a propriedade — emitindo tokens de segurança da mesma forma que a Apple emite ações. Cada token representaria parte da posse do edifício, e, caso os tokens sejam precificados a níveis acessíveis, milhões de investidores poderiam comprá-los — e, então, facilmente comercializá-los entre si, assim como fazem com ações.

Isso não é ficção científica. O primeiro acordo de um imóvel tokenizado foi fechado em 2018 — um prédio de 30 milhões de dólares de um condomínio luxuoso na baixa Manhattan. Mais recentemente, em 2021, a empresa imobiliária Arms & McGregor International Realty, de Dubai, lançou a primeira plataforma de tokenização de imóveis do Oriente Médio, utilizando a Blocksquare, uma fornecedora de infraestrutura de tokenização.

Imóveis são a classe de ativos mais valiosa do mundo — valendo 280 trilhões de dólares, de acordo com a Savills World Research, ou aproximadamente três vezes mais que o mercado de ações global —, e tudo isso pode ser tokenizado, criando uma nova e massiva classe de ativos para investidores. E, ao fazer isso, um dos maiores e mais ilíquidos ativos do mundo pode se tornar tão facilmente comercializado quanto ações.

Imagine conseguir tokenizar sua casa. Por que você iria querer isso? Bem, se você for como a maioria dos proprietários de casas, sua residência é seu maior ativo. Digamos que ela valha 1 milhão de dólares. Você está aposentado e precisa de uma renda adicional para sustentar a si mesmo. Você poderia vender sua casa, mas não quer se mudar. Você poderia pegar uma hipoteca, mas é difícil se qualificar para uma durante a aposentadoria. Além disso, você não quer se sobrecarregar com os pagamentos mensais.

Então, em vez disso, tokenize a sua casa. Fatie a escritura em 100 mil pedaços, ou tokens, cada um avaliado em 10 dólares. Em seguida, venda quantos desses tokens você quiser. Venda alguns agora, venda outros mais tarde — sempre que desejar. Compradores estarão investindo em um imóvel — o seu imóvel. E eles conseguirão vender seus tokens a outros investidores na blockchain. Você pode até mesmo comprar os tokens de volta se quiser; seu valor será baseado no valor do momento da casa, assim como na oferta e demanda.

Imóveis são considerados um ativo ilíquido; é possível que demore para o imóvel ser vendido, implicando muitas despesas antes da execução da transação. E essa transação é tudo ou nada — você deve vender a sua propriedade inteira (você não pode simplesmente vender a sala de jantar). Mas, graças a tecnologias de blockchain, você pode vender apenas a sala de jantar. Sua casa se torna um ativo líquido, assim como ações e bonds.

Qualquer ativo físico pode ser tokenizado, incluindo obras de arte, artigos colecionáveis (como cartões de beisebol, moedas raras e selos — veremos os aspectos tributários disso no capítulo 20), antiguidades, carros exóticos, vinhos finos, royalties e contratos de performance (o dinheiro que atores, artistas, atletas e autores ganham ao longo do tempo). Os vendedores recebem liquidez e os compradores ganham acesso a novas oportunidades de investimento — e a meios sem precedentes para a criação de novos e assombrosos níveis de diversificação de portfólio.

Que empolgante! Certifique-se, antes de comprar qualquer token, de avaliá-lo da mesma maneira que faria com qualquer outro investimento.

Tokens de governança

Nós vimos que desacordos entre desenvolvedores podem fazer uma moeda passar por um fork. Mas quais desenvolvedores podem votar nessas decisões?

Alguns protocolos respondem a essa pergunta ao emitir tokens de governança. Um token = um voto; então, quanto mais tokens você coletar, mais você poderá opinar sobre uma blockchain em particular.

Pense nisso por um instante. Quando uma empresa está encarando uma decisão, o conselho — sentado em volta de uma mesa de conferência na sede da corporação — vota. Essa é uma estrutura centralizada. Todos sabem quem está votando e onde a votação está acontecendo. Mas, quando centenas de milhares de desenvolvedores e usuários ao redor do mundo votam a respeito de uma blockchain descentralizada, quem está no controle? Ninguém; a organização está operando de maneira autônoma. E onde essa votação está ocorrendo? Em nenhum lugar e em todos os lugares simultaneamente.

Essa organização é então chamada de Organização Autônoma Descentralizada, ou OAD. (Eu a mencionei no capítulo anterior.) Essas entidades já detêm mais de 8 bilhões de dólares em ativos; de acordo com o rastreador DeepDAO, a *MoneyWeek* declarou que 2020 é a década da OAD. Alguns chamam as OADs de o próximo grande passo em ativos digitais. Pessoalmente, acho que elas são o "próximo próximo" grande passo. O próximo grande passo (chegando mais cedo) são...

Tokens não fungíveis

Para entender o que é um token não fungível — e por que eu os estou chamando de próximo grande passo —, você primeiro deve entender o que é um token fungível.

Fungível significa idêntico ou intercambiável. Notas de dólar, por exemplo, são fungíveis. Digamos que eu lhe empreste 1 dólar e você me pague de volta na semana que vem. O dólar que você me devolver não precisa ser a mesma nota que lhe dei, porque todas as notas de dólar são iguais. Elas são fungíveis. Os pontos que você ganha com seu cartão da Visa também são, assim como as fichas de cassino. Nós trocamos tokens fungíveis, ações, moedas e outros ativos casualmente porque cada um é idêntico a todos os outros. O mesmo vale para bitcoin, Ether, XRP — todas as moedas e todos os tokens são fungíveis.

Exceto quando não são. Quando tokens não são fungíveis, significando que não são iguais, eles são, ah, tokens não fungíveis, ou NFTs (*non-fungible token*). Cada NFT é único. Como as pinturas de Picasso, nenhum é igual a outro.

Um NFT é um ativo digital que representa um objeto do mundo real, como arte, música e itens de videogame. Assim como outras moedas e tokens digitais, os NFTs são criados em uma blockchain. (Várias blockchains permitem a criação deles, mas, no momento em que escrevo, a mais amplamente usada é a blockchain Ethereum. NFTs são comprados e vendidos usando a moeda nativa da blockchain, o Ether.)

Começou-se a prestar atenção aos NFTs em fevereiro de 2021, quando a Christie's leiloou uma imagem digital criada por Mike Winkelmann, um artista de Charleston, na Carolina do Sul, que utiliza o nome artístico Beeple. Seu NFT foi vendido por 69 milhões de dólares. O comprador obteve os direitos legais da imagem digital — mas isso é tudo o que ela é, uma imagem. A obra de arte não existe no mundo real. O comprador não pode pendurá-la na parede, apenas olhar para ela em um celular.

Por que alguém iria comprar uma obra de arte que não se pode pendurar na parede?

Pela simples razão de que você não olha para a sua parede com tanta frequência. Você olha para o seu celular com uma frequência muito maior. Não faz sentido ter sua obra de arte com você, de modo que possa olhar para ela a qualquer momento do dia?

Tudo bem, isso faz sentido. Mas milhões de outras pessoas também conseguem ver a obra de Beeple, não apenas o comprador, porque a imagem está prontamente disponível para que qualquer um veja na internet. (Vá em frente. Pesquise no Google.)

Espere — o que foi, exatamente, que o comprador comprou?

O direito de se vangloriar, em parte. Mas também comprou a reivindicação legal de ser o verdadeiro e único dono do ativo (por mais que seja digital) e, dessa forma, ter o direito de vendê-lo, licenciá-lo ou distribuí-lo como desejar. Incluindo o direito de exigir que todos que estiverem postando a imagem parem e desistam, ou sofram as consequências legais.

Quer você esteja concordando com a cabeça ou balançando em descrença e desaprovação, reconheça que as vendas mundiais de tokens não fungíveis ultrapassaram 5 bilhões de dólares em 2021; em 2020 haviam sido menos de 30 milhões. Mais de 4 milhões de pessoas agora compram e vendem NFTs todos os dias. Elas estão aparecendo em todos os lugares, com os emissores lutando pela atenção dos compradores. Quando a Coinbase criou sua plataforma de NFTs em 2021, mais de 900 mil pessoas se inscreveram — só no primeiro dia.

A Associação Nacional de Basquete se tornou um dos mais bem-sucedidos emissores de NFTs, com cartões colecionáveis digitais chamados de NBA Top Shot. Esses cartões são colecionáveis, muito parecidos com os cartões de beisebol que as crianças trocaram por gerações — exceto pelo fato de esses novos cartões existirem apenas na internet. A NBA inicialmente criou 2.500 pacotes, precificados a 999 dólares cada um, com dez cartões por pacote. Os pacotes foram oferecidos em uma blockchain e esgotaram em minutos. Hoje, você pode comprar, vender e trocar os cartões no website do Top Shot. O NBA Top Shot obteve 700 milhões de dólares em vendas em menos de um ano; 250 mil pessoas fazem login no site todos os dias. E a Dapper Labs, a empresa que criou o Top Shot para a NBA, está avaliada em 7,6 bilhões de dólares.

Embora uma NFT do Lebron James tenha sido vendida por 300 mil dólares, esse não é um domínio exclusivo de pessoas ricas; já ocorreram 3 milhões de vendas de menos a 50 dólares cada. Isso é tão popular que a NBA também lançou cartões para a WNBA, e a Major League de Baseball e a NFL seguiram o mesmo caminho, junto com clubes de futebol europeus.

Por que alguém iria querer comprar cartões colecionáveis em formato digital? Por muitas razões. Como os cartões são digitais, eles podem apresentar tanto vídeos quanto fotos. Não estão restritos a cartões físicos de 7 por 10 centímetros — permitindo que ofereçam muito mais conteúdo, incluindo hiperlinks para outros sites. Eles não podem ser perdidos, danificados ou roubados. E a posse de NFTs pode vir com direitos e benefícios para os compradores, que os cartões físicos podem não ter — tais como os direitos iniciais a outros produtos, incluindo ingressos para jogos, ou acesso especial aos atletas. E, uma vez que os cartões são comercializados exclusivamente na blockchain, os envolvidos sabem exatamente quem foram os donos anteriores, pois o histórico completo é visível. Essa procedência publicamente disponível pode aumentar o valor de um cartão (apenas uma casa pode valer mais, caso tenha sido posse de uma celebridade anteriormente).

O melhor de tudo: graças à imutabilidade da tecnologia de blockchain, os compradores sabem que o cartão que estão comprando é autêntico. Itens de esporte colecionáveis falsos são um enorme problema; o FBI diz que 50% de todos os itens colecionáveis de esportes no mercado são fraudulentos, e a Chubb, a gigante empresa de seguros, diz que outros especialistas colocam esse número mais próximo de 80%. Mas NFTs não podem ser duplicados ou forjados.

Um famoso exemplo inicial de NFTs são os CryptoKitties. Não são gatos reais; eles existem digitalmente, sendo comercializados na blockchain Ethereum. Já ocorreram 3 milhões de transações de CryptoKitties, totalizando 39 milhões de dólares; o maior preço já pago por um deles foi 120 mil dólares. Outra opção é a chamada Bored Ape Yacht Club.[42] Dez mil macacos digitais únicos, sendo cada um deles um NFT. O macaco médio foi vendido por 3.600 dólares em julho de 2021, com uma alta de quase 1.600% desde seu lançamento, apenas três meses antes. Mais de 60 milhões de dólares foram investidos — desculpe, palavra errada —, foram *gastos* nessas NFTs.

Ao que parece, todo mundo está criando NFTs, incluindo Katy Perry, Rob Gronkowski, Floyd Mayweather, Porsche, Mattel, *The New York Times*, McLaren e Jay-Z. A Visa lançou um programa de NFTs para auxiliar artistas a se juntarem ao espaço de arte digital. A Associated Press emitiu NFTs chamados de "Momentos Únicos" — fotos e manchetes baseadas nas reportagens da AP a respeito de momentos históricos do último século, incluindo a rendição do Japão na Segunda Guerra Mundial, a posse de Nelson Mandela e a descoberta de Plutão.

---

42 Esses nomes são adoráveis.

The New York Times
USA Today
The Economist

O diretor Quentin Tarantino leiloou sete NFTs, cada um apresentando uma cena sem cortes de *Pulp Fiction*, os Dallas Mavericks de Mark Cuban deram NFTs como recompensa para fãs que assistiram aos jogos em casa. O *Economist* publicou uma edição apresentando cryptos na capa — e então, vendeu um NFT dela por 420 mil dólares. Os Rolling Stones vendem versões tokenizadas de suas músicas, agrupando merchandising físico com digital. O McDonald's conduziu um sorteio de NFTs tematizados do McRib. A State Farm criou um caça ao tesouro de realidade aumentada, permitindo que os consumidores encontrassem NFTs. Campbell's, Pizza Hut, Taco Bell, Clinique, American Eagle, Charmin e Pringles, todas essas empresas promoveram promoções relacionadas a NFTs em 2021.

James Alisson, um professor que, enquanto esteve em Berkeley, ganhou um Prêmio Nobel por seu trabalho sobre imunoterapia para o câncer, digitalizou seu artigo de pesquisa e o transformou inteiramente em arte digital, para então vender o trabalho como NFT — o equivalente científico a digitalizar o cartão de beisebol de Mickey Mantle quando novato. Berkeley fez o mesmo para Jennifer Doudna, outra ganhadora do Nobel da universidade (pela tecnologia CRISPR). Sir Tim Berners-Lee inventou a World Wide Web em 1989. Ele escreveu o código, mas nunca patenteou seu trabalho. Então, ele converteu o código em um NFT, e a casa de leilões a vendeu por 5,4 milhões de dólares.

Não são apenas pessoas e empresas que estão interessadas em NFTs. As instituições de caridade também estão. A NFT for Good levantou 80 mil dólares para causas antirracistas ao vender NFTs. Noora Health leiloou um NFT por 5 milhões de dólares. Alex's Lemonade Stand vendeu NFTs de arte desenhada por crianças com câncer. O Merrian Webster leiloou a definição de NFT e doou o valor para a Teach For All. A Macy's vendeu 9.500 NFTs de balões clássicos durante sua parada de Dia de Ação de Graças de 2021 — NFTs baseados em balões clássicos de paradas, beneficiando a Fundação Make-A-Wish. A WWF lançou a série "Animais Não Fungíveis" de NFTs, enquanto a Street-Code Academy leiloou "pNFTS" (NFTs filantrópicas) para ajudar minorias a entrar na economia tecnológica. A Gannett, dona do *USA Today*, levantou dinheiro para a Air Force Space and Missile Museum Foundation ao vender um NFT no jornal que Alan Shepard entregou na Lua. Leukemia and Lymphoma Society, Save the Children, Fred Hutchinson Cancer Research Center e outras instituições estão vendendo NFTs para levantar dinheiro. MLB, NHL e NFL, todas conduzem leilões de NFTs para a caridade.

Agora as pessoas estão comprando e vendendo até mesmo móveis, casas e terrenos que existem apenas como NFTs. A SuperWorld mapeou o planeta e o dividiu em 64 bilhões de terrenos, cada um de cerca de 92 metros por 92 metros. É possível comprar qualquer terreno — a Torre Eiffel, o Coliseu de Roma, o Empire State Building, sua casa de infância, o que você quiser. Caso o terreno não tenha dono, você paga 0,1 Ether (cerca de 400 dólares no momento em que escrevo). Se alguém já é dono do terreno que você quer, é possível comprá-lo dele; você simplesmente vai negociar o preço, como as pessoas fazem em qualquer mercado. Uma vez dono de um terreno, você pode vendê-lo para terceiros a qualquer momento, da mesma forma que pode vender qualquer ativo em sua posse.

Quer aprender a fazer isso? Jogos on-line vão te ensinar. O Axie Infinity é um jogo "jogue para ganhar". Conforme procria, batalha e troca pets digitais chamados Axies, você recebe NFTs e outras recompensas, e utiliza seus ativos para comprar terrenos virtuais dentro do jogo. (Um terreno foi vendido por 2,5 milhões de dólares em dezembro de 2021.)

É tão fácil criar NFTs que até mesmo uma criança consegue fazê-lo. Durante o verão de 2021, Ahmed, um programador de 12 anos que vive com os pais em Londres, criou sua própria coleção de NFTs, chamada Weird Whales. Seus pais forneceram os 300 dólares que ele precisava para fazer o upload de suas NFTs na blockchain — e a coleção inteira esgotou em nove horas. Ahmed ganhou 5 milhões de dólares até agora, tanto das vendas quanto das revendas (ele ganha 2,5% de royalties a cada venda secundária). No momento em que escrevo, Ahmed está desenvolvendo mais projetos de NFTs — e ainda não tem uma conta bancária. Apenas uma carteira cripto.

Jogos eletrônicos também estão envolvidos em atividades com NFTs. E por que não? Ao redor do mundo, as pessoas gastam 160 bilhões de dólares por ano para jogar. Mas esse dinheiro desaparece assim que você para de jogar o jogo. Quer dizer, até agora. A Burberry criou 10 mil NFTs de suas roupas; os jogadores podem comprar as roupas e vestir seus avatares. E, em vez de serem meros cosméticos de um jogo, você possui sua própria NFT da Burberry. O que significa que você pode levá-la e usá-la em outros jogos. Também é possível vendê-la caso se canse do produto.

A Mythical Games também está criando e vendendo NFTs de roupas para jogadores. É possível criar suas próprias roupas para usar ou vender. A Mythical Games levantou 120 milhões de dólares de investidores, mas não é preciso um capital imenso para iniciar. Criar uma NFT custa menos de mil dólares, e alguns sites permitem que você faça isso de graça.

E, ao invés de *gastar* dinheiro para jogar, muitos jogadores estão *ganhando*. Liderados por Axie Infinity, um jogo simulador de batalhas, jogadores batalham para ganhar Smooth Love Potion (SLP, o token do jogo). Pode-se ganhar rendas substanciais. O jogo é particularmente popular nas Filipinas, onde algumas pessoas obtêm renda apenas por jogar o jogo. Outros videogames populares do tipo jogue para ganhar são:

- **CryptoBlades:** Um jogo RPG na Binance Smart Chain, em que é possível ganhar tokens SKILL ao derrotar inimigos e conduzir invasões.
- **Cometh:** Os jogadores exploram a galáxia e mineram tokens a partir de asteroides.
- **Plant *vs.* Undead:** Os jogadores ganham tokens PVU ao regar as plantas virtuais nas fazendas digitais de outros jogadores. Eles utilizam os tokens para comprar sementes e plantas reais.
- **Zed Run:** Os jogadores criam cavalos de corrida virtuais usando linhagens sanguíneas e ancestralidade para obter cavalos de cores, forças e velocidades variadas. Bons criadores podem ganhar milhares de dólares em prêmios ao pôr seus e-cavalos para correr em pistas de corrida digitais.

Não é apenas um jogo bobo

Caso tudo isso ainda esteja soando meio bobo para você, é porque discutimos apenas arte, cartões de beisebol e videogame. Nada disso realmente importa, certo?

Justo. Então, vamos experimentar uma coisa: em breve será possível converter seu passaporte em um NFT respaldado por tecnologias de blockchain. Não será necessário carregar o documento físico com você. Seu passaporte é único, e, graças à blockchain, é autenticado, não pode ser duplicado, copiado ou destruído.

Cerca de 3 bilhões de pessoas no mundo gastam 160 bilhões de dólares por ano em games on-line. Elas gastam isso com taxas de aquisição e inscrição, avatares (versões digitais de si mesmos para serem usados enquanto jogam), fantasias e cosméticos (porque, afinal de contas, seu avatar precisa ser bonito!), dicas, armas e ferramentas de habilidades (para melhorar sua performance no jogo). Sete em cada dez jogadores pagam por essas compras com cartões de crédito e débito; apenas 3,2% pagam com bitcoin e outros ativos digitais. O potencial de crescimento para os ativos digitais é, portanto, enorme — assim como é uma ameaça para empresas de cartões de crédito.

Ou: aeroportos, linhas aéreas e eventos esportivos podem emitir NFTs como suvenires. Em vez de comprar uma camiseta em um show, compra-se uma NFT.

Ou: a Live Nation, a maior organizadora de eventos musicais do mundo, agora vende ingressos de shows sob a forma de NFTs.

Quality Eats

Ou: o restaurante novaiorquino Quality Eats criou um coquetel em 2021 e uma NFT com a receita secreta. Ela foi vendida em um leilão por cerca de 2 mil dólares. Além da posse da receita, o comprador recebe um drinque de graça a cada visita ao restaurante. É uma manobra de negócios inteligente — o restaurante recebe 2 mil em dinheiro antecipadamente e recebe um cliente frequente que se vangloria para seus amigos sobre ser dono da receita. A refeição comprada pelos clientes a cada vez que visitarem o restaurante por um drinque gratuito, custa mais do que o custo de uma bebida grátis. Todo mundo ganha.

Não me importo com o quanto eu tenho – ainda tem algo de insatisfatório a respeito dos Biscoitos de Menta digitais das Escoteiras.

Ou: a Masterworks compra artes pintadas por Warhol, Banksy, Monet, entre outros. A empresa, então, tokeniza as pinturas e vende os tokens. Pela primeira vez, milhões de investidores comuns poderão ser donos de um pedaço de uma pintura rara.

No mundo digital, tudo pode ser tokenizado, monetizado e democratizado. O único requisito para a participação é a posse de um telefone celular conectado à internet. Não é de surpreender que o mercado de NFTs esteja explodindo: no terceiro trimestre de 2021, o volume de transações de NFTs atingiu 10,7 bilhões de dólares, um aumento de 700% em relação aos três meses anteriores. Morgan Stanley diz que o mercado de NFTs será uma indústria de 300 bilhões de dólares até 2030, auxiliando marcas de luxo a aumentar seus lucros em 25%. Tudo isso explica por que, de acordo com o *Economist*, investidores de risco investiram 20 bilhões de dólares em empresas de blockchain e ativos digitais em 2021, sete vezes mais do que fizeram em 2020.

Toda essa animação está aumentando devido ao metaverso. Esse é um termo genérico para se referir à realidade virtual, um termo que por si só significa, essencialmente, "videogame". Os jogadores podem criar um avatar, comprar terras, ferramentas, habilidades, conhecimento e NFTs, assim como trocar suas posses com outros jogadores. O metaverso é interconectado, com mundos 3D virtuais operando 24/7 ao redor do mundo. É uma economia de internet, contida em si mesma, que engloba tanto o mundo digital quanto o físico.

E a economia do metaverso é gigantesca. A Grayscale diz que ele vai gerar 400 bilhões de dólares de renda anual até 2025, e finalmente se tornar um mercado de 1 trilhão de dólares. Agora você está começando a entender por que Mark Zuckerberg mudou o nome de sua empresa de Facebook para Meta Plataforms.

Quer comprar algumas NFTs, talvez para comercializá-las no metaverso? Avalie-as da mesma forma que faria com qualquer outra coisa que queira comprar.

SAFT: Acordos simples para tokens futuros

Investidores de capital de risco investindo em projetos descentralizados (capítulo 10) costumam comprar equity de um empreendimento ao adquirir Simple Agreements for Future Tokens (SAFTs [acordos simples para tokens futuros, tradução nossa]). O SAFT é um contrato: a empresa promete dar tokens ao investidor de risco no futuro, caso os tokens sejam emitidos algum dia. Isso é novo, com muitas questões legais e tributárias não resolvidas — e, dessa forma, no momento em que escrevo, ainda não é um veículo pronto para uso por parte de investidores comuns.

10 Finanças descentralizadas, ou DeFi

Ao falarmos sobre NFTs, percebemos rapidamente que não podemos entender o que são tokens não fungíveis até entendermos o que são tokens fungíveis.

O mesmo vale para DeFi, ou finanças descentralizadas. Para entendê-las, primeiro precisamos compreender o que são finanças centralizadas. A boa notícia é que você já sabe disso: os serviços financeiros que você utiliza todos os dias são fornecidos por empresas centralizadas — bancos, empresas de corretagem e mercados de ações. Elas têm localizações físicas, e muitos funcionários e acionistas comandam essas empresas. Elas escolhem se deixam ou não você participar. Não se podem comercializar ações a não ser que a empresa de corretagem concorde em abrir uma conta para você; não é possível abrir uma conta no banco sem a permissão dele.

Empresas centralizadas detêm, dessa forma, poderes substanciais. Mas as DeFi eliminam essas empresas — e os seus poderes. É surpreendente, mas é verdade: bancos, corretoras e casas de câmbio não são mais necessários. Todas as pessoas em todos os lugares do mundo podem se envolver sem a necessidade da permissão de alguém.

Isso é revolucionário.

O mundo das finanças descentralizadas fornece tudo o que era oferecido por empresas de serviços financeiros tradicionais — empréstimos, gestão de ativos, produtos de investimento e seguros. Tudo é fornecido por meio de *contratos inteligentes* (sobre os quais nós aprendemos no capítulo 2) em uma blockchain.

MetaMask

Para usar uma aplicação descentralizada, é preciso obter uma carteira quente, como a fornecida pela MetaMask. Deposite um ativo digital nela, como o Ether. Pronto. Você está preparado para utilizar qualquer aplicação descentralizada. Sem logins. Sem nome de usuário. Sem senha. Sem a necessidade da permissão de alguém.

**Uniswap
NYSE***

Então, em vez de comprar ações por meio de uma empresa de corretagem conectada à Bolsa de Valores de Nova York[43] (NYSE, na sigla em inglês) (duas empresas centralizadas!), você vai até uma DEX — uma corretora descentralizada (decentralized Exchange). A maior delas é a Uniswap, que já processou mais de 400 bilhões de dólares em transações desde sua fundação, em 2018; todos os dias são processados mais de 350 milhões de dólares em transações. A NYSE tem mais de 3 mil funcionários; a Uniswap tem 37. A NYSE foi fundada em 1792; a Uniswap foi fundada por Hayden Adams em 2018, dois anos depois de ter se graduado na faculdade. Alucinante, hein?

As plataformas DeFi já detêm mais de 240 bilhões de dólares, em múltiplas blockchains, de acordo com o serviço de rastreamento DefiLlama. Além disso, investidores de capital de risco e empresas de capital privado investiram mais de 70 bilhões de dólares em startups DeFi, de acordo com a DeFi Pulse.

Mas tudo isso ainda é novo, portanto seu uso é arriscado. As DeFi operam fora de qualquer estrutura regulatória — sem SEC, CFTC ou FDIC para proteger você. Caso ocorra um bug no contrato inteligente, a função pode falhar ou executar de maneira errônea — causando a você uma perda financeira. Taxas de aceleração (descritas no capítulo 5) podem ser de 100 dólares ou mais por transação. E você nunca pode ter certeza de quem está atrás das cortinas; o protocolo PolyGaj, por exemplo, gerencia 7 milhões de dólares; ele foi criado por Gajesh Naik — que tem 13 anos de idade.

Então, antes de se envolver, certifique-se de que entende a tecnologia — e as pessoas por trás da plataforma que está planejando utilizar.

Oráculos

Um oráculo é um código de software que conecta o mundo digital ao mundo real, físico.

Por exemplo: qual é o preço de uma ação da IBM? A Bolsa de Valores de Nova York consegue responder, porque ali é o local onde a IBM

---

[43] Tenho patrimônio investido na ICE, uma empresa-mãe da NYSE, e na Bakkt, corretora digital que já foi propriedade da ICE.

é comercializada. Mas blockchains não têm ideia de qual seja esse preço. É nesse momento que os oráculos entram em cena.

Os oráculos transmitem dados do mundo real (chamado de *off-chain*) para uma blockchain digital (*on-chain*). Existem milhares de usos para oráculos — cadeias de suprimentos e movimentação de bens, o clima, o número de usuários em um ecossistema em particular, tendências políticas, acordos legais, e mais. Todos esses dados podem ser levados para o mundo digital.

Eu não dei dinheiro a você para fundar uma startup na semana passada?

Também existem oráculos externos. Eles informam uma entidade fora da blockchain a respeito de um evento on-chain, como a soma total de dinheiro emprestado por um aplicativo, rede ou protocolo em particular.

No momento em que escrevo, a Chainlink é a maior fornecedora de oráculos de blockchain.

Avaliação e precificação do bitcoin e de outros ativos digitais

Eis a pergunta mais frequente que recebo, o que é algo compreensível: Qual é o valor do bitcoin? É essencial para você saber a resposta para conseguir decidir seu potencial de crescimento.

No entanto, existe um problema para essa questão. Não com a pergunta em si, mas com a pessoa que pergunta. Veja, o questionamento "Qual o valor do bitcoin?" geralmente vem de críticos que "afirmam saber" o valor do bitcoin — porque eles já decidiram que a resposta é zero. Essas pessoas se queixam de que o bitcoin não tem valor intrínseco, não dá o retorno esperado (de acordo com teorias expostas por seus professores de economia), nenhuma utilidade, interesse, dividendos ou uso. "Humpf", dizem elas para mim, "o bitcoin não tem valor!"

Eu nunca argumento com elas. Seria inútil, uma vez que não é possível usar a razão com trogloditas (como um determinado gestor de investimentos que conheço). Em vez disso, respondo: "O bitcoin pode não ter nenhum valor. Mas tem um preço e tanto".

Os especialistas vêm me dizendo que o bitcoin não tem valor desde que a palavra bitcoin entrou em seus crânios grosseiros. Disseram que não tinha valor quando estava sendo vendido por algumas centenas de dólares (o preço da moeda quando eu a encontrei pela primeira vez). Disseram que não tinha valor quando subiu para 20 mil dólares. Disseram que não tinha valor quando caiu 84%, mas ainda era precificado em 3 mil dólares. Disseram que não tinha valor quando atingiu 60 mil dólares. E continuam dizendo que o bitcoin não tem valor.

Tudo bem. Ele não tem valor. Mas seu preço subiu 87.000.000% desde seu surgimento. O bitcoin é o ativo mais lucrativo da história. Portanto, esses gestores financeiros, com seus diplomas dentro de suas torres de marfim, deveriam abandonar sua arrogância, ou a história os associará com "especialistas" que disseram que a Terra é plana.

Jamie Dimon, CEO do JPMorgan Chase, odeia o bitcoin		
US$ 812	Janeiro de 2014	Jamie disse que o bitcoin é uma "péssima reserva de valor".
US$ 400	Novembro de 2015	Jamie disse: "O bitcoin será parado".
US$ 3.900	Setembro de 2017	Jamie disse: "O bitcoin é uma fraude. Ele não vai funcionar".
US$ 3.900	Setembro de 2017	Jamie disse: "Vai acabar estourando. É uma fraude, ok?" – enquanto ameaçava demitir um funcionário de sua firma que comprou bitcoin.
US$ 5.600	Outubro de 2017	Jamie disse: "Se você for estúpido o suficiente para comprar, vai pagar por isso algum dia".
US$ 6.300	Outubro de 2018	Jamie disse: "Eu realmente não dou a mínima — esse é o ponto, tudo bem?".
US$ 53.300	Maio de 2021	Jamie disse: "Não sou um apoiador do bitcoin. [...] Não me importo com o bitcoin. Não tenho nenhum interesse nele".
US$ 54.800	Outubro de 2021	Jamie disse: "O bitcoin não tem valor intrínseco. Eu acredito que seja meio ouro de tolo".
US$ 57.500	Outubro de 2021	Jamie disse que o bitcoin era "sem valor". "Meu conselho pessoal para as pessoas é 'fiquem longe dele'."

Nem todo mundo na fileira de Jamie Dimon e Warren Buffet compartilha tais visões. James Gorman, por exemplo, CEO do Morgan Stanley, disse, em outubro de 2021: "Eu não acredito que criptos sejam uma moda. Não acho que vão embora. [...] A tecnologia de blockchain que sustenta isso é obviamente muito real e poderosa".

Portanto, você precisa decidir a quem dar ouvidos. Da minha parte, escolho ignorar as pessoas que dizem "realmente não dou a mínima" e que admitem: "sobre o qual eu não sei nada". Acredito ser mais proveitoso aceitar que o mercado já deu um preço de fato ao bitcoin e a todos os outros ativos digitais — até mesmo Dimon e Buffet concordam que isso aconteceu. Portanto, concentre-se na pergunta que realmente importa: Qual será seu preço futuro? Afinal de contas, assim como com qualquer investimento, saber se o preço vai subir ou cair certamente é uma informação proveitosa!

Warren Buffett odeia o bitcoin		
US$ 450	Março de 2014	Warren disse: "É basicamente uma miragem. A ideia de que tem algum enorme valor intrínseco é apenas uma piada, na minha visão. Eu não ficaria surpreso se ele não estiver por perto em dez ou vinte anos. Não é uma reserva de valor. Ele tem sido uma coisa tipo Buck Rogers, bem especulativo".
US$ 9.900	Janeiro de 2018	Warren disse: "Nós não temos nenhum. Nunca vamos ter uma posição sobre eles. Por que raios eu deveria ter uma posição sobre algo sobre de que eu não sei nada?".
US$ 7.300	Maio de 2018	Warren disse: "Provavelmente, veneno de rato ao quadrado".
US$ 6.900	Agosto de 2018	Warren disse: "Ele vai se alimentar de si mesmo durante um tempo. O bitcoin atrai muitos charlatões. Vai ter um final ruim".
US$ 3.700	Fevereiro de 2019	Warren disse: "O bitcoin não tem um único valor. É basicamente uma ilusão".
US$ 8.800	Fevereiro de 2020	Warren disse: "Criptomoedas praticamente não têm valor e não produzem nada. Em termos de valor: zero. O bitcoin tem sido usado para transmitir uma grande quantidade de dinheiro ilegalmente. Não tenho nenhum bitcoin. E nunca vou ter".

Gestores financeiros e analistas de investimentos tradicionais comumente afirmam que o bitcoin não vale nada mostrando o que suas técnicas de avaliação lhes dizem. De fato, eles frequentemente mostram suas pesquisas para provar seu ponto. O problema é que as metodologias que estão usando — as métricas verificadas e verdadeiras, bem estabelecidas, aplicadas a uma variedade de classes de ativos tradicionais (como ações, bonds e imóveis) — não funcionam na avaliação de ativos digitais. Isso acontece porque faltam aos ativos digitais alguns recursos que outras classes de ativos têm. Isso não é um defeito dos ativos digitais; o defeito é a crença de que a ausência desses recursos deve significar que o bitcoin não tem valor.

Acadêmicos de investimentos e praticantes rotineiramente utilizam três técnicas para determinar o valor de um ativo. Vamos observá-las, e você verá por que não faz sentido aplicá-las a ativos digitais.

Abordagem de custo

Essa técnica basicamente diz que o preço de um ativo deve ser igual aos custos exigidos para construir, substituir ou obter o ativo. Esse número era fácil de ser estimado durante os dias iniciais do bitcoin, quando a compra das pizzas de Laszlo determinou o valor do bitcoin em um centésimo de um centavo.

Um site antigo relacionado ao bitcoin pesquisou a quantidade de dinheiro necessária para alugar um computador para minerar bitcoin e pagar a eletricidade que o alimentaria, e então comparou esse custo com a quantidade de bitcoin que você recebeu da mineração. Isso parece fazer mais sentido, e funciona quando se está querendo descobrir o preço correto da Coca-Cola. Mas o bitcoin não é um produto, e não se está procurando descobrir o preço da moeda. O que se quer identificar é o custo da rede inteira, e essa abordagem de "custo da mineração" ignora o valor da rede e do ecossistema Bitcoin. Essa é uma omissão bem grande, que leva a uma avaliação altamente errônea (e ruim).

Abordagem de mercado

Essa abordagem avalia ativos ao comparar transações com outras que contam com características semelhantes, ajustadas para quantidades, qualidades ou tamanhos diferentes. O Método de Comparação Entre Empresas Públicas compara os dados de empresas públicas semelhantes. Isso obviamente não funciona para ativos digitais, pois nenhum deles é empresa pública; eles não têm funcionários, sedes, produtos ou vendas.

O Método de Transações Precedentes verifica empresas que foram vendidas em determinada indústria e utiliza seus *multiplicadores* como a base para estabelecer o preço de uma empresa que esteja sendo avaliada. Por exemplo, digamos que uma empresa hoteleira tenha 10 bilhões de dólares de lucro, e tenha sido vendida por 50 bilhões. Isso é um multiplicador vezes 5. Então, caso seu hotel tenha 3 bilhões de dólares de lucro, você deveria estar disposto a vendê-lo por cerca de 15 bilhões, utilizando o mesmo multiplicador.

O problema é que o bitcoin não é uma empresa, nem tem qualquer receita ou lucro; não há nada sobre o que basear uma avaliação, o que torna essa abordagem irrelevante. Mas, em vez de perceber isso, muitos analistas de mercado insistem que isso prova que o bitcoin não tem valor.

Fluxo de caixa descontado

Esta é uma ferramenta efetiva quando se conhece ou é possível fazer previsões razoáveis a respeito de futuros fluxos de caixa, taxas de desconto e valores terminais, mas não é confiável para ativos que não geram fluxos de caixa — como o bitcoin.

Como você pode observar, essas técnicas não fornecem informações precisas quando aplicadas a ativos digitais. Apesar disso, muitos analistas financeiros e gestores de investimento insistem em utilizá-las. Então, quando essas técnicas falham em produzir dados válidos, eles simplesmente dizem "O bitcoin não tem valor", em vez de dizer "Precisamos de um método de avaliação melhor".

Isso é o que os participantes do campo dos ativos digitais fizeram. Eles desenvolveram ou aplicaram outras abordagens para ajudá-los a determinar o preço adequado do bitcoin e de outros ativos digitais. Cada abordagem vale seu próprio curso de nível universitário, então vou fazer apenas breves resumos aqui (em parte para apresentar você aos conceitos e em parte para não o matar de tédio).

Substituto de mercado e valor utilitário

A intenção de Satoshi ao criar o bitcoin era clara: ele deveria ser um sistema de pagamentos *peer-to-peer* independente. Em outras palavras, o bitcoin foi projetado para ser dinheiro. Se essa for sua única utilidade, então todo o seu valor deve ser baseado nessa função. Alguns acreditam que o valor do bitcoin pode, então, ser comparado ao de outros ativos de "reservas de valor" que ele iria, teoricamente, substituir, como o ouro.

Se o bitcoin fosse se tornar uma alternativa ao ouro, seu preço precisaria ser estabelecido em um nível comparável ao deste. Portanto, vamos fazer isso e ver a resposta que obtemos.

O Conselho Mundial de Ouro estima que o valor de ouro minerado ao longo da história (isso ainda é contabilizado), baseado em um preço de 2 mil dólares por onça, é de 13,4 trilhões de dólares.

Portanto, esse também deve ser o valor de todo o bitcoin no mundo, de acordo com essa teoria. Como somente 21 milhões de bitcoins serão minerados no mundo, o preço de cada bitcoin — caso seja precificado em um nível comparável ao ouro — deveria ser de 639 mil dólares.

Mas espere. Nós sabemos que apenas 18,5 milhões de bitcoins já foram minerados até agora, e cerca de 4 milhões são considerados perdidos. Isso nos deixa com 14,5 milhões de bitcoins — o que significa que o preço real de cada bitcoin existente deveria ser de 926 mil dólares.

Refresque a minha memória: qual é o preço verdadeiro do bitcoin hoje?

Como você pode ver, a abordagem de *substituto de mercado* e *valor utilitário* sugere que o preço de ativos digitais vai crescer dramaticamente conforme investidores forem percebendo que os preços atuais estão abaixo dos valores reais.

A velocidade do dinheiro

Você tem uma nota de dólar debaixo do colchão. Quão rápido ela está se movimentando?

Bem, dã, ela não está se deslocando. Só está ali, debaixo da sua cama. Velocidade zero. Mas digamos que você entregue esse dólar a um comerciante como pagamento por um produto. O comerciante entrega o dólar a um varejista, para comprar mais bens. O varejista entrega o dólar ao produtor para comprar mais produtos, e o produtor entrega o dólar ao fornecedor para poder comprar matéria-prima.

Sabe, "DÃ" pode ser uma palavra muito dolorosa!

O movimento do dinheiro através de um sistema econômico é referenciado como "velocidade do dinheiro". Conforme o número de transações em determinado período aumenta, a velocidade do dinheiro aumenta — e, quanto maior a velocidade, mais rápido a economia está crescendo.

Aplique isso aos compradores de bitcoin. Eles estão utilizando o bitcoin para comprar e vender bens e serviços? Ou estão agindo como HODLers? De acordo com essa teoria, caso acredite que a utilização do bitcoin, como uma ferramenta de transação financeira, vai crescer com o tempo, você está defendendo um aumento em seu preço.

Valor da rede

Essa abordagem de avaliação é baseada na Lei de Metcalfe, segundo a qual o valor de uma rede cresce exponencialmente conforme novos usuários são adicionados a ela. A teoria foi concebida pelo economista George Gilder em 1993, mas foi o pioneiro da internet Robert Metcalfe (coinventor da Ethernet e cofundador da 3Com) que a aplicou a usuários de uma rede de comunicação, e não a seus aparelhos.

A Lei de Metcalfe afirma que o valor de uma rede é proporcional ao quadrado do número de usuários conectados a ela. Em termos simples, o Facebook vale muito dinheiro porque tem muitos usuários, e, à medida que o número de usuários cresce, o valor do Facebook não cresce linearmente, mas exponencialmente.

Lembre-se, a Bitcoin é uma rede. Logo, não é surpreendente que aqueles que tentam precificar o bitcoin tenham aplicado a Lei de Metcalfe a seu preço. A proporção de Valor de Rede para Metcalfe, ou NVM (sigla em inglês), divide a capitalização de mercado de um ativo pelo número de endereços ativos ao quadrado.

Muitos consideram que essa técnica tem mais utilidade para comparar um ativo digital a outro (ou a si mesmo ao longo de diferentes períodos) do que como uma ferramenta para identificar o preço intrínseco de um ativo digital. Paralelamente, a proporção não leva em consideração a geografia, a frequência de atividade, a produtividade ou outros fatores de cada usuário. Por essas razões, ainda não encontrei alguém que confie exclusivamente nesse método. Em vez disso, ele é considerado em conjunto com outras métricas.

Proporção Network Value Transaction (NVT)

Alguns analistas de bitcoin avaliam a proporção de Valor de Rede para Transações (ou NVT, na sigla em inglês). Ela compara o valor da rede de um ativo digital e o valor total em dólar de todas as unidades circulantes desse ativo, com seu valor como uma rede de pagamentos (mensurado a partir do valor em dólar das transações estabelecidas na blockchain do ativo).

A proporção NVT ajuda a sinalizar quanto o mercado está disposto a pagar pela utilidade transacional de uma blockchain.

Proporção ação-para-fluxo

Essa métrica é utilizada para quantificar a escassez de um ativo. A proporção é calculada dividindo-se a oferta existente pelo crescimento da produção anual.

Valor especulativo

Aqui, a estimativa de valor é baseada na esperança de que investidores futuros venham a pagar mais pelo ativo digital do que você paga hoje. É tudo uma questão de oferta e demanda, de acordo com essa métrica.

———

Estas são seis abordagens de avaliação concebidas ou empregadas pelo campo de ativos digitais. E existem muitas outras.

Woobull.com oferece esta lista extensa:

- **Modelos de preço do bitcoin.** Diversos modelos de preços para o bitcoin.
- **Proporção NVT do bitcoin.** A proporção P/E do bitcoin. Ela detecta quando o bitcoin está supervalorizado ou subvalorizado.
- **Preço NVT do bitcoin.** O preço NVT do bitcoin, útil para observar o preço suportado por um investimento orgânico.
- **Sinal NVT do bitcoin.** A proporção NVT otimizada para ser mais responsiva; é útil como indicador comercial de longo alcance.

- **Proporção VWAP do bitcoin.** Um sinal útil para avaliar topos e fundos de mercados locais e globais, fazendo uso do Preço Médio Ponderado pelo Volume (Volume Weighted Average Price [VWAP]).
- **Proporção MRVR do bitcoin.** Indicador de super/subvalorização do bitcoin baseado em capitalização realizada.
- **Múltiplo de Mayer do bitcoin.** A proporção de Trace Mayer para medir o preço do bitcoin em relação ao seu movimento histórico.
- **Laço de dificuldade do bitcoin.** Uma visão em capitulação de mineração; normalmente sinaliza épocas sensíveis de compra.
- **Retornos ajustados aos riscos do bitcoin.** Compara o retorno de investimento do bitcoin, ajustado para seus riscos, com aqueles de outros ativos.
- **Volatilidade do bitcoins × outras classes de ativos.** Compara a volatilidade do bitcoin com a de outras classes de ativos.
- **Crescimento do bitcoin × outras classes de ativos.** Compara o crescimento do bitcoin com o de outras classes de ativos.
- **Bitcoin detido em ETFs e tesouros corporativos.** Rastreia os bitcoins mantidos em entidades publicamente acessíveis por meio de acionistas.
- **Ganho de valor do bitcoin por dólar investido.** Dólar por dólar, avalia quanto o preço do bitcoin cresceu por dólar investido.
- **Volume de rede do bitcoin.** Mede o volume mensal de bitcoins se movimentando entre diferentes investidores na rede.
- **Bitcoin × ouro.** Compara a performance de investimento em bitcoin *vs.* em ouro.
- **Tendência de volatilidade do bitcoin.** Este compara ao FOREX; também sobre volume comercializado.
- **Oferta monetária de bitcoin × dólar americano.** Estaria o bitcoin tendendo a se tornar uma moeda de reserva mundial?
- **Taxa de inflação do bitcoin.** Rastreia o histórico da taxa anual de inflação da oferta monetária do bitcoin.
- **Velocidade monetária do bitcoin.** Estaria o bitcoin tendendo a servir para pagamentos ou poupanças/investimentos?
- **Volume de bitcoin × valor de rede.** O volume transmitido pela blockchain do bitcoin rastreia de perto seu valor de rede.
- **Adoção de SegWit do bitcoin.** Rastreia a adoção de SegWit.

- **Produtividade da rede do bitcoin.** A produtividade do bitcoin em transações, pagamentos e valor em dólar americano por segundo.
- **Congestionamento do bitcoin.** Métricas baseadas no usuário, rastreando o congestionamento da rede, por exemplo, taxas de pagamentos, tempo de confirmação.
- **Preço do *hash* do bitcoin.** O preço por *hash* rastreia as capacidades de mineração do hardware do bitcoin ao longo do tempo.
- **Saídas de bitcoin por Tx.** Rastreia quantas saídas estão acondicionadas em cada transação de bitcoin.

Estou certo de que você está aliviado por eu não estar mergulhando nos detalhes de nenhum desses tópicos. Caso esteja interessado em aprender mais sobre eles, visite Woobull.com. Meu propósito ao listá-los é mostrar que participantes sérios e inteligentes — muitos deles atuais ou antigos integrantes de Wall Street — estão trabalhando duro para determinar o preço do bitcoin. Sugerir que o bitcoin não tem valor meramente porque alguns outros métodos, criados para classes de ativos não relacionados, não revelam um preço válido, não significa que não exista um preço.

A conclusão a que você deve chegar a partir deste conteúdo é: ao mesmo tempo que podem estar corretas declarações de que o bitcoin não tem valor intrínseco, ele certamente tem um *preço*.

III

INVESTINDO EM ATIVOS DIGITAIS

12   Seria tarde demais para comprar bitcoin?

O preço do bitcoin desde seu surgimento subiu 87.000.000%. É impossível esse ganho ocorrer novamente. Entretanto, incrementos enormes ainda são bem possíveis — especialmente se compararmos seus possíveis retornos com os de outras classes de ativos, os quais, tipicamente, se restringem anualmente a um único dígito, ou a dois dígitos baixos.

Dessa forma, não é no passado que devemos nos concentrar, mas no futuro. Qual pode ser o futuro preço do bitcoin e de outros ativos digitais?

Muitos preveem crescimentos massivos adicionais, argumentando que essa classe emergente de ativos ainda está em seus estágios iniciais. O gestor de um hedge fund bilionário, Steven Cohen, diz: "Enquanto o mercado [de ativos digitais] forma uma classe de ativos de 2 trilhões de dólares, ainda estamos nos estágios iniciais da adoção institucional". O antigo presidente da Prudential Securities, George Ball, se refere aos ativos digitais como "muito atrativos" e prevê que "muitas pessoas estarão investindo nessa classe de ativos". O diretor de tecnologia de Renda Fixa da BlackRock, Rick Rieder, diz que o bitcoin poderia rivalizar com o ouro como uma reserva de valor primária. Seu chefe, o CEO da BlackRock, Larry Fink, afirma que "O bitcoin veio para ficar". E, segundo Niall Ferguson, professor de história econômica em Stanford, a melhor oportunidade de investimento pós-pandemia é o bitcoin.

Tiburon

Estrategistas do JPMorgan, liderados por Nikolaos Panigirtzoglou, dizem que o bitcoin poderia subir para 140 mil dólares. O Tiburon Strategic Advisors prevê 150 mil. Tom Fitzpatrick, presidente global do Citibank Technicals, diz que o bitcoin vai crescer para 318 mil dólares. Guggenheim alega que vai alcançar 400 mil. A ARK Invest fala em 500 mil. Forex Suggest diz que o bitcoin vai valer 1 milhão de dólares até 2025. E Jurrien Timmer, diretor da área global macro da

Fidelity Investments, garante que o preço do bitcoin será de 1 milhão de dólares até 2030 e 1 bilhão até 2038. (Não é um erro de digitação. Um. Bilhão. De dólares.)

É pouco surpreendente que a Associação de Órgãos Dirigentes de Universidades e Faculdades diga que os ativos digitais "já produziram centenas de milionários, alguns bilionários e talvez produza os primeiros trilionários do mundo dentro da próxima década". A organização está entusiasmada, pois será pedido a esses novos herdeiros que façam grandes doações para fundos universitários.

Em 2018, Inigo Frase Jenkins criticou o bitcoin. Isso foi digno de nota porque ele é o codiretor de estratégia de portfólio para a AllianceBernstein, um gestor de investimentos globais com 631 bilhões de dólares em ativos sob gerenciamento. Mas em 2021, em uma pesquisa distribuída aos clientes da firma, Fraser Jenkins escreveu: "Mudei de ideia em relação ao papel do bitcoin em alocação de ativos". Sua decisão foi impulsionada por uma variedade de desenvolvimentos, incluindo a pandemia, mudanças em políticas governamentais, níveis de dívidas federais e novas opções de diversificação para investidores dentro do ecossistema de ativos digitais. O bitcoin realmente tem um papel na alocação de ativos, afirma ele agora.

Muito do entusiasmo pelo bitcoin se deve à lei de oferta e demanda. Areia é barata porque existe em grandes quantidades e poucos a querem. Diamantes são caros porque são raros, mas desejados por muitos.

Estratégia de alocação de 1% em ativos digitais de Ric Edelman			
	Mistura de ativos	Retorno total	
		1 ano	2 anos
Portfólio típico	60/40	+7%	+14,5%
Onda + crash de ativos digitais	59/40/1	+22%	+15,4%
Perda Total de ativos digitais	59/40/1	+6%	+13,4%

O bitcoin também é escasso, e, conforme aumenta a demanda por ele, o mesmo acontece com seu preço. Considere isto: existem 47 milhões de milionários no mundo. Caso todos quisessem comprar apenas um bitcoin, eles não conseguiriam. Isso porque se diz que existem apenas 14 milhões de bitcoins atualmente, e não mais do que 21 milhões virão a existir. Caso todos os milionários comecem a disputar entre si para comprar um bitcoin, o preço terá que crescer — talvez de modo significativo.

E quanto aos norte-americanos comuns? Quantos deles querem um bitcoin? Em 2009, a resposta seria "nenhum". Em 2021, 17% deles possuíam bitcoin, e a projeção é que, até 2029, 90% dos norte-americanos vão possuir. O que você supõe que pode acontecer com o preço de um ativo quando sua oferta é fixa, mas a demanda aumenta 530%?

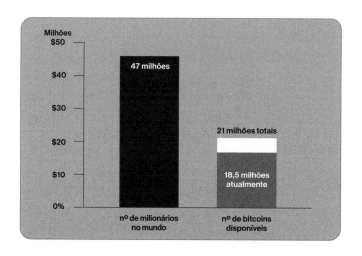

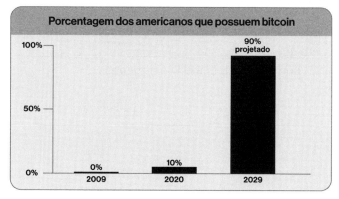

Isso é novo até mesmo entre consultores financeiros. Até agora, apenas 14% destes já adicionaram bitcoin aos portfólios de seus clientes, de acordo com a revista *Financial Advisor* — mas outros 26% dizem que planejam começar a fazê-lo, triplicando a taxa de engajamento. Caso seja verdade, então um a cada dois consultores estará recomendando bitcoin e outros ativos digitais até o final de 2022. Consultores controlam 8 trilhões de dólares em ativos de investidores, diz a Tiburon Strategic Advisors; se todos esses consultores alocarem apenas 1% dos ativos de seus clientes em bitcoin, então 80 bilhões de dólares vão fluir para o mercado, uma quantia equivalente a 8% da capitalização de mercado do bitcoin no momento em que escrevo. Caso houvesse um aumento repentino de 8% na demanda por ingressos de um show, o que você acha que aconteceria com o preço dos ingressos?

Os consultores financeiros e gestores de riquezas que recomendam ativos digitais aos seus clientes são espertos: eles vão receber uma parte das taxas de renda geradas pela gestão desses ativos. Quanto isso representa? Um total de 4,6 bilhões de dólares ao longo dos próximos 5 anos, de acordo com a Broadrige Financial Solution.

Isso não é nada. Pesquisas feitas pela Ernst & Young e pela Intertrust em 2021 descobriram que 31% dos gestores de hedge funds dizem que vão adicionar ativos digitais aos seus portfólios até 2023, investindo uma média de 7,2% de seus portfólios até 2025. A pesquisa da Intertrust sugere entradas de fluxo de 312 bilhões de dólares, um aumento equivalente a mais de um terço do valor total do bitcoin no momento em que escrevo.

Seria tarde demais? Dificilmente.

13 · O risco de investir em ativos digitais

Embora muitos estejam entusiasmados com as perspectivas futuras do bitcoin e de outros ativos digitais, devemos admitir que essa ainda é uma classe emergente de ativos. Ninguém sabe o que vai acontecer — o que significa que devemos considerar com seriedade a possibilidade de que podemos experimentar um crash enorme e permanente no mercado dos preços de ativos digitais.

Portanto, devemos examinar de perto os riscos de investimento nessa classe de ativos. Você deve fazer isso com qualquer oportunidade de investimento; sempre devemos nos perguntar o que esperamos obter de retorno para nosso dinheiro e se vamos receber o retorno do nosso dinheiro.

Então, vamos explorar as razões pelas quais o preço de ativos digitais pode cair... até zero.

Manipulação de mercado

Esse risco é aplicável a todas as classes de ativos. Esquemas de "inflar e descartar", "front-runnings" ou informações privilegiadas são problemas comuns do mundo dos investimentos, e os ativos digitais não estão imunes a eles. Pior que isso: muitos ativos digitais não são valores mobiliários aos olhos da SEC. Por conta disso, comportamentos que violariam os regulamentos de valores mobiliários também ocorrem no mundo dos ativos digitais.

Fracasso empresarial e comercial

Ativos digitais não se materializam por conta própria; eles são inventados por empreendedores. Uma ideia pode ser ótima, mas torná-la um negócio bem-sucedido que opera de maneira eficiente, lucrativa e em grande escala é um problema completamente diferente. Você pode estar investindo em algo que fracassará no mercado.

Obsolescência tecnológica

**Netflix
Microsoft
Wikipedia
Sony**

Lembra da Sony Betamax? Ela foi derrotada no mercado pelos gravadores em VHS — os quais foram, por sua vez, destruídos pela Netflix. O Lotus1-2-3 foi superado pelo Microsoft Excel. A *Encyclopaedia Britannica* foi superada pela *Wikipedia*. A grande inovação de hoje, que é disruptiva no mercado, pode ser inutilizada pela próxima grande invenção — destruindo o preço do seu investimento.

Demanda do consumidor/investidor

Fique atento à Síndrome Kevin Costner — a crença de que, "se você construiu, eles virão".[44] Isso só acontece em filmes. Na vida real, é preciso muito mais do que fé para construir uma empresa bem-sucedida. Só porque você abriu uma loja não significa que as pessoas vão visitá-la — ou que vão comprar alguma coisa quando entrarem.

Leve em consideração quantos anúncios você vê todos os dias. As empresas tentam muito conseguir sua atenção, e as mais bem-sucedidas não necessariamente oferecem os melhores produtos; muitas vezes elas apenas contam com o melhor marketing.

Será que o ativo digital que você está comprando vai ganhar tração porque soluciona um problema de um consumidor ou de um negócio? Ou ele será ignorado e rapidamente esquecido?

Intervenção regulatória

O campo de ativos digitais continua sendo controverso. Alguns governos baniram completamente esses ativos. Outros baniram algumas práticas. Outros limitam quem pode comprar, e o que podem comprar.

Refletindo a rápida evolução desse espaço, muitos governos mudam de ideia frequentemente — criando o caos para a comunidade

---

44 "If you build, they will come." Citação do filme *Campo dos sonhos*. [N. E.]

cripto. Você deve reconhecer que os governos federal ou estadual poderiam tornar o seu investimento ilegal, e impor impostos onerosos ou exigir a apresentação de relatórios. Todas essas ações poderiam ter um impacto adverso no preço do seu investimento.

Ataque dos 51%

Uma franquia de um banco local é um alvo tentador para ladrões de banco por conta da quantidade de dinheiro que existe no cofre. Esse é o risco de sistemas centralizados — e o que explica o motivo pelo qual tantas empresas já foram hackeadas: a localização da rede de cada empresa é conhecida e pode, desse modo, ser um alvo.

Mas blockchains são descentralizadas; é como um banco ter cada nota individual de dólar espalhada em cofres ao redor do mundo todo. Como um hacker poderia rastrear e roubar todas? É impossível.

Existe um motivo-chave pelo qual os membros da comunidade cripto são tão confiantes a respeito de suas atividades: blockchains dificilmente podem ser hackeadas. De fato, ao longo de toda a história da rede Bitcoin, ela nunca foi hackeada.

Entretanto, isso não é impossível. Existe uma maneira pela qual um hacker poderia realizar isso. É chamado de Ataque dos 51%. Para tomar controle de uma blockchain e roubar seus dados (e ativos), um hacker precisaria controlar a maioria dos nodes da rede.[45]

Com milhões de nodes ao redor do mundo, é "considerado" impossível que a rede Bitcoin seja hackeada. Talvez devêssemos dizer "praticamente impossível" ou "virtualmente impossível" ou "raios, em vez de se preocupar com o ataque dos 51%, encontre outra coisa para se preocupar".

Existe um motivo para essa despreocupação: a rede Bitcoin é tão grande — com mais de 11.500 nodes ao redor do mundo, de acordo com a Bitnodes.io — que custaria 5,5 bilhões de dólares, somente em hardware, para um hacker conseguir controlar 51% deles, com base

---

45 Embora uma maioria seja tecnicamente 50,1% e não 51%, chamar isso de um ataque dos 50,1% é incômodo, de modo que utilizamos a abreviação (ligeiramente imprecisa). Dá um tempo, galera.

em taxas de hash de 2021. Um hacker com essa quantia de dinheiro provavelmente não precisa de mais, embora seja preciso se preocupar com governos rebeldes. (Muitos acreditam que governos rebeldes, como a Coreia do Norte, amam bitcoin porque ele permite que esses governos contornem sanções econômicas impostas pelos Estados Unidos e outras nações. Então talvez devamos estar mais preocupados com a CIA conduzindo um ataque dos 51% do que com Kim Jong-un.)

Enfim: só porque a rede Bitcoin é considerada "grande demais para ser hackeada" não significa que isso seja verdade para todas as blockchains. De fato, algumas já foram vítimas de ataques dos 51% — que foram possíveis por serem as redes muito menores. A BSV sofreu um ataque de 51% no dia 4 de agosto de 2021. Ataques anteriores atingiram a Bitcoin Gold, Ethereum Classic, Verge e outras. Em cada caso, moedas foram roubadas antes de o ataque ser repelido, causando perdas substanciais aos investidores.

Conclusão: quanto menor for a rede ou mais nova for a moeda ou token, maior a vulnerabilidade a ataques dos 51%. Mantenha isso em mente ao decidir quais ativos digitais comprar — e quanto do seu dinheiro vai alocar nelas.

Avanços na computação quântica

Ao longo deste livro — incluindo na seção acima —, temos mantido uma atitude bem cavalheiresca a respeito da impenetrabilidade das chaves privadas do bitcoin. As chaves são tão compridas (números de 256 bits, compostos de letras e números) que existem 10^{77} permutações possíveis. É simplesmente impossível para qualquer computador quebrar esse código, e é por esse motivo que os hackers correm atrás, em vez disso, daquelas senhas bobas de 4 dígitos que você utiliza no caixa eletrônico.

De acordo com a stackexchange.com, o computador mais rápido do mundo levaria 0,65 bilhão de bilhões de anos[46] para hackear um único endereço bitcoin. Então, não há muito com o que se preocupar.

---

46 Não, não é um erro de digitação. Eu realmente quis dizer 650.000.000.000.000.000 de anos. Eu só não quis digitar todos esses zeros. Agora veja o que me fez fazer.

Isso até a computação quântica chegar ao mercado. Ela é o próximo grande avanço na ciência da computação, e espera-se que se torne comercial até 2030. Quão grande será o avanço? Digamos que você queira encontrar um pedaço de um dado a partir de uma base de dados com 1 trilhão de itens. Os supercomputadores de hoje demorariam 10 mil anos para encontrar o dado que você está procurando. Um computador quântico poderia encontrá-lo em duzentos segundos. A implicação disso, insistem muitos especialistas em cibersegurança, é que as chaves privadas do bitcoin serão facilmente hackeadas.

Você deveria se preocupar? Isso fica a seu critério, mas, por duas razões, eu não estou preocupado. Primeiro: se essas máquinas conseguirem hackear a blockchain do bitcoin, as blockchains serão a menor de nossas preocupações; em lugar disso, eu iria temer pela segurança de redes elétricas, sistemas hidráulicos, tráfego aéreo — e nosso arsenal nuclear.

Esse negócio de bitcoin é apoiado pela tecnologia e pela internet! O que poderia dar errado?

Segundo: se hackers puderem utilizar computadores quânticos para penetrar em chaves privadas (e em nossas armas nucleares), você não acha que os desenvolvedores do bitcoin (e o Departamento de Defesa) também fariam uso de computadores quânticos para criar novos sistemas de cibersegurança que protejam contra tais invasões? Deixe que os caras maus construam uma escada de 4 metros de altura. Nós vamos construir um muro de 6 metros.

Caso eu esteja errado, e a computação quântica realmente destrua todos os sistemas de segurança digital, bem, é fim de jogo. Nada estaria seguro nesse cenário — tudo será hackeado, incluindo suas contas bancárias e de corretagem, fundos de pensão, cheques do Seguro Social, apólices de seguro, anuidades, cartões de crédito etc.

Não é por conta disso que estou preocupado. Você poderia muito bem estar se preocupando com asteroides atingindo o planeta. Se for para acontecer, vai acontecer. E, se acontecer, não há onde se esconder.

Não evite os ativos digitais por conta desse medo. Mesmo que você não seja hackeado, as outras pessoas serão — deixando você na mesma posição desanimadora, como se tivesse sido você quem foi hackeado. Encontre outra coisa para se preocupar, e não use essa razão para não investir.

Depositários renegados

Quando foi a última vez que você pensou sobre o ar? Provavelmente faz um tempo — porque ele sempre está presente em vastas quantidades. Você não gasta tempo pensando nele, pois não há necessidade. Entretanto, ele é vital para a sua vida.

É isso que a custódia representa para sua vida financeira — uma parte integral, altamente importante, de suas finanças pessoais. Tão integral, tão automática, tão convicta, que você provavelmente nem percebe que está completamente dependente dela.

Mas nem sempre foi assim. A estrutura de custódia de hoje é o resultado do reparo de problemas encontrados por séculos — e apenas seriamente tratados nos últimos noventa anos.

O que é custódia? É o termo legal para alguém que esteja mantendo e sendo responsável por algo que é de outra pessoa. (Se você morrer, quem vai receber a *custódia* dos seus filhos menores de idade? Veja, você conhece esse termo melhor do que pensava.)

Depois de passarmos pela era do escambo, as pessoas começaram a receber moedas de troca ao vender produtos e serviços. À medida que se tornaram bem-sucedidas, as pessoas começaram a acumular grandes quantidades de moeda — e isso representou um problema. Como manter essa quantia segura?

Você poderia escondê-la debaixo do colchão ou enterrar no quintal — mas ela poderia ser perdida, roubada ou destruída. Você poderia simplesmente esquecer onde a colocou, e, se morresse, seus herdeiros não saberiam onde você a guardou. Dessa forma, você a deposita em um banco, onde ela vai render juros e estar segura.

Quer dizer, segura até Billy the Kid, Jesse James, Butch Cassidy e outros bandidos dos anos 1870 e 1880 aparecerem. Banqueiros sofreram roubos adicionais durante a Grande Depressão, vítimas de John Dillinger, Bonnie & Clyde, Baby Face Nelson, Machine Gun Kelly e outros foras da lei notórios. Em cada caso, quando os ladrões roubavam dinheiro dos bancos, eles estavam roubando o *seu* dinheiro.

Isso fez muitas pessoas pararem de depositar seu dinheiro em bancos. Sem depósitos bancários, os bancos tinham pouco dinheiro para realizar empréstimos. Sem fundos adicionais de onde pegar empréstimos, o comércio não poderia crescer, e a economia permaneceu em um impasse.

Finalmente, o Congresso agiu. Ele declarou o roubo de bancos um crime federal, e garantiu ao Gabinete Federal de Investigação (FBI, na sigla em inglês) o poder para perseguir e prender os ladrões, independentemente do estado onde eles estivessem. O Congresso também criou a Corporação Federal de Seguros de Depósitos (FDIC, na sigla em inglês), fazendo o seguro de depósitos bancários, de modo a dar mais confiança aos consumidores de que seu dinheiro estaria seguro, mesmo que o banco em si não estivesse.

Hoje, órgãos como Gabinete do Controlador da Moeda, Federal Reserve, FDIC, CFPB, SEC, FTC e outras agências federais e estaduais regulam os bancos — e conduzem auditorias para se certificar de que eles estão contabilizando e salvaguardando o dinheiro em depósito. Os próprios bancos se envolvem em práticas de negócios cuidadosas, incluindo sistemas de segurança extensos (contando com enormes cofres) e auditorias internas para prevenir e detectar fraudes por parte dos funcionários.

O mesmo vale para toda a indústria de títulos mobiliários. SEC, FINRA, NYSE, CFTC, DOL, PBGC e outros reguladores trabalham duro para confirmar que o seu dinheiro e os títulos mobiliários em depósito com firmas de corretagem, casas de câmbio e depositários estão salvaguardados. E a SIPC assegura sua conta de valores mobiliários de maneira muito semelhante à maneira como o FDIC assegura contas bancárias.

Hoje, a totalidade da indústria de serviços financeiros realiza um trabalho tão bom de custódia que você nem pensa sobre isso. Você nunca pensa nem mesmo sobre o risco de que seu depositário (a firma que mantém a conta para você) possa colapsar e roubar seus ativos. Isso acontece porque, de fato, há pouco risco. Então, em vez de se preocupar com a possibilidade de perder seu dinheiro para o colapso e má conduta de custodiantes, você precisa se preocupar apenas com o colapso dos seus investimentos devido ao declínio dos mercados. (A SIPC, por exemplo, assegura você contra a falência de uma empresa, e não contra quebras no mercado.)

O capítulo 16 vai mostrar a você como escolher um depositário. Por enquanto, esteja ciente de que, ao lidar com ativos digitais, sua escolha de depositário é tão importante quanto seus investimentos.

Senhas perdidas, carteiras comprometidas e chips SIM roubados

Você conhece a importância da cibersegurança e da proteção de suas informações pessoais. Todos esses comportamentos cuidadosos são especialmente importantes quando se está lidando com ativos digitais porque, por sua própria definição, tudo o que você faz com eles ocorre on-line — e, portanto, está em constante risco de roubo por cibercriminosos. Resguarde seus nomes de usuários, senhas e PINs. Não os compartilhe, esqueça ou perca. Fique atento aos ladrões que fazem uso de tecnologia para acessar de maneira ilícita as suas carteiras.

Particularmente, tome cuidado com o roubo de chip SIM. Ele é um chip de memória removível em seu celular. Armazena informações sobre você e conecta seu celular à rede da sua operadora, permitindo fazer ligações e acessar a internet.

Ladrões não precisam roubar seu celular fisicamente para obter seu chip SIM. Em vez disso, tudo o que precisam é do PIN do seu celular. Se golpistas se apossarem do seu PIN, eles podem ligar para sua operadora de celular, se passar por você e os convencer a mudar o chip SIM vinculado ao seu celular para um novo chip SIM em um novo aparelho. Isso permite ao criminoso tomar o seu número de celular — dando a ele acesso a todas as suas contas on-line, incluindo os códigos de dupla autenticação que recebe por SMS. Isso põe todas suas contas financeiras em risco, incluindo contas bancárias e de corretagem, e, é claro, suas contas e carteiras de ativos digitais.

Antes que você perceba — talvez nessa hora esteja em uma reunião ou dormindo —, os criminosos acessam seu e-mail, redes sociais e contas financeiras, mudam suas senhas e se passam por você na internet.

Então, o seu PIN está seguro? Bem, em agosto de 2021 a T-Mobile foi hackeada, expondo o número de Seguro Social, carteiras de habilitação — e, sim, os PINs — de 50 milhões de clientes.

Transações de dedos gordos

Você já apertou alguma vez a tecla errada ao digitar? É claro que já. Todos nós fazemos isso de vez em quando.[47] Geralmente não é nada importante. Mas, na indústria financeira, podem existir consequências sérias. Quando a Samsung deveria distribuir 2,8 bilhões de dólares a funcionários como parte de um plano de distribuição de lucros, um funcionário acidentalmente pediu a distribuição de 2,8 bilhões de *ações* — mais do que o valor total da empresa. Mais de 100 bilhões de dólares foram enviados, causando a queda significativa do preço da ação.

Felizmente, as pessoas de Wall Street estão operando apenas com dinheiro, e não com os corações de pessoas, como fazem os cirurgiões cardíacos. Então, na maioria dos casos, as perdas podem ser recuperadas. Caso compre cem ações quando pretendia vender, muitas vezes é possível contatar o seu corretor para cancelar a transação. Caso ele não consiga (ou não queira), você pode simplesmente incluir uma transação oposta, de modo a reverter o processo. Algumas comissões podem ser cobradas, e é possível sofrer algumas perdas devido a flu-

---

47 A cada poucos segundos, no meu caso. Sou um digitador incrivelmente rápido — mais de cem palavras por minuto (top 1%) —, mas, quando ajustada para meus erros de digitação, minha velocidade cai para menos de quarenta, ou abaixo da média. Demorei quatro minutos para terminar esta nota de rodapé.

tuações de preço que ocorrerem enquanto conserta as coisas, mas provavelmente você vai receber a maior parte de seu dinheiro de volta.[48]

Também existem seguros disponíveis para a restauração de perdas. Finalmente, agências governamentais, como o FDIC, SIPC e o PBGC, estão presentes para proteger os poupadores, investidores e pensionistas.

Mas nada disso vai ajudar você se o dedo gordo ocorrer em uma chave pública. Digamos que você possua tanto bitcoin quanto Ether, e queira mover as moedas da carteira de uma corretora para outra. É preciso mover seu bitcoin de uma carteira de bitcoin para a outra. Caso envie erroneamente seu bitcoin para a carteira de Ether, seja por um erro de digitação da chave pública ou por codificar a chave na carteira errada, Seu. Bitcoin. Estará. Perdido. Para. Sempre. Assim: Desapareceu. Irrevogavelmente. Irrecuperavelmente. Sem Volta.

Ao trocar e enviar criptos, d...i...g...i...t...e... b...e...m... d...e...v...a... g...a...r... e... c...o...m... c...u...i...d...a...d...o..., e... v...e...r...i...f...i...q...u...e... t...r...ê...s... v...e...z...e...s... t...u...d...o... o... q...u...e... d...i...g...i...t...a...r..., e... q...u...e...r...o... d...i...z...e...r... T...U...D...O..., a...n...t...e...s... d...e... a...p...e...r...t...a...r... e...n...t...e...r.

Bons e velhos golpes do dia a dia

Golpes de investimentos são comuns demais. Vigaristas espreitam em todos os lugares, prontos para enganar você para que entregue seu dinheiro a eles, com promessas de rendimentos mirabolantes sem nenhum risco. Criminosos se direcionam a investidores de ações, ouro e imóveis — e pessoas interessadas em ativos digitais. A Comissão de Comércio Federal diz que os consumidores perderam 164 milhões de dólares para golpes de criptos em 2021. Portanto, seja tão cuidadoso quando for abordado por uma ideia de investimento nessa área quanto seria com qualquer outro investimento.

Esses riscos demonstram que você não pode ser arrogante ao investir em ativos digitais. Uma grande parte desse ecossistema opera

---

48 Caso seja sortudo, o mercado vai se mover em seu favor, e você estará, na verdade, lucrando com o erro. Isso aconteceu na França, quando, em 2018, um operador que pensou estar praticando em uma plataforma de teste acabou inserindo transações reais e ganhou US$11,6 milhões.

fora da jurisdição de reguladores, permitindo aos operadores funcionarem com imprudência. E, caso haja uma perda, não existe um FDIC ou SIPC para reembolsar você.

É comum ouvir as pessoas se referirem a criptos como o "Velho Oeste". É ainda pior do que isso. Como um comentarista de criptos me contou, "Não se trata do Velho Oeste, mas de Lewis e Clark!".[49] Portanto, é vital que, enquanto se concentra em como gerar um retorno *sobre* o seu dinheiro, você faça tudo ao seu alcance para ter certeza de que terá o retorno *do* seu dinheiro.

Não seria loucura permitir que a gama de falhas dissuadisse você de investir em ativos digitais. Mas, antes de chegar a essa conclusão, leia o próximo capítulo — pois ele demonstra que o alto risco dos ativos digitais, na verdade, representa a razão mais importante para você investir!

Parece loucura? Continue lendo, meu amigo!

Às vezes, os golpes estão se escondendo à plena vista. Estou falando da Dogecoin.

Em 2013, depois que o bitcoin começou a atrair atenção, dois engenheiros de software da IBM e da Adobe criaram a Dogecoin como uma piada, satirizando o crescimento e a apreciação crescentes do bitcoin. Como parte da pegadinha, a Dogecoin foi utilizada para levantar dinheiro para a equipe jamaicana de bobsled. Até mesmo o nome é uma brincadeira: é um erro de ortografia de doggy, causando muitas pronúncias erradas do nome.

A Dogecoin não é e nunca foi destinada a ser um ativo digital legítimo. O bitcoin tem 500 mil vezes o poder computacional, além de ser escasso (apenas 21 milhões de bitcoins serão criados), enquanto a oferta de Dogecoin é ilimitada. (Já existem 113 bilhões de Dogecoins em circulação, e mais 14 milhões são criadas todos os dias.) A escassez permite que o preço do bitcoin aumente, enquanto a abundância de Dogecoins torna seu preço muito mais arriscado.

---

49 Meriwether Lewis e William Clark, líderes da primeira grande expedição de exploração do continente norte-americano. [N. T.]

Apesar de tudo isso, o preço da Dogecoin cresceu mais de 40.000% desde seu surgimento. Na primavera de 2021, 62% das transações de criptos da Robinhood foram de Dogecoin.

Para muitos norte-americanos, a Dogecoin foi a primeira conscientização a respeito de ativos digitais. O problema é que ela desfrutou do crescimento por todos os motivos errados. Não é útil quando Elon Musk, o homem mais rico do mundo, promove a Dogecoin de um modo que se assemelha a um esquema de inflar-e-descartar. Suas ações, e as de muitos outros, são preocupantes, porque a Dogecoin foi criada para ser uma breve piada. Não há utilização comercial, de modo que ela não pode ser nada mais que uma moda.

O bitcoin é chamado por muitos de "ouro digital". Eu chamaria a Dogecoin de "pedra de estimação digital". Essa moda dos anos 1970 desapareceu rapidamente, e o mesmo vai acontecer com a Dogecoin. E, quando acontecer, muitas pessoas serão machucadas. O escândalo será uma mancha que terá o potencial de interferir nos sérios esforços empreendidos por pessoas sérias, que estão trabalhando duro em conjunto com reguladores e legisladores para estabelecer a legitimidade da classe emergente de ativos digitais.

A Dogecoin é perigosa e uma distração, e me incomoda muito que, por mais fugaz que prove ser, esteja recebendo tanta atenção e proeminência.

Não compre Dogecoin. Diga a seus amigos e familiares para não a comprarem, e para que a vendam se tiverem comprado, e assegure a eles que a Dogecoin tem pouca coisa em comum com outros desenvolvimentos nos ecossistemas de blockchains e ativos digitais.

14 Os riscos são o motivo para investir em ativos digitais

Por que investir em ativos digitais se eles são arriscados? Porque fazer isso vai reduzir seu risco.

O quê?

Sim, eu sei. Isso não parece fazer sentido. Portanto, permita-me explicar. Ou melhor, permita que Harry explique.

Teoria do portfólio moderno

No início dos anos 1950, enquanto era estudante de graduação da Universidade de Chicago, Harry Markowitz descobriu que investir em dois ativos de risco é mais seguro do que investir em apenas um deles. Sua pesquisa foi ignorada por um longo período, mas outras pessoas enfim perceberam quão fundamental e importante eram suas ideias — e, em 1990, Harry recebeu o Prêmio Nobel pelo que é conhecido hoje como a Teoria do Portfólio Moderno. O trabalho de Harry é a base para a gestão profissional de portfólios no mundo.

Harry, que eu tive o prazer de conhecer, foi o primeiro a perceber que adicionar um ativo de risco a um portfólio pode fazer o nível geral de risco do portfólio declinar. A chave, disse ele, é a correlação: se você tem dois ativos e ambos crescem e decrescem ao mesmo tempo — o que significa que são *positivamente correlacionados* —, daria na mesma ter apenas um. Mas, se um deles subir enquanto o outro cai, e vice-versa, — significando que são *negativamente correlacionados* —, então o seu risco geral de perdas é significativamente reduzido. Caso adicione um terceiro ativo que é ainda mais arriscado que os outros dois, mas não é correlacionado a nenhum deles, você não apenas reduz as perdas gerais do portfólio como um todo a qualquer momento como melhora os retornos gerais (porque o novo terceiro ativo gera mais dinheiro do que os outros dois).

Consequentemente, você tem retornos maiores com menos riscos. Incrível. Profundo. E digno de um Prêmio Nobel.

Para converter essa pesquisa acadêmica em aplicação prática, tudo que você precisa fazer é adicionar ao seu portfólio um ativo que seja mais arriscado do que seus outros ativos. E o ativo mais arriscado disponível hoje é o bitcoin.

E esta, caro leitor, é a tese de investimento para essa nova classe de ativos: adicionar ativos digitais ao seu portfólio pode ajudar você a obter retornos maiores ao mesmo tempo que diminui seu risco de investimento. De fato, em 2021, em uma pesquisa com consultores financeiros realizada pela Fidelity Digital Assets, 69% dos consultores responderam que a principal razão pela qual gostam de ativos digitais é sua baixa correlação com outras classes de ativos, como mostrado na tabela.

A correlação do bitcoin com outros ativos digitais é bem baixa 1,00 = Correlação | 0,00 = Sem correlação	
Bonds	0,25
Renda variável	0,12
Ouro	0,07
Commodities	0,00
Alternativas líquidas	0,00

O raciocínio é demonstrado pelas quatro métricas que profissionais financeiros comumente utilizam para mensurar riscos e retornos. Vamos observá-las.

Proporção de Sharpe

Essa ferramenta mede o retorno obtido por unidade de volatilidade. Ela pode ajudar a revelar se seus retornos são resultado de decisões inteligentes — ou se são fruto de riscos excessivos. (Essa métrica refuta a teoria "não se pode discutir com o sucesso".) Você vai querer uma alta proporção de Sharpe, pois, quanto maior o número, melhor será a performance, ajustada ao risco, de seu portfólio. *Portfólios com bitcoin têm proporções de Sharpe maiores do que portfólios sem bitcoin.*

Proporção de Sortino

Esta é uma variação da proporção de Sharpe. Ela reconhece que nem toda volatilidade é prejudicial (afinal, ninguém reclama da volatilidade *ascendente*!). Dessa forma, a proporção de Sortino mede apenas a volatilidade negativa de um portfólio. Novamente, quanto maior o número, melhor. *Portfólios com bitcoin têm proporções de Sortino maiores do que portfólios sem bitcoin.*

Desvio-padrão

O portfólio ideal geraria os mesmos retornos sempre; ele nunca se *desviaria*. Somente contas bancárias fazem isso — mas seus rendimentos são baixíssimos. Ações oferecem rendimentos maiores — mas eles flutuam o tempo todo, por vezes de maneira dramática. Caso seja normal os rendimentos de um ativo se desviarem, então esse desvio se tornaria padrão — logo, *desvio-padrão*. O desvio-padrão de uma conta bancária é zero; o da S&P 500 é de cerca de 15%, o que significa que os rendimentos de qualquer ano tipicamente são 15% maiores ou menores do que o rendimento médio. Portanto, quanto menor for o desvio-padrão, melhor. *O desvio-padrão de portfólios que têm bitcoin é virtualmente idêntico ao de portfólios compostos por 60% em ações e 40% em bonds.*

Queda máxima

Esse número reflete a perda máxima de um portfólio. É um indicador de risco negativo ao longo de determinado período. A queda máxima mede apenas a maior perda, e não a frequência de perdas, ou quanto tempo vai demorar para se recuperar de cada uma. Portanto, responde à pergunta "Quanto dinheiro eu posso perder?" — é uma preocupação importante para a maioria dos investidores. Investimentos que têm proporções de Sharpe, Sortino e desvios-padrão semelhantes poderiam contar com números de queda amplamente diferentes. Obviamente, quanto menor o número, melhor. *Adicionar bitcoin a um portfólio 60/40 tem pouco impacto nessa métrica.*

Agora que vimos como a adição de um ativo de risco como o bitcoin a um portfólio ajuda a reduzir o risco geral deste, estamos prontos para atacar a próxima pergunta: quanto do seu portfólio você deveria alocar em ativos digitais?

E, caramba, por sorte, esse é o título do próximo capítulo!

15 Quanto do seu portfólio alocar em ativos digitais

O capítulo anterior demonstrou que adicionar bitcoin e outros ativos digitais pode reduzir os riscos de seu portfólio, ao mesmo tempo que aumenta seus rendimentos.

É hora, portanto, de considerar a próxima pergunta: *quanto dinheiro você deveria investir nessa classe de ativos?*

Por favor, não responda a essa questão em dólares. Em vez disso, pense em termos de porcentagem. Isso porque os valores em dólares mudam constantemente, mas porcentagens nunca mudam: qualquer que seja o valor de suas contas, você sempre tem 100%.

No passado, após considerar essa ousada pergunta, você provavelmente alocava seu dinheiro entre quatro principais classes de ativos: dinheiro, ações, bonds e imóveis. Agora existe uma quinta classe: ativos digitais. Então, sim, a questão agora é um pouco mais complicada.

É como cortar uma pizza em cinco pedaços.[50] Qual deveria ser o tamanho de cada fatia?

Sua resposta envolve a alocação de ativos de seu portfólio de investimentos. Consultores financeiros e investidores experientes sabem que o tamanho de cada fatia deve ser substancial; caso contrário, não há razão para a fatia existir.

Considere esta simples ilustração, utilizando apenas duas classes de ativos: dinheiro, rendendo 1% ao ano, e ações, rendendo 10% ao ano.

Um portfólio de 100% em dinheiro renderia 1%. Caso criássemos uma alocação 99/1 em dinheiro/ações, nosso retorno seria de 1,09%. A diferença é tão pequena que não há motivo para sequer alocar qualquer quantia em ações; poderíamos muito bem alocar tudo em dinheiro.

---

50 Sim, você pode.

Uma alocação 50/50 produziria um rendimento de 5,5% — cinco vezes mais do que dinheiro —, mas também necessita que você invista metade de seu dinheiro no mercado de ações (o que é muito mais arriscado do que ter toda a sua renda em espécie). Este é um dilema clássico de risco/retorno que todos os investidores enfrentam.

Consultores financeiros e investidores experientes vão dizer a você para não se preocupar em alocar qualquer quantia em ações a não ser que esteja disposto a alocar uma quantia considerável. É por essa razão que consultores recomendam, rotineiramente, que portfólios aloquem de 60 a 100% dos ativos em ações.

Mas, se aplicar essa linha de raciocínio para ativos digitais, você vai cometer um entre dois grandes erros. Primeiro, você pode alocar uma enorme porção de seu portfólio em ativos digitais, assim como faria com ações, bonds e imóveis. Mas os ativos digitais ainda estão emergindo e, por conta disso, continuam sendo muito arriscados; eles poderiam facilmente resultar em perda total. Portanto, investir uma grande porção de seu portfólio em ativos digitais poderia prejudicar suas finanças pessoais de maneira irreparável. Esse seria um grande erro.

Para evitar esse resultado, você deveria se limitar a uma pequena alocação. Mas sabe que fazer isso é inútil, porque pequenas alocações não vão impactar seus rendimentos gerais de maneira substancial. Isso poderia levar à conclusão de que não é preciso investir em ativos digitais. De novo, grande erro.

Investir muito é um erro. Mas não investir em nada também é um erro. Qual é a opção remanescente?

Investir um pouco.

Caso isso pareça contradizer a explicação anterior de que pequenas alocações em determinada classe de ativos são irrelevantes, vamos nos lembrar de outro ponto-chave que já aprendemos: os ativos digitais são diferentes de qualquer outra classe de ativos já inventada. Portanto, você estaria cometendo um erro caso aplicasse os princípios padrões da modelagem de portfólios a essa classe de ativos. Em vez disso, será necessária uma abordagem diferente. Permita-me demonstrar qual abordagem é essa.

Estratégia de Alocação de 1% em ativos digitais de Ric Edelman

Fui o pioneiro dessa estratégia em 2015. Hoje ela é amplamente aceita como a alocação adequada para os ativos digitais.

Alocar mero 1% de seu portfólio em ativos digitais é contraintuitivo; ainda assim, essa quantidade é suficiente para impactar seu portfólio de maneira significativa sem se expor a riscos inaceitáveis. Para entendermos a razão disso, deixe-me fazer três perguntas.

1. Qual retorno anual médio você espera de um típico portfólio diversificado ao longo de muitos anos?
2. Em 2017, o bitcoin cresceu 1.500%. No ano seguinte ele caiu, perdendo 84% de seu valor. Algo como isso poderia acontecer novamente?
3. O bitcoin poderia perder todo o seu valor?

Eu frequentemente apresento essas perguntas durante meus webinários e eventos ao vivo, e a maioria das pessoas dizem que esperam por: um portfólio diversificado que cresça 7% por ano, que outra "onda e crash" com certeza pode voltar a acontecer, e que o bitcoin realmente poderia perder todo o seu valor. Eu concordo com todas essas respostas.

Portanto, vamos aplicar essas respostas a três portfólios ao longo de um período de dois anos, como mostrado na tabela "Estratégia de Alocação de 1% em ativos digitais de Ric Edelman". O primeiro portfólio é uma combinação tradicional 60/40 de ações/bonds. Os outros dois têm alocações de 59/40/1 — o que significa que estamos alocando meramente 1% de cada portfólio em bitcoin. Desses dois, o primeiro é o portfólio da "onda e crash": a porção de 1% em bitcoin vai crescer 1.500% no primeiro ano, mas vai perder 84% no ano seguinte. No outro portfólio, o bitcoin vai sofrer uma "destruição" e imediatamente perderá seu valor.

A tabela citada apresenta os resultados. Após o primeiro ano, o portfólio tradicional subiu 7%. O rendimento do Portfólio Onda e Crash é três vezes maior, com um ganho de 22%. E o portfólio de Perda Total? Seu rendimento para o primeiro ano é de 6% — não muito diferente do portfólio 60/40, que não tinha nenhum bitcoin.

Estratégia de Alocação de 1% em ativos digitais de Ric Edelman			
	Mistura de ativos	Retorno total	
		1 ano	2 anos
Portfólio típico	60/40	+7%	+14,5%
Onda + Crash de ativos digitais	59/40/1	+22%	+15,4%
Perda Total de ativos digitais	59/40/1	+6%	+13,4%

O potencial de danos para o portfólio 59/40/1 é claramente pequeno. Mas o potencial para ganhos descomunais é enorme. Esse é um forte argumento para uma pequena alocação em ativos digitais.

Mas espere! Ainda não acabamos, pois o Portfólio Onda e Crash ainda não passou pelo crash. Portanto, vamos observar os resultados do segundo ano.

Após o segundo ano, o rendimento total dos dois anos para o portfólio 60/40 foi de 14,5% (mais do que 14%, graças ao poder dos juros compostos). Mas o bitcoin no Portfólio Onda e Crash caiu 84%, deixando o portfólio com um ganho total após os dois anos de... 15,4%. Enquanto isso, o rendimento do portfólio de Perda Total foi de 13,4%.

Essa ilustração deixa claro o que deve ser feito: uma alocação de apenas 1% pode melhorar substancialmente os rendimentos sem ameaçar sua segurança financeira futura. Mas essa é uma mera ilustração. Será que a minha estratégia de alocação de 1% funciona no mundo real?

Bem, vamos analisar os dados compilados pela Bitwise Asset Management. Em seu estudo emblemático, "O caso para as criptos em um portfólio institucional", a Bitwise revelou que, para o período de 1º de janeiro de 2014 até 30 de junho de 2021, um portfólio 60/40 de ações/bonds com uma alocação de 1% em bitcoin teria rendido uma média de 14% a mais por ano (8,9% *vs.* 7,8%) do que um portfólio comparável sem bitcoin. E, como demonstra a tabela "1º de janeiro de 2021 — 30 de junho de 2021", uma alocação de 1% em bitcoin melhora a proporção de Sharpe sem prejudicar o desvio-padrão, e a queda máxima permaneceu virtualmente inalterada.

Durante esse período, uma alocação de 1% teria aumentado os rendimentos e diminuído os riscos em 77% dos períodos de um ano, em

97% dos períodos de dois anos e 100% em todos os períodos de três anos. Os dados são convincentes.

Não estou sozinho ao sugerir que uma alocação de 1% é o suficiente para essa nova classe de ativos. A edição de 25 de setembro de 2021 da *Economist* disse "É sábio ter bitcoin em um portfólio de investimentos [...] A alocação parece sensata como parte de um portfólio altamente diversificado. [...] Um portfólio otimizado é de 1-5%".

1º de janeiro de 2021 — 30 de junho de 2021				
	Rendimento anual	Proporção de Sharpe	Desvio-padrão	Queda máxima
Portfólio 60/40	7,8%	+0,61	+10,2%	-21,1%
Com 1% em bitcoin	8,9%	+0,72	+10,2%	-21,3%

E mais: pesquisadores da Universidade de Yale publicaram um artigo em 2018 que chegou à mesma conclusão. Mesmo pensando que o bitcoin terá um desempenho 200% melhor que o de outras classes de ativos, você deveria investir apenas 6,1% de seu portfólio em bitcoin, como mostra a tabela "Estudo de Yale — 2018".

Talvez eu esteja sendo cauteloso demais ao defender uma alocação de apenas 1% em criptos. O estudo da Bitwise, por exemplo, aponta para uma alocação de 2,5% em bitcoin. Mas você ser desconfiado a respeito de qualquer alocação. Afinal de contas, o preço do bitcoin disparou vertiginosamente desde seu surgimento. No período de sete anos e meio mostrado na tabela anterior, por exemplo, o bitcoin subiu mais de 10.000%. Mas o bitcoin passou por quatro quedas de 50% ou mais durante esse tempo. Então como você teria se saído caso houvesse investido em épocas diferentes?

Estudo de Yale — 2018	
Caso acredite que o mercado terá um desempenho superior a:	Você deveria alocar essa quantia em seu portfólio:
30% por ano	1%
50% por ano	1,6%
100% por ano	3,1%
200% por ano	6,1%
Metade do que já foi no passado	3,1%

O estudo da Bitwise responde a essa pergunta ao examinar não apenas o período iniciado em 2014, mas todos os períodos de três anos desde então.

Como nota a Bitwise, existem 1.642 intervalos de três anos durante esse intervalo de sete anos e meio, cada um com uma data de início diferente — e o bitcoin contribuiu de maneira positiva em cada um deles.

O pior intervalo adicionou quase dois pontos percentuais aos rendimentos do portfólio, enquanto o melhor adicionou 22 pontos percentuais. O incremento médio foi de 13,3 pontos percentuais. O gráfico a seguir ilustra esses resultados para você.

A linha preta é o rendimento de um portfólio 60/40 para cada intervalo consecutivo de três anos. A área hachurada acima mostra o aumento dos rendimentos ao adicionar uma alocação de 2,5%.

Fonte: Bitwise Asset Management

A alocação correta para você

Quando Jean e eu ainda éramos novos para as criptos, nós seguimos minha estratégia de 1%. Conforme fomos ganhando mais conhecimento e experiência, aumentamos nossa alocação.

Deixe que seu nível de conhecimento (e tolerância a riscos) seja seu guia. E não se aborreça demais com essa decisão. Lembre-se, você está debatendo se deve investir 1%, 2,5% ou talvez até (oh!) 6,1%. Esse debate não é digno de 50% do seu tempo ou de seus recursos intelectuais. Roer as unhas não é justificável.

A tabela "Intervalos de três anos corridos com rebalanceamentos trimestrais" pode ajudá-lo a decidir qual é a melhor alocação para você. Ela apresenta o desempenho dos intervalos de três anos corridos (com rebalanceamentos trimestrais, que vamos discutir no capítulo 17) desde 2014 até 31 de março de 2020 para portfólios contendo alocações de 0 até 100%. Como você pode ver, quanto mais investir, maior será o seu retorno e melhor será a proporção de Sharpe — mas note que o desvio-padrão e a queda máxima também aumentam.

Existe uma grande diferença entre "por cento" e "pontos percentuais". Digamos que um portfólio renda 10%. Caso digamos que adicionar bitcoin aumente o rendimento em 22%, ele será de 12,2%. Mas, caso digamos, em vez disso, que adicionar bitcoin vai alavancar o rendimento por 22 pontos percentuais, ele será de 32%.

Então, sim, existe uma grande diferença entre "por cento" e "ponto percentual" — e é por essa razão que os resultados do estudo da Bitwise são de grande importância.

Se observarmos a tabela a seguir parece que uma alocação de 3% é a ideal — mas mantenha em mente que a tabela se refere apenas à S&P 500, ao Índice Barclays Agregate Bond e ao bitcoin. Outros ativos digitais não fazem parte dos cálculos — e portfólios com componentes distintos teriam desempenhos diferentes. E mais: desempenhos passados não são garantia de resultados futuros.

Tudo isso é uma maneira mais longa de dizer que você precisa decidir — em um mundo ideal, com a ajuda de seu consultor financeiro — qual a alocação adequada para você.

Intervalos de três anos corridos com rebalanceamentos trimestrais 1º de janeiro de 2014 — 30 de junho de 2021				
Alocação do portfólio	Rendimento médio	Proporção de Sharpe	Desvio- -padrão	Queda máxima
60/40	20,1%	0,64	7,6%	11,4%
com 1% em bitcoin	25,5%	0,84	7,7%	11,3%
com 2% em bitcoin	31,1%	1,02	7,8%	11,2%
com 3% em bitcoin	36,9%	1,17	8,1%	11,1%
com 4% em bitcoin	42,8%	1,29	8,5%	11,3%
com 5% em bitcoin	48,9%	1,38	9,0%	12,1%
com 6% em bitcoin	55,2%	1,45	9,5%	13,1%
com 7% em bitcoin	61,6%	1,51	10,1%	14,1%
com 8% em bitcoin	68,3%	1,56	10,7%	15,1%
com 9% em bitcoin	75,1%	1,60	11,4%	16,1%
com 10% em bitcoin	82,1%	1,63	12,1%	17,1%

16 Escolhendo os ativos digitais corretos para o seu portfólio

Estou orgulhoso de você! Nós cobrimos muito material até agora, e você progrediu bastante. Agora entende o que é a tecnologia da block-chain, como ela funciona, e as várias moedas e tokens que existem — e sabe que tudo isso está prestes a afetar o comércio global em uma escala sem precedentes.

Você também sabe o básico para a avaliação de valor (!) e preço de ativos digitais — assim como os riscos associados com o investimento neles. Apesar desses riscos, você ainda está interessado em investir parte de seu dinheiro em ativos digitais. (Bem-vindo ao clube!)

Este capítulo vai ajudá-lo a decidir quais oportunidades de investimentos são adequadas para você. Conforme vai perceber, as ofertas variam imensamente — não apenas em termos de taxas e despesas, risco, liquidez, renda e potencial de crescimento, disponibilidade, emissores, e outros fatores, mas até mesmo em relação a como obter acesso a elas.

Minerando as moedas

A maneira mais básica de obter bitcoin é minerando. Nós exploramos essa possibilidade no capítulo 5.

Se os bitcoins ganhados com a mineração valerem mais que o custo de minerá-los (pense no custo de comprar, operar e manter todos esses computadores), então você será feliz em minerar o dia inteiro. Embora o preço do bitcoin possa cair, o custo de seus esforços provavelmente não seguirão o mesmo caminho. Portanto, você poderia perder muito dinheiro. Tudo depende dos seus custos, do número de bitcoins que recebe e do seu preço.

Alexa, minere alguns bitcoins para mim.

Investindo nos mineiros

A mineração é um negócio ativo, e não um investimento passivo — e isso pode desencorajar você a respeito da mineração. Ainda assim, você pode achar a ideia convidativa. Então, em vez de minerar por conta própria, você poderia investir em uma empresa de mineração. A Riot Blockchain, por exemplo, é a maior mineradora de bitcoin de capital aberto nos Estados Unidos (símbolo na NASDAQ: Riot). E a empresa diz que gasta cerca de 15 mil dólares para minerar um único bitcoin. Se o preço do bitcoin for maior que esse valor, então a Riot é rentável — e, quanto maior for o preço do bitcoin, maiores serão os lucros da Riot.

RIOT Blockchain

No dia 31 de dezembro de 2021, a Riot tinha mais de 1.600 bitcoins, e estava minerando quase seis bitcoins por dia. Ela e empresas como ela poderiam ser as únicas empresas no mundo que não têm produtos ou clientes; o produto da Riot, essencialmente, é o preço de sua ação, que tende a crescer e cair em conjunto com o preço do próprio bitcoin.

Empresas de capital aberto mineradoras de bitcoin	
Argo Blockchain argoblockchain.com	A Argo Blockchain (ARBKF) está envolvida com a mineração de criptos em larga escala. As ações estão listadas na Bolsa de Valores de Londres, e a transação internacional pode ser realizada, nos Estados Unidos, pela otcqx Best Market.
Bitfarms, Ltd. bitfarms.com	A Bitfarms Ltd. (símbolo BFARF) é uma empresa de infraestrutura de blockchains que opera uma das maiores operações de mineração de ativos digitais na América do Norte. Sua sede fica em Toronto.
EcoChain ecochainmining.com	A EcoChain, subsidiária da Soluna Holdings, Inc. (SLNH), é uma empresa de mineração de criptomoedas movida a energia renovável.
Hut 8 Mining Corp. hut8mining.com	A Hut 8 (HUTMF) é uma empresa de mineração de criptomoedas focada na mineração de bitcoin.
Marathon Digital Holdings, Inc. marathondh.com	A Marathon Digital (MARA) minera criptomoedas com um foco no ecossistema de blockchain e na geração de ativos digitais nos Estados Unidos. A empresa é sediada em Las Vegas.
Riot Blockchain riotblockchain.com	A Riot Blockchain é a maior empresa de mineração de capital aberto nos Estados Unidos, com operações de mineração em Nova York e no Texas.

Comprando moedas e tokens

Caso não queira minerar ou investir em mineiros, mas deseje possuir moedas ou tokens, você terá que comprá-los. Para fazer isso, precisará acessar uma plataforma, na qual vai encontrar donos dispostos a vendê-los. Existem dois tipos de plataforma: corretoras e depositários.

Corretoras de ativos digitais

As corretoras operam da mesma maneira que uma corretora de ações. Você abre uma conta e deposita dinheiro nela (qualquer moeda fiduciária serve — dólar, euro, iene etc.). Em seguida, abre sua(s) ordem(ns) de compra do(s) ativo(s) digital(ais) que quiser, usando sua moeda para pagar pela(s) compra(s).

A corretora vai tentar preencher cada ordem combinando-a com uma ordem compatível. Caso submeta uma *ordem de mercado*, você vai obter o preço da moeda no momento em que a ordem for preenchida. Uma *ordem limite* permite estabelecer o menor preço que você esteja disposto a aceitar, e sua transação será preenchida com esse preço (ou por um maior) quando encontrar uma terceira parte disposta. Sua ordem limite pode expirar ao final do dia ou pode ser GTC — Good Till Canceled (válida até ser cancelada, tradução nossa).

Algumas corretoras atendem apenas investidores institucionais, mas a maioria também serve clientes comuns. As melhores oferecem altos níveis de segurança, reduzindo o risco de hackers ganharem acesso à sua carteira quente, e empreendem grandes esforços para proteger carteiras frias também. As carteiras frias são acomodadas em drives portáteis desconectados da internet, e levadas para um local remoto, não divulgado — em alguns casos, dentro de montanhas —, com poucos funcionários conhecendo sua localização. Esse cofre remoto é, então, fortemente vigiado. Além disso, as corretoras oferecem seguros para todos os clientes, prometendo reembolsá-los caso ocorra um roubo ou hack.

As corretoras fazem mais do que apenas facilitar transações. Os serviços incluem:

- Dados e pesquisas, para auxiliar você na análise do mercado.
- Margens, opções e futuros, permitindo que compre mais do que é realmente capaz de comprar com o dinheiro em sua conta. Isso é chamado de *alavancagem*, com a qual você pode comprar, digamos, 200 dólares em bitcoin com um investimento de apenas 100 dólares. Isso significa que você poderia ganhar muito mais dinheiro caso o preço do bitcoin subisse — e perder muito mais caso caísse. Você terá que pagar taxas e despesas para realizar essa ação.
- Carteiras digitais ajudam você a guardar seus ativos digitais de maneira segura. Todas as corretoras oferecem carteiras quentes; muitas também oferecem carteiras frias. (Retorne ao capítulo 5 para mais informações sobre carteiras.)

- Conta poupança: você deposita seus ativos digitais nela e recebe rendimentos.
- Contas bancárias, asseguradas pelo FDIC, rendendo juros sobre seus depósitos.
- Empréstimos, deixando seus ativos digitais como garantia.
- Cartões de crédito Visa ou MasterCard. Em vez de receber milhas ou cashback por suas compras, você recebe bitcoin.

Ao usar uma corretora, você arca com custos. Estes incluem:

- **Spreads.** Você sabe que 100 centavos equivalem a 1 dólar. Digamos que você entre em um banco e entregue uma nota de 1 dólar ao caixa, e ele lhe devolva 99 centavos em moedas. Você acabou de pagar o preço do spread. Esse centavo é a taxa do banco para fornecer o serviço de trocar seu dólar por moedas. E, se mais tarde você quiser trocar as moedas por 1 dólar, precisará pagar o spread novamente. Nenhum banco cobra o spread para realizar esse tipo de troca para seus clientes, mas você realmente paga esses spreads ao comprar ações e bonds. E vai pagá-los quando comprar ou vender ativos digitais, ou ao converter um em outro.
- **Taxas de tomador (taker feeds) e descontos de criador (maker discounts).** Caso sua ordem de mercado remova a liquidez do mercado, as corretoras podem cobrar de você uma taxa de tomador. Ordens limite frequentemente adicionam liquidez ao mercado, então você pode receber um desconto de criador ao emitir uma delas.
- **Taxas de câmbio.** Você vai pagar essa taxa a cada transação. A taxa pode ser fixa ou uma porcentagem do volume da transação. Quanto maior for a transação, e quanto mais frequentemente você realizar uma delas, menos vai pagar. É possível diminuir essa taxa ao comprar o token utilitário da sua corretora (caso esteja disponível) em grande quantidade e obter um desconto por volume; você, então, os utilizaria para pagar por suas transações.
- **Taxas de serviço.** Você vai pagar por custos semelhantes àqueles cobrados por bancos e firmas de corretagem. As taxas se aplicam aos cartões de crédito e débito, para transferir, realizar depósitos, saques etc.
- **Taxas de custódia.** Vamos discutir mais a respeito de custódia na próxima seção.

Escolhendo uma corretora

Vá para o mercado e compare, como faria ao comprar uma lava-louça. Aqui estão algumas das funcionalidades para ficar de olho:

1. **Moedas oferecidas.** Nenhuma corretora oferece todos os ativos digitais, então se certifique de que sua corretora fornece os ativos que você quer.
2. **Liquidez.** Os preços se alteram de maneira incrivelmente rápida no mundo dos ativos digitais. Portanto, você vai querer saber se suas ordens serão preenchidas rapidamente, especialmente quando a volatilidade estiver alta e os níveis de transação estiverem muito maiores do que o normal. Pergunte sobre o volume de transação da corretora; quanto maior, melhor.
3. **Acesso.** A corretora está disponível em seu país ou estado? Você pode acessar com rapidez e facilidade sua conta e ativos? Qual a experiência da interface do usuário? Quão fácil é para utilizar? Quão rapidamente o dinheiro é transferido entre a corretora e sua conta bancária?
4. **Serviço ao consumidor.** Muitas corretoras não contam com nenhuma equipe de serviços humano; elas dependem exclusivamente de chatbots, que oferecem respostas genéricas para as perguntas. Caso ocorra um problema, quão rápido e facilmente é possível resolvê-lo?
5. **Segurança.** A corretora oferece carteiras de armazenamento frias? Ela utiliza criptografia avançada para proteger seus dados?
6. **Regulamentação.** Embora as corretoras de ações operem sob leis e regulamentações federais, as corretoras de ativos digitais não o fazem. Elas podem operar como uma banca de jornal, conduzindo seus negócios praticamente como quiserem. Entretanto, algumas corretoras optam por se conformar com exigências regulatórias, e já obtiveram aprovações de uma agência federal ou estadual. (Changpeng Zhao, CEO da Binance, a maior corretora de criptos do mundo — maior do que as bolsas de valores de Londres, Nova York e de Hong Kong combinadas —, disse, em 2021: "Nós dirigimos um negócio muito legítimo. Mas, se você observar a adesão de criptomoedas em nível mundial, é menos de 2% da população.

Para atrair os 98% restantes, nós precisamos ser regulamentados".) Não utilize uma corretora que não tenha ou não siga processos e controles adequados. Por exemplo, a corretora deveria conseguir provar que tem relatórios SOC1 e SOC2 auditados; o primeiro confirma o projeto e a implementação das operações financeiras e controles de relatórios da corretora, enquanto o segundo confirma o projeto e implementação dos controles de segurança, disponibilidade e confidencialidade.

7. **Seguro.** A corretora pode reembolsar você caso seus ativos sejam perdidos para hackers ou outros incidentes? Qual a habilidade do emissor de cumprir o pagamento das reivindicações? O que a política cobre, e quais são seus limites por conta e no agregado?

8. **Escala.** Para saber se a sua corretora é uma organização financeiramente forte e que continuará a servir você de maneira eficiente conforme for crescendo.

Corretoras de ativos digitais	
Binance binance.com	A Binance é a maior corretora de criptomoedas do mundo. A Binance.us oferece uma plataforma rápida, segura e confiável para compra e venda de criptomoedas nos Estados Unidos.
Bitfinex bitfinex.com	A Bitfinex permite que seus usuários troquem bitcoin, Ethereum, EOS, Litecoin, Ripple, NEO e muitos outros ativos digitais com o mínimo de deslizes.
BitFlyer bitflyer.com	A BitFlyer é a maior corretora de bitcoin, por volume, no mundo, transacionando 250 bilhões de dólares de um ano até este momento.
BittyLicious bittylicious.com	A BittyLicious é uma conta bancária britânica, com serviços bancários on-line completamente estabelecidos. Pagamentos devem vir diretamente do detentor da conta BittyLicious.
BitOasis bitoasis.com	A BitOasis é uma pioneira do ecossistema de criptomoedas da região mena, e se propõe a oferecer uma infraestrutura segura e regulamentada no comércio de criptomoedas para clientes de varejo e institucionais.
Bitpanda bitpanda.com	A Bitpanda é uma plataforma amigável ao usuário, para a troca de qualquer coisa, capacitada para o investimento em ações, criptomoedas e metais.

Bitstamp bitstamp.net	A Bitstamp é uma corretora de criptomoedas, sediada em Luxemburgo, que permite transações entre moedas fiduciárias, bitcoin e outras criptomoedas. Ela permite depósitos e saques em dólar americano, euro, libra esterlina, bitcoin, ALGO, XRP, Ether, litecoin, bitcoin cash, XLM, Link, OMG Network, dólar americano Coin ou PAX.
Changelly changelly.com	A Changelly fornece a seus clientes uma experiência de "loja de uma parada só" para compra, venda, conversão e comércio de ativos digitais.
Coinbase coinbase.com	A Coinbase é um serviço de carteiras digitais que permite aos operadores comprar e vender bitcoin e outros ativos digitais. Ela é negociada publicamente (símbolo: coin).
CoinCorner coincorner.com	A CoinCorner é uma plataforma de corretagem para a compra de bitcoin no Reino Unido e na Europa por meio de cartão de crédito ou débito. Investidores podem comprar e vender bitcoin, além de armazenar ativos digitais.
Coinfloor coinfloor.org	A Coinfloor é um grupo bem estabelecido de corretoras de ativos digitais para investidores e operadores institucionais e sofisticados.
CoinJar Coinjar.com	A CoinJar é uma plataforma australiana que viabiliza a compra e venda de bitcoin, além de permitir que comerciantes aceitem pagamentos em bitcoin.
Coinmama coinmama.com	A Coinmama é uma corretora de ativos digitais que desde 2013 permite que indivíduos e empresas comprem e vendam bitcoin e outras altcoins[51] rapidamente, em 188 países.
Coinspot coinspot.com	A Coinspot construiu uma interface com a usabilidade em mente, recursos de fácil acesso e informações que o investidor realmente quer ver.
eToro etoro.com	A eToro é uma rede de investimentos e negociações sociais que permite que seus usuários comercializem moedas, commodities, índices, ativos cripto e ações.
Gemini gemini.com	A Gemini é uma corretora e depositária de ativos digitais feita tanto para indivíduos quanto para instituições. Seus produtos cripto são simples, elegantes e seguros, permitindo que o investidor compre, venda e armazene ativos digitais.

51 Criptomoedas alternativas ao bitcoin. [N. E.]

HitBTC hitbtc.com	A HitBTC é uma plataforma blockchain para compra e venda de bitcoin e outros ativos digitais.
Kraken kraken.com	Uma das maiores e mais antigas corretoras de bitcoin do mundo, a Kraken é consistentemente nomeada como um dos melhores lugares para compra e venda de criptos on-line. A Kraken esteve à frente da revolução blockchain desde 2011.
KuCoin kucoin.com	A KuCoin é uma corretora global de criptomoedas que oferece mais de 400 ativos digitais, fornecendo serviços criptos para mais de 8 milhões de usuários.
Luno luno.com	A Luno é uma plataforma que torna ativos digitais como bitcoin e Ethereum facilmente acessíveis para o público.
Mercatox mercatox.com	A Mercatox é uma plataforma de corretagem para transações de criptomoedas, utilizando Bitcoin, Ethereum e Litecoin. A empresa também fornece serviços de saques e depósitos.
OKEX okex.com	A OKEX é uma corretora de ativos digitais que fornece serviços financeiros avançados para operadores ao redor do mundo ao utilizar tecnologia de blockchain.
Paxful paxful.com	A Paxful é uma plataforma movida por pessoas para a transferência de dinheiro para qualquer um, em qualquer lugar, a qualquer momento.
Plus500 plus500.com	A Plus500 é uma empresa financeira global que oferece serviços comerciais de CFDs on-line.
Poloniex poloniex.com	A Poloniex é uma corretora de criptos com recursos avançados de transações.
Revolut revolut.com	A Revolut é uma empresa de serviços financeiros especializada em mobile banking, pagamentos com cartão, remessas de dinheiro e moedas estrangeiras.
Robinhood robinhood.com	A Robinhood é uma empresa de corretagem de ações que permite aos clientes comprar e vender ações, opções, ETFs e criptos, sem cobrar comissões.
Shapeshift shapeshift.com	A ShapeShift é uma plataforma cripto que permite aos clientes comprar, vender, negociar, rastrear, enviar, receber e interagir com seus ativos digitais.

Custodiantes

Após comprar um ativo digital, você precisa decidir onde guardá-lo. Isso é chamado de custódia. Você tem duas opções: tomar para si mesmo a custódia, simplesmente armazenando seu ativo digital em seu celular ou em um pendrive, ou pode fazer uma terceira parte resguardar seus ativos.

Qualquer pessoa ou entidade pode fornecer serviços de custódia para ativos digitais, então se certifique de que você (ou seu consultor financeiro) esteja trabalhando com um *custodiante qualificado*. Essa é a definição legal. A regra de custódia é projetada para resguardar os investidores contra a possibilidade de roubo ou apropriação indevida de seus fundos.

Bancos, corretoras-negociantes registradas, comerciantes de comissões futuras e certas entidades estrangeiras podem ser depositários qualificados. Eles podem manter seus ativos em uma conta separada sob o seu nome, ou em uma conta agregada sob o nome de seu consultor financeiro, o qual está servindo como um agente ou administrador para todos os clientes dele. Ao trabalhar com um depositário qualificado, você ganha um nível a mais de confiança de que o negócio está operando como um *fiduciário* (ou seja, servindo aos seus melhores interesses) e aderindo às regulações. Embora depositários não qualificados possam estar fazendo o mesmo, não é possível ter tanta certeza.

Somente a SEC pode aprovar uma organização como um "depositário qualificado". Mas os estados também estão fazendo o mesmo; o primeiro foi Wyoming, que declarou, em 2020, que a Two Ocean Trust (um nome engraçado para uma firma em Wyoming)[52] poderia agir como depositário qualificado. A SEC rapidamente emitiu um comunicado informando que a decisão de Wyoming "não deve ser interpretada como representante das visões da SEC ou de qualquer outra agência regulatória". Então é isso.

O fato de uma instituição ser um depositário qualificado não significa que ela lide com ativos digitais. Portanto, você vai querer um depositário qualificado que o faça.

---

52 Ou "Truste Dois Oceanos ". O humor se dá pelo fato de Wyoming não ter saída para o mar. [N. T.]

Custodiantes de IRA

É possível comprar e vender ativos digitais, ou até mesmo minerá-los, com o seu Individual Retirement Arrangement (IRA [Arranjo Individual de Aposentadoria, tradução nossa]). Leis e regulamentações federais exigem apenas que seja utilizado um depositário para suas contas IRA e Roth IRA.

Custodiantes para ativos digitais	
Anchorage Digital anchorage.com	O Anchorage Digital é o primeiro banco de ativos digitais na história a ser licenciado federalmente, além de ser um depositário qualificado. O Anchorage utiliza seu próprio hardware para manter em segurança os ativos digitais de maneira eficiente, com 90% das transações sendo processadas em menos de 15 minutos. O Anchorage também oferece personalizações para se ajustar às necessidades dos clientes, além de produtos de seguros líderes da indústria para proteger os ativos digitais.
Bakkt bakkt.com	O Bakkt Warehouse apoia a entrega física de futuros bitcoins, e também está disponível para serviços de custódia institucionais para o armazenamento de bitcoin fora de mercados futuros. Para proteger os clientes, o Bakkt faz rebalanceamentos entre carteiras quentes e frias, cobertas por uma apólice de seguros de 125 milhões de dólares de uma seguradora global de ponta.
BitGo bitgo.com	A BitGo é uma empresa de truste regulamentada sob a Divisão Bancária da Dakota do Sul. Ativos de armazenamento frio são mantidos em contas segregadas, asseguradas e protegidas pela segurança de múltiplas assinaturas com revisão por pares da BitGo.
Brown Brothers Harriman bbh.com	A Brown Brothers Harriman fornece a custódia profissional de ativos digitais para clientes institucionais.
Copper Co. copper.co	A Copper oferece custódias a partir de tecnologias on-line e off-line, dando acesso a mais de 150 ativos digitais. Especializando-se na computação de múltiplas partes, a Copper pode coassinar transações de maneira remota sem o risco de exposição de chaves privadas, de modo que os usuários possam configurar suas carteiras tanto on-line quanto off-line.

Fidelity Digital Assets fidelitydigitalassets.com	A Fidelity Digital Asset é um dos maiores fornecedores de serviços financeiros diversificados do mundo. Seus serviços de custódia utilizam armazenamentos frios e salvaguardas em múltiplos níveis adicionais. A empresa integra à sua plataforma de custódia execuções de negociações top de linha.
Fireblocks fireblocks.com	A plataforma da Fireblocks permite que todos os negócios adotem ativos digitais de maneira rápida e segura.
Gemini gemini.com	A Gemini é um depositário qualificado, além de um fiduciário; é licenciada por Nova York para a custódia de ativos digitais.
Hex Trust hextrust.com	O Hex Safe, da Hef Trust, é uma solução de custódia de ativos digitais de nível bancário que fornece uma estrutura de segurança de última geração em parceria com a ibm, além da integração uniforme com sistemas bancários centrais e coberturas de seguros compreensivas.
Paxos paxos.com	A Paxos oferece aos investidores as melhores medidas de segurança da classe, incluindo o login de Computação de Múltiplas Partes para carteiras mornas e quentes, e o login de multiassinaturas para carteiras frias.
Prime Trust primetrust.com	A Prime Trust é um depositário qualificado que oferece tanto a custódia quanto a subcustódia para diversos tipos de contas. Ela se concentra em manter os ativos digitais protegidos, utilizando apis especiais focadas na infraestrutura para desenvolver e escalar de maneira segura.
Tetra Trust Company tetratrust.com	A Tetra é o primeiro depositário de ativos digitais licenciado do Canadá. Sua plataforma oferece a custódia em nível empresarial de ativos digitais para clientes institucionais. A empresa é apoiada pela Coinsquare, pela Coinbase Ventures, pela Mogo e por executivos da indústria de serviços financeiros.

Para uma lista atualizada e completa com hyperlinks, visite **DACFP Yellow Pages** em dacfp.com

Exploração de rendimentos (yield farming)

Você não recebe juros ou dividendos ao comprar moedas e tokens digitais. Dessa forma, a única maneira de lucrar com eles é vender o que você acabou de comprar por um preço maior do que você pagou.

Ou, pelo menos, era esse o método quando o bitcoin foi inventado. Entretanto, hoje você *pode* ganhar juros sobre suas moedas e tokens. Como? Ao emprestá-los a terceiros. Isso é chamado de *exploração de rendimentos* — a prática de emprestar ou apostar suas moedas em troca do ganho de rendimentos. Dezenas de plataformas facilitam esse processo, pagando rendimentos anuais de 12% ou mais.

As plataformas são comumente anunciadas como "carteiras de poupança" ou "contas de juros" e se promovem como sendo seguras. Talvez sejam. Mas há pouca supervisão regulatória (e não há proteção do FDIC).

Em uma grande plataforma, 100 mil detentores de contas bancárias emprestaram 2 bilhões de dólares em bitcoin e outros ativos digitais, e estão ganhando 7,5% no momento em que escrevo. Os empréstimos, diz o site da corretora, são para "partes terceiras".

Vamos colocar isso em perspectiva. Ao comprar um junk bond[53] — definido pela SEC como um investimento "especulativo" —, você está emprestando dinheiro para uma empresa com uma força financeira abaixo do alto nível; existe um risco significativo de que a empresa não consiga pagar os juros que deve ou até mesmo de devolver seu dinheiro após o final do prazo, mas você sabe qual é a empresa, de modo que consegue analisar o risco ao avaliar a razão pela qual a companhia está buscando um empréstimo. Você também consegue revisar as declarações financeiras da empresa e avaliar a probabilidade de ela ser capaz de arcar com os juros e pagar todo o empréstimo, como prometido. É possível fazer tudo isso porque você conhece para quem está emprestando seu dinheiro. Mas, ao realizar a exploração de rendimentos com criptos, você não tem ideia de quem está pegando suas moedas e tokens como um empréstimo — ou por que estão fazendo isso.

E "por quê?" é uma pergunta importante. Se você está recebendo 7,5%, fica claro que quem pegou o dinheiro emprestado está pagando essa quantia, e mais que isso, devido às taxas cobradas para obter o empréstimo. O que eles vão fazer com os seus bitcoins que lhes permitirá gerar um lucro que exceda o custo do empréstimo?

---

53 Também são conhecidos por "títulos podres" ou "créditos podres". [N. T.]

Custodiantes de IRAs qualificados que mantêm ativos digitais	
Alto altoira.com	A Alto é uma plataforma de IRA autodirigida,[54] que permite aos indivíduos, consultores e instituições acessar e investir em ativos alternativos. Já a Crypto IRA permite comprar, vender e negociar mais de 100 ativos cripto em tempo real por meio da integração com a CoinBase Pro. Por fim, a AltoIRA possibilita a diversificação a partir de classes de ativos alternativas, incluindo estratégias para ativos digitais com gerenciamento profissional.
Bitcoin IRA bitcoinira.com	A Bitcoin IRA é uma plataforma de IRA em criptos que permite aos clientes comprarem bitcoin e outras criptos para contas de aposentadoria.
BitIRA bitira.com	A BitIRA fez parceria com a Equity Trust Company e a Preferred Trust Company, dois dos principais depositários de IRAs autodirigidas, de modo a gerenciar contas e preparar as documentações para a administração de uma conta.
BitTrust IRA bittrustira.com	A BitTrust IRA é uma plataforma indicada para começar a fazer operações de trade de criptos com investimentos de baixo custo.
BlockMint blockmint.com	A BlockMint utiliza carteiras de armazenamento frio para ter certeza de que seus investimentos não estão expostos a hackers, roubos e erros eletrônicos.
Choice choiceapp.io	A Choice, primeira plataforma a permitir a posse de bitcoin e Ether em contas de aposentadoria autodirigidas, é uma Depositária Qualificada regulamentada pela Divisão Bancária da Dakota do Sul. A Choice mantém políticas, procedimentos, controles e comunicados estritos para fornecer os mais altos padrões de custódia para seus clientes. A plataforma mantém uma parceria com a Fidelity Digital Assets para soluções de armazenamento frio, e também já foi parceira da Kraken e da CoinShares para a negociação de ativos digitais.
Coin IRA coinira.com	A Coin IRA foi uma das primeiras empresas nos Estados Unidos a oferecer a investidores a habilidade de adicionar ativos digitais aos seus planos de aposentadoria.

54 Conta IRA administrada pelo próprio dono da conta. [N. T.]

iTrustCapital itrustcapital.com	A iTrustCapital é uma plataforma de IRA para trading de ativos digitais que permite aos clientes comprar e negociar criptos em tempo real, diretamente de suas contas de aposentadoria. A iTrustCapital faz parceria com a Coinbase Custody para fornecer serviços de custódia e armazenamento.
Madison Trust madisontrust.com	A Madison Trust Company é um depositário de investimentos que oferece serviços de contabilidade, auditoria, representação de iras e gerenciamentos financeiros e de risco.
MyDigitalMoney mydigitalmoney.com	A MyDigitalMoney é uma plataforma de investimentos de self-trade com uma segurança de nível militar incomparável, e com um serviço ao cliente baseado no mercado de investimentos dos Estados Unidos.

Para uma lista atualizada e completa com hyperlinks, visite **DACFP Yellow Pages** em dacfp.com

Honestamente, eu não sei por quê — porque não sei quem são eles. Eles talvez vendam seus bitcoins, acreditando que o preço está prestes a cair mais do que 7,5%. Após a queda (assumindo que isso aconteça), vão comprá-los de volta e devolver a você as moedas, mantendo o lucro para si mesmos. Talvez explorem diferenças de precificação; diversas corretoras ao redor do mundo praticam preços distintos para os mesmos ativos digitais; ao comprar por um preço baixo em uma corretora e automaticamente vender por um preço maior em outra, é possível gerar grandes lucros (uma prática conhecida como arbitragem) — caso essas anomalias existam e *caso* você consiga capturá-las. Possivelmente, eles vão pegar suas moedas emprestadas, pagar 7,5% a você e então emprestar essas mesmas moedas para algum terceiro que pague 8% ou mais. Outras apostas também podem ser feitas, tenho certeza disso.

Antes de se envolver com a exploração de rendimentos, considere os riscos. E pergunte a si mesmo, em primeiro lugar, "por que comprei bitcoin?" Se você acha que o preço do bitcoin vai subir 100%, por que está querendo ganhar juros? Você está assumindo muitos riscos para obter esses 100%. Quanto risco adicional você está assumindo para receber esses rendimentos adicionais — e será que esse risco a mais vale o rendimento que está esperando receber?

Quando apresentei essas perguntas a um investidor, ele disse enfaticamente, "Sim!". Seu raciocínio: ele espera que o bitcoin dobre de preço nos próximos 10 anos, e espera ganhar 7,5% ao ano emprestando seus bitcoins. Isso seria um ganho de 106% sobre o período de 10 anos (graças aos juros compostos). Caso tudo ocorra de acordo com o plano, seu investimento de 100 mil dólares valeria 306.103 dólares em 10 anos, em vez dos 200 mil, caso não se envolvesse com os empréstimos.

É possível potencializar seus retornos substancialmente por meio da exploração de rendimentos. Existe um risco atrelado a isso. Portanto, decida por si mesmo.

Plataformas de empréstimos de ativos digitais	
Aave aave.com	O Aave é um protocolo open-source e sem custódia que permite a você ganhar juros sobre depósitos, além de pegar empréstimos em ativos.
BlockFi blockfi.com	A BlockFi fornece serviços de crédito para mercados com acesso limitado a produtos financeiros simples, combinando avaliações líderes no mercado com benefícios de qualidade institucional. A Gemini Trust Company é seu principal depositário.
Celsius Network celsius.network	A Celsius Network é uma plataforma baseada em blockchain que fornece serviços financeiros selecionados, não disponíveis a partir de instituições financeiras tradicionais. A Celsius é especialista em empréstimos para consumidores, fintechs e serviços financeiros. Sua sede fica em Londres.
Colendi colendi.com	A Colendi auxilia consumidores, comerciantes e instituições financeiras com seus serviços de score de crédito independente de bancos, microcrédito e plataforma de serviços financeiros.
Compound compound.finance	O Compound é um protocolo algorítmico, com taxas de juros autônomas, feito para desenvolvedores para desbloquear aplicações financeiras abertas.
Everex everex.com	A Everex desenvolve um cartão de crédito movido por uma blockchain para consumidores, assim como soluções de processamento para comerciantes on-line.

Kava www.kava.io	O Kava Labs é focado em tornar serviços financeiros acessíveis para qualquer um, em qualquer lugar do mundo. Ele oferece empréstimos, minting[55] e câmbios.
Nexo nexo.io	A Nexo é uma conta de juros de cripto e uma plataforma de empréstimos. A empresa se apresenta como a maior e mais confiável instituição de empréstimos na indústria financeira.
salt Lending saltlending.com	A salt Lending fornece empréstimos com criptos como garantia, permitindo que consumidores, negócios, bancos e governos utilizem ativos digitais como garantia por um empréstimo em dólar ou stablecoin norte-americanos.
Silvergate Bank silvergate.com	O Silvergate Bank fornece acesso seguro, de nível institucional, a capital, por meio de empréstimos em dólar assegurados em bitcoin.
Zerion zerion.io	A Zerion é uma ferramenta de gestão de ativos DeFi que permite que seus usuários realizem a exploração de rendimentos por meio de suas carteiras digitais e tenham acesso a piscinas de liquidez.

Comprando ações de empresas que têm moedas e tokens

As maiores empresas têm bilhões de dólares em reservas monetárias. Cada uma encara uma decisão sobre o que fazer com todo esse dinheiro. Elas poderiam comprar outras empresas, investir em pesquisa e desenvolvimento, comprar de volta ações de sua própria empresa (o que reduz a oferta, teoricamente fazendo, portanto, que o preço de suas ações suba) ou distribuir o dinheiro para os acionistas sob a forma de dividendos. A maioria das empresas faz uma combinação de todas essas opções.

Um número crescente delas agora também está comprando bitcoin. A MassMutual, a sexta maior empresa de seguros de vida dos Estados Unidos, investiu 100 milhões de dólares em bitcoin em 2021. A Tesla tem 42 mil bitcoins. A maior compradora é a MicroStrategy, uma empresa de 32 anos de idade que é a maior fornecedora de softwares de inteligência empresarial de capital aberto dos Estados Unidos. Ela tem mais de 100 mil bitcoins — um investimento tão grande que o preço das ações da empresa agora acompanha mais o preço do bitcoin do que o andamento dos seus próprios negócios.

---

55 Conversão de dados digitais em coleções criptográficas ou em ativos digitais registrados na blockchain. [N. E.]

Micro-Strategy

Empresas de capital aberto que têm bitcoin	
Empresa	Símbolo
MicroStrategy	MSTR
Tesla	TSLA

Corretoras de ativos digitais de capital aberto	
Coinbase coinbase.com	A Coinbase (NASDAQ: COIN) é a maior e mais reconhecida corretora de ativos digitais nos Estados Unidos. Entre seus usuários estão o varejo, credenciados e investidores institucionais.
Voyager Digital investvoyager.com	A Voyager Digital (OTC: VYGVF; TSX: VOYG) é uma corretora de ativos cripto que tem suporte para bitcoin, para as maiores moedas DeFi, stablecoins e uma variedade de altcoins.

Escolhendo a rota "pás & picaretas"

Você conhece a história de Levi Strauss: assim como milhares de outras pessoas, ele foi para San Francisco durante a Febre do Ouro da Califórnia de meados do século XIX para fazer a sua fortuna. E ele se tornou, de fato, muito rico — mas não por procurar ouro. Em vez disso, ele vendeu roupas para os garimpeiros. A genialidade de Strauss passou a ser conhecida como a estratégia das "pás & picaretas" — em vez de se envolver diretamente em um empreendimento, providencie para os aventureiros as ferramentas e infraestrutura da qual necessitam. Você vai ganhar dinheiro mesmo que eles nunca o façam.

É possível brincar com o espaço de ativos digitais da mesma maneira. Em vez de minerar ou comprar moedas e tokens, invista nas empresas que estão construindo a infraestrutura que faz toda essa atividade acontecer. Sem computadores, os mineradores não conseguem minerar — portanto, invista em fabricantes de chips. Os investidores precisam se manter a par do mercado, então invista em empresas que estão compilando e vendendo dados. Compradores precisam de uma plataforma para se envolver em suas atividades — logo, invista nas corretoras e depositários que as fornecem. E muitas empresas presentes na Fortune 500 estão desenvolvendo ou implementando tecnologias de blockchain para ampliar seus negócios.

Seus investimentos podem tomar a forma de:

- **Ações.** Elas tornam você dono de uma empresa; você as compraria caso acreditasse que o preço da ação vai crescer.
- **Bonds.** Eles o tornam credor de uma empresa; você vai ganhar juros sobre o dinheiro que empresta.
- **Notas conversíveis.** Elas pagam juros — normalmente menos do que bonds, mas é possível converter seu investimento em ações, o que você faria caso o preço das ações subisse.
- SAFEs. Esses Simple Agreements For Future Equity (acordos simples para equity futuro, tradução nossa) são semelhantes aos SAFTs, que vimos no capítulo 9.

Fazendo apostas via derivativos

Assim como o nome sugere, um *derivativo* não é um ativo. É baseado em um deles — é uma maneira de fazer uma aposta sobre quanto dinheiro um ativo pode ganhar ou perder. Derivativos são contratos; você e a contraparte assumem posições opostas. Um de vocês acha que o preço de um ativo certamente vai crescer um determinado número em um intervalo de tempo, enquanto a outra parte acha que isso não vai acontecer. Um de vocês se provará correto — e o vencedor ganha dinheiro, enquanto o perdedor, bem... ele perde.

Existem muitos tipos de contratos derivativos. Os mais comuns são opções, futuros, forwards e swaps. Eles estiveram entre nós durante séculos, servindo a um propósito importante e legítimo no comércio.

Aqui vai um exemplo: um fazendeiro que planta milho precisa vender sua produção por 10 dólares o bushel.[56] Embora esse seja o preço atual, o fazendeiro não vai realizar a colheita pelos próximos quatro meses — após os quais o preço pode cair. Então, o fazendeiro vende um contrato de opções para uma empresa de cereais; a empresa precisa da colheita para produzir seus produtos, e sabe que pode lucrar caso pague 10 dólares por

---

56 Medida de capacidade para commodities agrícolas, utilizada nos sistemas de pesos e medidas dos Estados Unidos e Inglaterra. Seu equivalente no Brasil seria algo em torno de 27 kg. [N. E.]

bushel. Mesmo que ambas as partes saibam que o preço futuro pode ser maior ou menor, ambos estão felizes em fechar o acordo no preço atual. Portanto, derivativos ajudam o mundo do comércio porque diminuem o risco de flutuações de preço causadas pelo clima ou por outros eventos.

Ao longo dos anos, banqueiros e investidores — os responsáveis por fornecer o dinheiro de que as empresas cerealistas precisam para fechar seus acordos com os fazendeiros — começaram a prestar atenção a essas atividades. Embora os financiadores não tenham um interesse em particular em milho (eles não o cultivam nem fazem cereais a partir dele), perceberam que poderiam ganhar muito dinheiro caso pudessem prever de maneira precisa os preços futuros, e usar essas previsões para comprar ou vender contratos derivativos por conta própria.

Afinal, se você assinar um contrato para comprar a colheita de um fazendeiro por 10 dólares/bushel e o preço no momento da colheita for de 12 dólares/bushel, você ainda vai pagar apenas 10 dólares ao fazendeiro. Em seguida, você pode revendê-la por 12. É um retorno de 20% em apenas alguns meses! Ótimo!

Como você pode imaginar, não demorou muito para os especuladores entrarem em ação. Por que deixar a General Mills ser a única a fazer estimativas sobre os futuros preços de colheitas? Agora qualquer um pode se envolver na comercialização de opções e futuros, e é possível especular sobre o preço futuro de praticamente qualquer coisa — todos os tipos de colheitas, assim como petróleo, ouro, ações, o que quiser. E ativos digitais. Tanto a Corretora Mercantil de Chicago quanto a Bakkt oferecem contratos derivativos para ativos digitais, completamente regulamentados, de ponta a ponta.

Esses produtos complexos são duplamente arriscados — porque o próprio ativo em si já é arriscado —, por quatro motivos:

- **Alavancagem.** Para fazer uma aposta de 10 mil dólares de que o valor do bitcoin será maior ao final de seis meses, você não vai investir 10 mil dólares em um contrato de futuros de bitcoin. Em vez disso, vai pagar apenas 500 dólares. Mostrando de outra forma, seus 10 mil dólares podem permitir que você compre ou venda um contrato que controle 200 mil dólares em bitcoin. Isso exagera os resultados — enormes potenciais de lucros, mas com o risco simultâneo de perder enormes quantidades de dinheiro, mais do que você investiu (ou, talvez, mais do que possa pagar).

- **Tempo.** Ao comprar ativos digitais — ou qualquer outro investimento —, é possível retê-los para sempre. Mas todos os derivativos vêm com um prazo de validade, de um dia a um ano. Isso significa que você deve estar certo não apenas sobre qual será o preço no futuro, mas também sobre *quando* o preço será atingido. Caso contrário, seu investimento vai expirar sem valor. Já é desafiador o suficiente estar correto, e ainda mais desafiador estar correto no momento certo. A probabilidade de estar errado em um ou outro (preço ou tempo) é alta.

- **Desvio de preço.** Assim como com títulos OTC (que veremos adiante neste capítulo), contratos de futuros muitas vezes são comercializados a preços diferentes do preço do ativo subjacente. Isso acontece porque o próprio contrato é um título — é ele o que você está comprando, e não o ativo no qual é baseado. Por exemplo, em outubro de 2021, o preço da CME para futuros de bitcoins era 15% maior que o preço do próprio bitcoin, devido à maior demanda por contratos de futuros em relação ao bitcoin. E, por vezes, o preço dos próprios contratos são excêntricos entre si. Existem até mesmo nomes para quando isso acontece (contango e backwardation), que não vamos explorar neste livro.

- **Taxas e impostos.** Quer esteja certo ou errado, você vai pagar comissões para comprar seu contrato, e comissões adicionais para cancelá-lo antes da data de expiração. E, caso consiga lucrar com suas negociações, vai ter que pagar muitos impostos. Isso acontece porque todas essas negociações são de *curto prazo*, definidas pelo IRS como ocorrendo em um ano ou menos. Isso significa que seus lucros não vão se qualificar para taxas de ganhos de capital de longo prazo. Em vez disso, você vai pagar o máximo da taxa marginal de renda ordinária. Para muitos investidores, essa é uma combinação de tarifas federais e estaduais de 40% ou mais. (Veremos mais sobre impostos no capítulo 20.)

Aproxime-se de derivativos com precaução.

ETFs de futuros de bitcoin

ETFs de futuros de bitcoin não mantêm bitcoin diretamente. Em seu lugar, eles mantêm contratos de futuros de bitcoin — aqueles derivativos que acabamos de analisar.

Ao comprar um contrato de futuros, você está prometendo comprar uma quantidade específica de um ativo, em uma data específica, a um preço específico. Os preços de contratos de futuros não reproduzem perfeitamente seus ativos subjacentes, mas normalmente são bem semelhantes a eles.

Já vimos as armadilhas de produtos derivativos. Portanto, aqui estão alguns dos méritos de um ETF de futuros de bitcoin:

1. Como um ETF, esses produtos são governados pela Lei de Valores Mobiliários de 1940 — a lei mais forte no mundo dos investimentos. É mais restrita, com maiores proteções ao consumidor, do que títulos OTC oferecidos pela Grayscale, Bitwise, Osprey e outros.

2. Investidores (e seus conselheiros) têm muita familiaridade com esse veículo, e você pode já possuir diversos ETFs. Eles não são caros, são transparentes, além de serem fáceis de comprar e gerenciar em conjunto com o restante do seu portfólio.

3. É provável que futuros de bitcoin tenham maiores níveis de correlação com o bitcoin do que outras proxies, como empresas públicas que compram bitcoin (como a MicroStrategy ou a Tesla).

4. O produto é particularmente útil para operadores experientes e market-timers, uma vez que contratos de futuros são projetados para investimentos de curto prazo.

ETFs norte-americanos de futuros de bitcoins	
Global X ETFS globalxetfs.com	O Global X Blockchain & Bitcoin Strategy ETF (símbolo: BITS) é um fundo ativamente gerenciado que procura capturar o potencial de crescimento de longo prazo do tema de blockchain e ativos digitais. O fundo assume grandes posições em contratos de futuros de bitcoin listados nos Estados Unidos, assim como em empresas posicionadas para se beneficiar da adoção crescente de tecnologias de blockchain.

ProShares proshares.com	O ProShares Bitcoin Strategy ETF (BITO) é o primeiro ETF norte-americano vinculado ao bitcoin que oferece aos investidores uma oportunidade de ganhar exposição em rendimentos de bitcoin de maneira conveniente, líquida e transparente. O fundo procura fornecer a apreciação de capital principalmente por meio da exposição gerenciada em contratos de futuros de bitcoin.
Valkyrie valkyrie-funds.com	O Valkyrie Bitcoin Strategy ETF (BTF) é um ETF ativamente gerenciado que investe principalmente em contratos de futuros de bitcoins.
VanEck vaneck.com	O VanEck Bitcoin Strategy ETF (XBTF) é um ETF ativamente gerenciado que investe em contratos de futuros de bitcoin.

Nota: alguns desses ETFs não investem apenas em futuros de bitcoin. O ETF de Futuros de Bitcoin da Global X, por exemplo, também investe em empresas ou fundos que detêm ativos digitais diretamente, ou que estão envolvidos no ecossistema de tecnologia de blockchain. Tais ETFs são, portanto, mais diversificados do que aqueles que investem exclusivamente em contratos de futuros de bitcoin.

Comprando moedas, tokens, pás & picaretas, empresas e derivativos indiretamente

Tudo o que exploramos até agora é referenciado como *investimento direto*. Isso ocorre porque você está comprando os investimentos de verdade.

Mas fazer isso é incômodo. É preciso procurar oportunidades de investimento, analisar e avaliar cada uma delas, para em seguida comprá-las. Isso normalmente implica abrir uma conta em uma corretora ou depositário de ativos digitais — o que significa que você também precisará pesquisar sobre elas! E, após escolher uma, é preciso abrir a conta, depositar fundos, escolher os investimentos que quer comprar, providenciar seu armazenamento e lidar com todas as exigências de relatórios fiscais e manutenção de registros.

Ugh.

Mas espere um minuto. Você já tem um portfólio. E esse portfólio já tem ações dentro dele. Você por acaso passou por todo esse incômodo com suas ações? Provavelmente não. Em vez disso, você provavelmente alocou seu dinheiro em alguns fundos de ações. Isso é muito mais fácil!

Então por que não fazer a mesma coisa com seus ativos digitais? E, cada vez mais, isso é possível. Ao comprar fundos de ativos digitais, você evita a confusão de lidar com corretoras, carteiras e custódia.

Vamos observar os diferentes tipos de fundos que estão disponíveis. Conforme formos fazendo isso, mantenha em mente que todos os fundos cobram taxas, que são, muitas vezes, maiores do que as que corretoras e custodiantes cobram. E, além disso, você encara todos os riscos de investir nesse espaço.

ETFs que investem exclusivamente em empresas envolvidas com blockchain e ativos digitais	
Amplify ETFs amplifyetfs.com	O Amplify Transformational Data Sharing ETF (BLOK) investe em ações de empresas desenvolvendo e utilizando constantemente tecnologias de blockchain.
ARK Invest ark-funds.com	O ARK Innovation ETF (ARKK) fornece aos investidores o acesso a "inovações disruptivas", produtos e serviços habilitados tecnologicamente, os quais podem mudar a forma como o mundo funciona. A ARKK é gerenciada ativamente.
Bitwise Investment Management bitqetf.com	O Bitwise Crypto Industry Innovators ETF (BITQC) rastreia um índice projetado com a experiência da Bitwise na indústria, de modo a identificar as empresas pioneiras que geram a maior parte de sua receita a partir de atividades comerciais com criptos.
Capital Link ETFs cli-etfs.com	O Capital Link Global Fintech Leaders ETF (KOIN) rastreia o Índice ATFI Global NextGen Fintech.
First Trust ftportfolios.com	O First Trust Indxx Innovative Transaction & Process ETF (LEGR) procura resultados de investimentos que geralmente correspondem ao preço e rendimento do Índice Indxx Blockchain.
Global X ETFs globalxetfs.com	A Global X Blockchain ETF (BKCH) fornece exposição para empresas envolvidas no crescimento da tecnologia de blockchain.

Hashdex ETFs hashdex.com	O Hashdex Nasdq Crypto Index ETF (HDEX BH) rastreia a performance do Índice Nasdaq Crypto.
Invesco ETFs invesco.com	O Invesco CoinShares Global Blockchain UCITS ETF (BCHN) rastreia a performance do Índice CoinShares Blockchain Global Equity.
iShares by **BlockRock** ishares.com	O iShares Exponential Technologies ETF (símbolo: XT) rastreia um índice Morningstar de empresas globais que substituem tecnologias antigas e criam novos mercados. O índice conta com ações globais de produtores e usuários de tecnologia, a partir de nove temas de tecnologia. É composto de duzentas ações de mesmo peso, reconstituídas anualmente.
Simplify ETFs simplify.us	O Simplify US Equity PLUS GBTC ETF (SPBC) investe 100% dos ativos no Índice de Ações S&P 500, para então alavancar 10% e investir esses fundos adicionais no Grayscale Bitcoin Trust (GBTC).
Siren ETFs sirenetfs.com	O Siren Nasdaq NexGen Economy ETF (BCLN) rastreia o Índice Reality Shares Nasdaq Blockchain Economy de empresas de grande porte que desenvolvem, pesquisam, apoiam, inovam e utilizam tecnologias de blockchain. O comitê de seleção do índice favorece empresas que trabalham exclusivamente com tecnologias de blockchain.
VanEck ETFs vaneck.com	O VanEck Digital Transformation ETF (DAPP) rastreia a performance do Índice MVIS Global Digital Assets Equity.
Volt Funds voltfunds.com	O Volt Bitcoin Revolution ETF (BTCR) se concentra em empresas que estão expostas ao bitcoin e à infraestrutura subjacente. O BTCR é um fundo gerenciado ativamente, utilizando o modelo de ações para fluxo para determinar as concentrações em investimentos relacionados ao bitcoin.

Produtos comercializados em corretoras que investem exclusivamente em empresas envolvidas com blockchain e ativos digitais		

ATIVO ÚNICO		
Patrocinador	**Nome do produto**	**Símbolo**
21Shares	Algorand ETP	AVAX
	Avalanche ETP	ABNB
	Binance ETP	ABTC
	Bitcoin ETP	ABCH
	Bitcoin Cash ETP	AADA
	Cardano ETP	AETH
	Ethereum ETP	ADOT
	Polkadot ETP	POLY
	Polygon ETP	AXRP
	Ripple ETP	SBTC
	Short Bitcoin ETP	ASOL
	Solana ETP	AXLM
	Stellar ETP	AXTZ
	Tezos	ALGO

BASEADO EM ÍNDICES E MÚLTIPLOS ATIVOS		
Patrocinador	**Nome do produto**	**Símbolo**
21Shares	**Bitwise Select 10 ETP** Rastreia o Índice Bitwise Select 10 Large Cap Crypto.	KEYS
	Crypto Basket Index ETP Rastreia um índice dos cinco maiores ativos digitais, classificados por capitalização de mercado em 2050.	HOLD
	Crypto Basket 10 ETP Rastreia um índice dos dez maiores ativos digitais.	HODLX
	Crypto Basket Equal Weight ETP Rastreia um índice igualmente distribuído dos cinco maiores ativos digitais, baseado em capitalização de mercado.	HODLV
	Bitcoin Suisse Index ETP Rastreia um índice composto de bitcoin e ether.	ABBA
	Sygnum Platform Winners Index ETP Rastreia um índice dos maiores tokens nativos e protocolos originais.	MOON

Você pode ter ativos digitais mesmo sem saber. Fidelity, Vanguard e BlackRock são os maiores acionistas da Marathon Digital, uma das maiores operações de mineração na América do Norte. A Ark Investment Management e a Morgan Stanley são os maiores donos do Grayscale Bitcoin Trust. O American Funds, uma empresa de fundos mútuos, é dono de 12% da MicroStrategy; a Blockchain é dona de uma porção ainda maior.

Elas não são as únicas empresas a fornecer exposição a ativos digitais aos investidores. Kinetics, fomo, Emerald, Appleseed e outras empresas de fundos investem no Grayscale Bitcoin Trust — portanto, se possui algum desses fundos, você está investindo indiretamente em ativos digitais. Você poderia ser um investidor do bitcoin sem nem mesmo saber.

Exchange-Traded Notes (ETN)

ETNs são mais comuns fora dos Estados Unidos, e apresentam diferenças importantes e fundamentais em relação às ETFs.

Você sabe que um ETF realmente compra um ativo ou grupo de ativos. Agora, imagine isto: uma instituição financeira (como um banco) emite uma obrigação de dívida não assegurada. O ETN compra essa oferta e o banco utiliza esse dinheiro para comprar o ativo. Dessa forma, o banco é dono do ativo e o ETN é dono do bond emitido pelo banco, com termos de pagamento do bond atrelados à performance do ativo.

Os ETNs são, portanto, mais arriscados do que ETFs. Os ETNs não têm o ativo subjacente e na realidade são tão seguros quanto a credibilidade do emissor. A SEC publicou um aviso a respeito de ETNs: "Você deve entender que ETNs são complexos e envolvem muitos riscos para investidores interessados, podendo resultar na perda total de seu investimento".

Não sou fã de ETNs. Não os compro, não tenho nenhum e nunca os recomendei a ninguém. Mas quero que você saiba que eles existem, pois, se um consultor financeiro apresentar um a você, você vai entender que um Exchange-Traded Note (ETN) é substancialmente diferente de um Exchange-Traded Fund (ETF).

Trustes OTC

A comunidade cripto para a SEC: "Você vai deixar a gente vender um ETF de bitcoin ao público investidor?".

A SEC para a comunidade cripto: "Não".

Comunidade cripto para a SEC: "Ah é? *Então veja isto*".

No momento em que escrevo, a SEC ainda diz que é arriscado demais permitir ao público investidor em geral investir em um ETF que compra exclusivamente bitcoin, mas a comissão não vê problemas em permitir que investidores ricos, sofisticados e com experiência o façam.[57]

Ok, tudo bem. É um beco sem saída para o ETF de bitcoin. Mas a história não para por aí.

A comunidade cripto lançou trustes de bitcoin — com a aprovação da SEC. Vai entender...

Não confunda esses trustes com o tipo de truste que está associado com planejamentos centrais.[58] Em vez disso, imagine que esses trustes são parecidos com fundos mútuos.

Esses trustes começam como *investimentos privados*, que são fundos de investimento disponíveis apenas para *investidores com credibilidade*. É por causa disso que a SEC concorda com eles: presume-se que investidores com credibilidade tenham o patrimônio líquido e a experiência de investimentos necessários para assegurar os riscos associados ao investimento. Especificamente, você é um investidor com credibilidade se:

- Ganhou 200 mil dólares ou mais (300 mil, caso seja casado) em cada um dos últimos dois anos, e espera fazer o mesmo neste ano;
- Tem um patrimônio líquido de 1 milhão de dólares ou mais (excluindo sua residência primária);
- Tem uma licença de valores imobiliários Série 7, 65 ou 82.

---

57 A SEC também não vê problema em permitir que pessoas comprem ETFs três vezes invertidos — investimentos feitos para serem mantidos por um único dia, que geram três vezes os ganhos ou perdas dos movimentos diários do mercado de ações. Com isso, tudo bem, mas com um ETF de bitcoin não?!

58 Por que, então, eles são chamados de *trustes*, e não de *fundos*? Eu não sei. Não importa. Vamos seguir em frente.

Aqui está a cronologia. Uma empresa de fundos lança um fundo de bitcoin para investidores com credibilidade. O investidor compra ações do fundo assim como você compraria fundos mútuos e ETFs. Mas esses fundos privados não são líquidos; eles normalmente têm uma vida de dez anos. (Essa é uma razão pela qual a SEC os considera inapropriados para investidores de varejo, que podem precisar de liquidez antes desse período.)

No entanto, mesmo pessoas ricas podem, por vezes, querer vender seus investimentos. Portanto, esses fundos oferecem um recurso bacana: após um período restrito (seis meses ou um ano), é possível transferir suas ações para sua conta de corretagem. E, no mercado aberto, qualquer um — com credibilidade ou não — pode comprar as ações que você está vendendo.

No mercado aberto, o fundo privado se transforma no que é chamado de truste comercializado em OTC, uma referência a valores mobiliários que são comercializados over the counter (por cima do balcão, ou seja, às claras), normalmente por intermédio da OTCQX Best Market (OTCmarkets.com). Isso significa apenas que sua corretora vai procurar uma contraparte para sua transação ao conectar você diretamente a outra corretora, em vez de passar pela Bolsa de Nova York ou pela Nasdaq.

Então, aqui vai uma charada. Um cara rico compra 100 dólares em ações com credibilidade dentro do fundo privado. Ignorando as despesas, esse investimento de 100 dólares compra 100 dólares de bitcoin. Mais tarde, o cara rico transfere suas ações para sua conta de corretagem, para então seguir e oferecer a venda das ações por meio do mercado OTC. Você se oferece para comprar as ações por 100 dólares. Assumindo que o preço do bitcoin não mudou, e novamente ignorando as despesas, quanto bitcoin você possui?

A resposta: você poderia possuir a quantidade em bitcoin equivalente a 500 dólares ou a míseros 50 dólares. Como que aconteceu isso? Bem, vamos começar pelo início — que, graças a Julie Andrews, é um ótimo lugar para começar.[59]

---

59 Referência a um verso da canção "Dó-Ré-Mi", interpretada por Julie Andrews no filme *A noviça rebelde*, de 1965. [N. E.]

Com fundos mútuos, ETFs e fundos privados, o preço da ação é chamado de *net asset value* (valor líquido de ativo), ou NAV; é simplesmente o valor total dos ativos do fundo dividido pelo número de ações em posse do público. Por exemplo, caso o fundo tenha o equivalente a 100 dólares em bitcoin e vinte ações esteja em posse do público, o NAV de cada ação é 5 dólares.

Quer sacar as suas ações de um fundo mútuo? Você não as "vende" de verdade; você as "resgata" — o que significa que as devolve à empresa de fundos, a qual, essencialmente, as apaga de seus registros, devolvendo a você qualquer que seja o valor delas nesse momento.

Utilizando esse exemplo, caso um investidor resgate três ações, apenas dezessete das vinte ações originais ainda existem, e os ativos totais do fundo serão de 85 dólares. Portanto, as ações em posse do público continuam valendo 5 dólares cada.

Mas, quando um investidor com credibilidade vende suas ações em OTC, o preço destas *não* é o NAV. Em seu lugar, o preço é *qualquer que seja o acordado entre vendedor e comprador*. O truste não é envolvido na transação; portanto, não há a criação ou eliminação de ações — nada é resgatado. As ações simplesmente estão se movimentando de uma parte a outra. E essas partes podem concordar a respeito de um preço diferente do NAV.

Na verdade, caso os investidores estejam comprando mais ações do que estão vendendo, o preço pode subir acima do NAV. Isso é chamado *transacionando com um premium em relação ao NAV* ou, abreviando, apenas um *premium*. Caso ocorram mais vendas do que compras de ações, o preço da ação pode cair abaixo do NAV. Isso é chamado de *transação com desconto em relação ao NAV* ou, abreviando, um *desconto*.

O que é fascinante é que o preço das ações muitas vezes se movimenta independentemente do preço do bitcoin. Às vezes as ações OTC sobem enquanto o bitcoin está caindo e vice-versa.

Caso isso soe familiar, é porque você sabe a respeito de fundos mútuos de investimentos fechados, que operam de maneira semelhante. Mas, enquanto esses valores mobiliários tendem a transacionar perto do NAV (descontos de menos de 5% são comuns), as ações de trustes OTC de bitcoin têm sido famosas por oscilar entre premiums de 500% e descontos de 20%.

Sim, investidores estiveram dispostos a pagar 600 dólares pelo equivalente a 100 dólares de bitcoin (o quê?), enquanto outros pagaram apenas 80 dólares para comprar 100 dólares de bitcoin (legal!).

Uma aposta

Essa característica de premium/desconto cria uma oportunidade fascinante para investidores sagazes com credibilidade (conhecidos como agressivos). Se for o seu caso, considere esta estratégia: comprar ações do truste no NAV por meio do investimento privado. Em seguida, após o término do período de restrição, você transfere as ações para uma conta de corretagem. Caso as ações estejam sendo transacionadas por um premium, você as vende em OTC por lucro — um lucro que é independente do preço do próprio bitcoin.

Digamos que o bitcoin esteja sendo transacionado por 100 dólares e você compre ações com credibilidade, no NAV. Supondo que, um ano mais tarde, o bitcoin esteja sendo transacionado a um preço 50% maior, investidores de bitcoin normais vão obter um aumento de 50%. Mas, caso o preço da ação do truste esteja sendo transacionado por um premium de 75%, seu ganho seria de 162,5%.

Existe até mesmo um método para que investidores sem credibilidade se envolvam nessa aposta. Caso as ações estejam sendo transacionadas em desconto, você as compra no mercado OTC — essencialmente comprando 1 dólar de bitcoin por menos de 1 dólar. Se o desconto diminuir ou se tornar um premium, você aproveita um lucro que é independente do movimento do preço do próprio bitcoin.

A aposta adiciona riscos, é claro. Investidores com credibilidade comprando ações no NAV por meio de investimentos privados devem esperar pelo término do período de restrição; durante esse tempo, o preço OTC da transação pode se tornar um desconto. E esse desconto pode aumentar, ao invés de diminuir, resultando em perdas ao invés de lucros. Esse cenário já ocorreu, e é um risco importante a ser considerado.

Por que alguém iria deliberadamente comprar um produto cujo preço possa variar tão significativamente no NAV? Por muitas razões, incluindo:

1. Na ausência de um ETF de bitcoin, esses trustes são a maneira mais conveniente e transparente de comprar bitcoin no ambiente de uma conta de corretagem. Os valores mobiliários podem ser adicionados a um portfólio diversificado de maneira suave. Isso, por sua vez, facilita investimentos mensais, o rebalanceamento, a manutenção de registros e declarações de impostos — os quais vamos discutir no capítulo 20.
2. Caso esteja trabalhando com um consultor financeiro, isso facilita o trabalho de seu consultor ao auxiliar você com tudo o que acabamos de descrever. Assim como com o restante do seu portfólio, seu consultor pode te ajudar a evitar riscos custosos.
3. A característica de premium/desconto oferece uma oportunidade de melhorar o potencial de lucro.
4. Quando ocorrem descontos, é porque houve grandes compras de ações de truste, as quais, em teoria, devem reduzir o desconto.
5. Muitos patrocinadores de trustes OTC dizem que vão converter os trustes em ETFs no momento em que a SEC permitir que o façam. Caso isso aconteça, espera-se que as ações comercializadas em desconto se elevem para se equiparar ao NAV. (O oposto também é verdade: qualquer ação comercializada em premium cairia para o NAV.)

Esses valores mobiliários OTC mantêm dezenas de bilhões de dólares em ativos digitais. Eles estão entre os meios mais populares para investidores ganharem exposição a essa nova classe de ativos. Quando for considerar esses valores mobiliários, seja por meio do mercado aberto ou por investimentos privados, certifique-se de entender a característica de premium/desconto.

Os patrocinadores de trustes OTC oferecem mais do que apenas bitcoin. A maioria de seus trustes continua sendo disponível apenas para investidores com credibilidade, mas alguns transacionam em OTC e estão disponíveis para todos.

Contas gerenciadas separadamente
Essas contas são populares entre muitos consultores financeiros, por razões que ficarão aparentes a seguir.

Ao comprar um ETF, você e todos os outros acionistas serão donos conjuntos de uma *pro rata* (uma proporção) dos ativos do ETF. Mas, em uma *conta gerenciada separadamente*, todos os ativos nela são detidos diretamente pelo investidor. SMAs (sigla em inglês para "contas gerenciadas separadamente") são, portanto, um híbrido entre ter investimentos diretamente e tê-los indiretamente por meio de um fundo. Pense em SMAs como um ETF no qual você é o único investidor a possuí-lo.

Uma vez que a SMA é sua e somente sua, seu portfólio pode ser personalizado especificamente para você. Isso lhe permite excluir ativos que não quer (o que não é possível fazer com um ETF) e se envolver em estratégias de otimização de impostos. Por conta disso, muitos consultores utilizam SMAs. Eles podem oferecer a seus clientes a gestão mais específica de seus portfólios, o que é possível ao comprar ETFs e fundos mútuos.

Tradicionalmente, as SMAs têm sido utilizadas para construir portfólios de ações. Mas agora alguns fornecedores de SMAs se envolvem com ativos digitais — e essa é a razão de estarmos falando sobre elas aqui.

SMAs cobram taxas, assim como todos os fundos.

Trustes OTC de capital aberto que investem em blockchain e em ativos digitais (Também disponíveis para investidores com credibilidade no NAV, diretamente da empresa de fundos.)		
ATIVO ÚNICO		
Patrocinador	**Nome do produto**	**Símbolo**
Grayscale	Bitcoin Trust	GBTC
	Bitcoin Cash Trust	BCHG
	Ethereum Trust	ETHE
	Ethereum Classic Trust	ETCG
	Horizen Trust	HZEN
	Litecoin Trust	LTCN
	Stellar Lumens Trust	GXLM
	Zcash Trust	ZCSH
Osprey	Osprey Bitcoin Trust	OBTC

BASEADOS EM ÍNDICES E MÚLTIPLOS ATIVOS		
Patrocinador	**Nome do produto**	**Símbolo**
Bitwise	**Bitwise 10 Crypto Index Fund** Mantém os dez maiores ativos digitais (por capitalização de mercado).	BITW
Grayscale	**Digital Large Cap Fund** Mantém ativos digitais de grande capitalização, compreendendo 70% desse mercado.	GDLC

Fundos de blockchain e ativos digitais para investidores com credibilidade	
ATIVO ÚNICO	
Patrocinador	**Nome do produto**
Bitwise bitwiseinvestments.com	Aave Fund Bitcoin Fund Compound Fund Ethereum Fund Polygon Fund Uniswap Fund
BlockFi blockfitrust.com	Bitcoin Trust Ethereum Trust Litecoin Trust
First Trust SkyBridge skybridgebitcoin.com	Bitcoin Fund Ethereum Fund
FS NYDIG fsnydig.com	Select Bitcoin Fund
Galaxy galaxyfundmanagement.com	Bitcoin Fund Ethereum Fun
Grayscale grayscale.com	Basic Attention Trust Chainlink Trust Dentraland Trust Filecoin Trust Livepeer Trust
IDX idxdigitalassets.com	Risk-Managed Bitcoin Trust Risk-Managed Ethereum Trust

Osprey Ospreyfunds.io	Algorand Trust Solana Trust Polkadot Trust Polygon Trust
Pantera panteracapital.com	Bitcoin Fund

Fundos de blockchain e ativos digitais para investidores com credibilidade	
BASEADOS EM ÍNDICES E MÚLTIPLOS ATIVOS	
Patrocinador	**Nome do produto**
Bitwise bitwiseinvestments.com	**DeFi Crypto Index Fund** Mantém os maiores ativos digitais DeFi, baseados no índice Bitwise Decentralized Finance Crypto. **10 ex Bitcoin Crypto Index Fund** Mantém os dez maiores ativos cripto, excluindo o bitcoin. **10 Crypto Index Fund** Mantém os dez maiores ativos digitais, baseados no índice Bitwise 10 Large Cap Crypto Index. **10 Index Offshore Fund** De maneira semelhante ao 10 Crypto Index Fund, este fundo está disponível para investidores não norte-americanos.
Galaxy galaxyfundmanagement.com	**Crypto Index Fund** Rastreia um índice dos maiores ativos digitais. **DeFi Index Fund** Rastreia um índice dos maiores ativos digitais DeFi.
Grayscale grayscale.com	**DeFi Fund** Mantém os ativos digitais que compõem o índice CoiDesk DeFi.

Invictus Capital invictuscapital.com	**Bitcoin Alpha** Investe em bitcoin e entrega rendimentos por meio de opções e empréstimos. **Crypto20** Rastreia um índice dos vinte maiores ativos digitais, fazendo uso de staking para gerar retornos adicionais. **Crypto10 Hedged** Transferências ativas entre os dez maiores ativos digitais e dinheiro, dependendo da atividade do mercado. **Margin Lending** Prioriza a criação de rendimentos por meio de juros sem o risco de perdas. **DeFi Index** 70% dos ativos rastreiam um índice semipassivo; 30% são geridos de maneira ativa.
Morgan Creek morgancreekcap.com	**Risk-Managed Bitcoin Fund** Procura reduzir a volatilidade por meio de técnicas de gestão de risco quantitativas. **Digital** Investe em tecnologias de blockchain, inteligência artificial e ativos digitais.
Pantera panteracapital.com	**Blockchain Fund** Investe em patrimônios de risco e tokens em estado inicial e líquidos. **Early-Stage Token Fund** Investe em times construindo novos protocolos, seguindo um modelo de estilo de risco em estágio inicial. **Liquid Token Fund** Investe em 15-20 tokens, utilizando uma estratégia quantitativa de modo a realizar transações de hora em hora.

SarsonFunds sarsonfunds.com	**Crypto and Income Strategy** Cria uma renda mensal por meio da comercialização de opções e de staking.
	Cryptocurrency ESG Strategy Investe em ativos digitais que vão ao encontro de critérios ambientais, sociais e de governança.
	Large Coin Strategy Investe nos dez maiores ativos digitais.
	Small Coin Strategy Investe em 20-40 ativos digitais de baixa capitalização, incluindo ICOs.
	Smart Crypto 15 Equal Weight Index Investe igualmente nos quinze maiores ativos digitais.
	Stablecoin Index Investe em um grupo de stablecoins que rastreia o dólar americano.

Fornecedores de SMAs de ativos digitais	
Arbor Digital arbordigital.io	A Arbor Digital oferece sua SMA, a primeira do seu tipo, projetada especificamente para ativos digitais, fornecendo o acesso de RIAs[60] e seus clientes a custodiantes qualificados, de modo a se certificar quanto ao compliance e à segurança.
BITRIA bitria.io	A BITRIA SMA Network fornece uma "fácil rampa de acesso" em direção ao investimento de ativos digitais para consultores que buscam simplicidade na detenção de ativos digitais. Os parceiros SMA têm experiência em ativos digitais e gerenciam todos os aspectos da jornada de seus clientes, desde o recebimento até a gestão do portfólio.
DAiM daim.io	A DAiM controla investimentos institucionais em contas gerenciadas separadamente, de acordo com um plano personalizado por uma taxa fixa.

60 Registered Investment Advisor (Consultor de investimentos registrado, tradução nossa). [N. T.]

Eaglebrook Advisors eaglebrookadvisors.com	A Eaglebrook é uma gestão de investimento tecnológica especializada em ativos digitais. Sua plataforma de SMA fornece o desembarque suave, a otimização de impostos e estratégias de investimentos personalizadas, feitas sob medida especificamente para consultores. Os ativos são mantidos em uma conta off-line de custódia de nível institucional na Gemini Trust Company.
Honeycomb Digital honeycombdigital.io	A Honeycomb Digital oferece uma plataforma SMA para gestores de patrimônios profissionais.
Kingsly Capital Management kingslycapital.com	A Kingsly Capital gerencia e realiza a subconsultoria de portfólios de ativos digitais para indivíduos, instituições, escritórios familiares e RIAs. A firma é um dos primeiros consultores registrados pelo SEC a se especializar exclusivamente em ativos digitais, DeFi, NFTs e outros ativos de blockchain.
Leavenworth Capital leavenworthcapital.com	A Leavenworth é uma firma de investimentos quantitativos que gerencia estratégias de ativos cripto para indivíduos, instituições, RIAs e consultores financeiros. Utiliza modelos analíticos e de trading proprietários, de modo a criar alpha.[61]
PM Squared Financial pmsquaredfinancial.com	Os investimentos da PM Squared embarcam todo o leque de possibilidades da blockchain. Suas soluções alavancam tecnologias de blockchain com a experiência do mundo de valores mobiliários tradicionais.
Rubicon Crypto rubicon.finance	A Rubicon faz a ponte entre os mundos de investimentos digitais e tradicionais. Ela oferece soluções de investimento familiares e de senso comum, de modo a trazer a alocação de ativos e a gestão profissional disciplinada para o espaço emergente dos ativos digitais.
Willow Crypto willowcrypto.com	A Willow Crypto se especializa na gestão de ativos digitais. Ela cria portfólios criados de maneira profissional de modo a providenciar a exposição aos ativos digitais mais promissores, além de alocações táticas em tendências emergentes e em evolução.

61 Indicador utilizado no ambiente financeiro. É uma proporção entre o retorno do investimento analisado e um índice de mercado apropriado. [N. T.]

Turnkey Asset Management Programs (TAMP)

Turnkey asset management programs (TAMPs — programas de gestão de ativos-chave, tradução nossa) são sistemas de *backoffice* tudo-em-um que auxiliam consultores financeiros a gerenciar os ativos de clientes, oferecendo pesquisas de investimentos, alocação de ativos, administração de contas, faturamento e relatórios.

Na minha antiga vida como consultor financeiro, meus colegas e eu desenvolvemos o EMAP — o Edelman Managed Asset Program (programa de ativos gerenciados por Edelman, tradução nossa). Na época, foi um dos maiores TAMPs da indústria, e se encontrava disponível apenas para os clientes da nossa firma. Portanto, é seguro dizer que sou fã dessas soluções de investimento.

E mais, as SMAs, sobre as quais acabamos de discutir, são um tipo de TAMP.

Capital de risco, hedge funds e fundos de fundos

Se existe um problema com ETFs, SMAs e TAMPs, é que eles tradicionalmente investem somente em ações de empresas de capital aberto. Isso não era um problema cinquenta anos atrás; naquela época, empresas jovens se tornavam públicas com frequência, dando aos investidores de varejo a oportunidade de comprar ações no início da empresa. Esse não é o caso hoje; as empresas tendem a se manter privadas por muito mais tempo, tornando-se públicas apenas após se tornarem muito bem-sucedidas.

Quando a Microsoft veio a público, em 1986, por exemplo, arrecadou míseros 61 milhões de dólares. Mas, quando o Facebook veio a público, em 2012, ele já valia 102 bilhões.

O que isso significa? Apenas isto: caso você limite seus investimentos a ações públicas — ao comprá-las diretamente ou por intermédio de fundos mútuos, ETFs, SMAs e TAMPs —, não poderá mais comprar a Microsoft de amanhã. Em seu lugar, você está preso a ser dono dos Facebooks de hoje, perdendo o enorme crescimento de que eles desfrutaram antes de virem a público.

De fato, algumas das maiores empresas de tecnologia continuam sendo privadas, como mostra a tabela a seguir.

Empresa	Valor em 2021
Stripe	US$95 bilhões
SpaceX	US$74 bilhões
Instacart	US$39 bilhões
Databricks	US$28 bilhões
Epic Games	US$17 bilhões
Chime	US$15 bilhões

Estas são os *unicórnios* — empresas de tecnologia com menos de dez anos de idade que valem, cada uma, mais de 1 bilhão de dólares. A CB Insights lista mais de oitocentas empresas assim no mundo.

Caso você seja um investidor de varejo, não há nada que possa fazer a respeito disso. Entretanto, caso seja um investidor com credibilidade, você tem uma oportunidade. Pode investir em *fundos de capital de risco*. Como o nome implica, o capital fornecido por investidores é utilizado para comprar participações em empresas jovens. Fundos de capital de risco (ou fundos VC) são criados tanto por empresas VC pequenas quanto pelas maiores firmas de corretagem, como a Goldman Sachs e JPMorgan, para clientes ricos, fundos de pensões, fundos patrimoniais, fundos soberanos (dinheiro pertencente a um governo) e clientes institucionais (tais como seguradoras). Mais de meio trilhão de dólares já foram alocados em fundos VC, de acordo com a National Venture Capital Association.

Embora muitos fundos mútuos e ETFs sejam parecidos — todos os Fundos S&P 500 Stock Index são praticamente idênticos, com exceção das taxas —, cada fundo VC é único. Isso acontece porque cada um investe em um grupo diferente de empresas em estágios iniciais. Portanto, enquanto pode não fazer muita diferença qual fundo S&P 500 você comprar, o fundo VC que você escolher importa, e muito.

Isso acontece porque, no mundo VC, é tudo questão de *deal flow*, ou fluxo de acordo. O gestor do fundo VC deve conhecer essas jovens empresas e persuadir seus fundadores a deixar que você invista nelas. Ter conexões é a chave — e explica por que tantos fundos VC estão situados em regiões onde florescem startups, como o Vale do Silício, Boston e Nova York. Quanto mais empresas você consegue avaliar, maior são suas chances de encontrar o próximo Facebook.

Fornecedores de TAMPs para ativos digitais	
BITRIA bitria.com	A plataforma BITRIA Digital Turnkey Asset Management traz as capacidades de gestão de portfólios em nível profissional para o investimento em ativos digitais, empoderando consultores e gestores de fundos com o acesso distribuído e o controle sobre as contas da firma e de clientes, além da modelação de estratégias. A plataforma vai descarregar os fundos dos clientes, adotar alocações de portfólio padrão ou personalizadas, rebalancear posições e muito mais.
BlockFi blockfi.com	A BlockFi faz a ponte entre mercados de ativos digitais e instituições financeiras tradicionais, com suas necessidades por compatibilidade retroativa para o mundo de valores mobiliários tradicionais: executando, criando margens, realizando o short[62] e relatórios.
Fidelity Digital Assets fidelitydigitalassets.com	A Fidelity Digital Assets fornece intermediários digitais com uma plataforma para participar com segurança no espaço de ativos digitais. Fornece também serviços de custódia profissional, bem como soluções de liquidação.
Flourish flourish.com	A Flourish fornece aos consultores uma maneira de oferecer um acesso simples, seguro e compatível para essa nova classe de ativos. Ela oferece um depositário qualificado altamente regulamentado, uma experiência de uso fácil, e todas as ferramentas de que consultores precisam para começar.
SFOX sfox.com	A SFOX é o principal negociante prime independente de criptos, unificando liquidez global e a execução do melhor preço a partir de uma única conta.

Cada firma vc emite diversos fundos vc — um de cada vez. Eles levantam certa quantidade de capital de investidores, encontram empresas para investir, para em seguida lançar um novo fundo e repetir o processo. Portanto, cada fundo vc está disponível apenas por um tempo limitado e para um pequeno número de investidores. E nenhum fundo vc é igual a outro. Assim como o vinho, também existem vcs

---

62 Venda a descoberto: consiste na venda de uma ação que você não tem em carteira. [N. E.]

vintage — os fundos de 1999 que compraram as ações ponto com antes da queda se saíram mal, enquanto os fundos de 2009 que investiram após a crise de crédito se saíram bem.

Os riscos de investimentos em VCs são extremos:

- Sem liquidez de 5 a 10 anos.
- Sem dividendos ou juros sendo pagos durante esse período.
- Altos valores mínimos para investimentos — de 50 mil a 10 milhões de dólares.
- Relatórios fiscais complexos. Fundos VC não emitem o IRS Form 1099 de uma página. Em seu lugar, emitem o IRS Form K-1. Esse complicado documento pode ter dezenas de páginas, e demanda que você contrate um contador profissional para concluir sua declaração de impostos. A taxa de seu contador vai aumentar — e você provavelmente terá que registrar uma extensão, porque os K-1s raramente são enviados pelo correio aos investidores antes da data limite de 15 de abril. Planeje-se e preencha sua declaração com antecedência.
- Altas taxas. O investidor médio de ETFs paga 0,45% ao ano, de acordo com a Morningstar. Entretanto, fundos VC geralmente apresentam uma programação de taxas "dois e vinte": eles cobram 2% por ano mais uma taxa de incentivo, igual a 20% dos lucros ao longo da vida do fundo.

Apesar dos negativos, os VCs geraram os melhores retornos ao longo da década passada, de acordo com a PitchBook, como mostra a seguinte tabela.

Classe de ativos	Retorno anual médio de 10 anos
Capital de risco	13,9%
S&P 500	13,9%
Equity privado	13,2%
Mercado imobiliário	12,3%
Capital privado	12%

Índice MSCI World	9,7%
Dívida privada	8,3%
Bonds corporativos globais de alto rendimento	6,4%
Ativos reais	5,3%

É claro: desempenhos passados não são garantia de rendimentos futuros. E os próprios VCs sabem, mas podem não contar a você, que esperam perder dinheiro na maioria de seus investimentos. Para cada dez empresas que investem, eles esperam cobrir os custos em duas ou três, e marcar o gol de placa em uma — rendendo o suficiente para cobrir os prejuízos que sofrerão nas outras seis a oito empresas, enquanto ainda produzem retornos anuais de dois dígitos, descontadas as taxas.

Hedge funds são semelhantes a fundos VC. Como um recurso adicional, eles tentam cobrir, ou reduzir, seus riscos por meio de estratégias que incluem mais do que simplesmente comprar equity stakes (participação no capital) em uma variedade de empresas. Eles também investem em derivativos, se envolvem em short selling (uma aposta de que o valor de uma empresa vai cair, e não subir) e alavancagem (pegando empréstimos para investir mais capital do que é fornecido por investidores, o que pode aumentar os retornos, mas também pode aumentar os prejuízos).

Diferentemente de fundos VC, que aceitam dinheiro no momento de seu lançamento para então permanecerem fechados até se encerrarem em 5 a 10 anos, hedge funds são fundos open-end, como fundos mútuos. Em outras palavras, os investidores quase sempre podem adquirir ou resgatar ações. Eu digo "quase" porque às vezes os hedge funds fecham essas janelas — seja ao se recusar a aceitar mais dinheiro ou ao limitar a capacidade de venda dos investidores atuais. Como você pode imaginar, esses "portões" tendem a se abrir e fechar quando os mercados estão com desempenhos particularmente bons (eles não vão aceitar mais dinheiro) ou ruins (você não pode vender).

Uma vez que os fluxos de transações são tão importantes para fundos VC e hedge, o desafio para os investidores é escolher o fundo correto. É por esse motivo que uma nova espécie de fundo está emergindo: os *fundos de fundos*.[63]

Em vez de investir em um único fundo VC ou hedge fund, você poderia investir em vários. Mas cada fundo tem seu requisito mínimo de investimento, normalmente 500 mil dólares ou mais. Portanto, investir em dez exigiria que você desembolsasse 5 milhões de dólares. Em vez disso, você poderia alocar seus 500 mil dólares em um único fundo de fundos. Ele vai investir nesses dez fundos por você — proporcionando uma diversificação mais ampla sem ter que investir dez vezes mais dinheiro.

A maior desvantagem disso é que você vai precisar pagar dois conjuntos de taxas: as taxas dos fundos VC ou hedge funds subjacentes e aquelas do próprio fundo de fundos.

Fundos de capital de risco que investem em blockchain e em ativos digitais	
10T 10tfund.com	O 10T é um fundo de equity de crescimento intermediário para tardio que investe em empresas privadas que operam no ecossistema de ativos digitais.
A16z por Andreessen Horowitz a16z.com	A A16z por Andreessen Horowitz tem ativos sob gestão consideráveis a partir de diversos fundos, incluindo a16crpto e Crypto Fund II. Os investimentos se estendem por empresas e protocolos de caso de uso não especulativo em estágios variados, e estão sob a forma de equity, notas conversíveis, moedas e tokens de segurança.
Abstract Ventures abstractvc.com	A Abstract Ventures é uma investidora de risco "agnóstico de setor"[64] em empresas startup Pré-seed, seed e Série A.[65]
AlphaBlock alphablock.com	A Alpha Block é uma empresa de capital de risco que investe em firmas inovadoras de tecnologia de blockchain.

63 Este não é um erro de digitação, mesmo que o corretor ortográfico do Word continue me dizendo que é.
64 Termo que se refere a empresas de private equity, bancos ou fundos de investimento não especializados em uma área específica. [N. E.]
65 Para saber mais sobre as startups, ver, por exemplo, tecnoblog.net/responde/ entenda-as-rodadas-de-investimento-de-uma-startup-series-a-b-e-c/. [N. E.]

Arrington XRP Capital arringtonxrpcapital.com	O Arrington XRP Capital se concentra em mercados de capital baseados em blockchain. Fundado em 2017 em Seattle, investe em empreendimentos em estágios iniciais, Seed, Série A, ofertas iniciais de moedas e em rounds corporativos.
Atomic Fund atomic.fund	A plataforma do Atomic Fund oferece uma gama de produtos voltados para ferramentas de transação, um *dashboard* de monitoramento, dados de mercado e carteiras de armazenamento frio, permitindo, dessa maneira, que usuários invistam em criptomoedas sem complicações.
AU21 Capital au2.capital	Fundada em 2017, a AU21 Capital é uma empresa de capital de risco sediada em San Francisco. Busca investir em empresas que operam nos setores de blockchain e inteligência artificial.
Binance Labs labs.binance.com	A Binance Labs identifica, investe e empodera empreendedores, startups e comunidades blockchain viáveis, providenciando o financiamento para projetos de indústria que ajudem o crescimento de um ecossistema de blockchain mais amplo.
BitFury Capital bitfury.com	O BitFury Capital investe em empreendedores que estejam construindo a próxima geração de soluções para blockchains e criptos. Financia seeds e estágios posteriores em negócios que apresentem potencial para sucesso de longo prazo em tecnologias de blockchain, ativos digitais, inteligência artificial e energias renováveis.
Bloccelerate bloccelerate.vc	O Bloccelerate investe em projetos que promovam a implementação sofisticada de tecnologias de blockchain por empresas e empreendimentos.
Blockchain Capital blockchain.capital	O Blockchain Capital é um fundo VC focado em blockchain que já fundou diversos unicórnios até o momento, incluindo Anchorage, Coinbase, Ripple e Kraken. Foi o primeiro fundo tokenizado da história, emitindo ações por meio do primeiro token de segurança. Sua diversificação é ajustada ao risco por meio de estágio de crescimento e geografia. O fundo oferece suporte operacional, incluindo projetos de protocolos de governança e staking.
Blockchange Ventures blockchange.vc	A Blockchange Ventures investe em empresas, protocolos e aplicações de blockchain em estágios iniciais.

BlockTower Capital blocktower.com	A BlockTower aplica comercialização, investimento e gestão de portfólio à classe de ativos digitais.
Block Ventures blockventures.com	A Block Ventures é uma empresa permanente de capital de risco que pensa de modo diferente sobre o investimento a ampliação de empresas de alta tecnologia, ao apoiar e desenvolver a próxima geração de negócios de tecnologia em estágios iniciais na Europa.
Block Wealth Capital blockwealthcapital.com	O Block Wealth Capital é voltado exclusivamente a empreendimentos, tokens e projetos relacionados à tecnologia de blockchain, moedas digitais e ativos cripto.
Castle Island Ventures castleisland.vc	A Castle Island Ventures é uma empresa de capital de risco em estágio inicial que se concentra exclusivamente em blockchains públicas.
CMT Digital Ventures cmt.digital	A CMT Digital é uma empresa de capital de risco envolvida na indústria de ativos digitais e tecnologias de blockchain.
Coinbase Ventures coinbase.com	A Coinbase Ventures é um ramo da Coinbase que investe em startups de criptomoedas e blockchain em estágios iniciais.
Coin Fund coinfund.io	O CoinFund investe em oportunidades líquidas e de risco dentro do setor de blockchain, com foco em ativos digitais, tecnologias descentralizadoras e infraestruturas facilitadoras essenciais.
Collaborative Fund collaborativefund.com	O Collaborative Fund prioriza o apoio e investimento do futuro compartilhado. Os fundos estão centrados em dois temas macro: o crescimento da classe criativa e o conceito de economia colaborativa.
ConsenSys Ventures consensys.net	A ConsenSys Ventures é um ramo de capital de risco da ConsenSys, um estúdio de produção de empreendimentos de blockchain.
Defiance Capital defiance.capital	O Defiance Capital é um fundo de ativos cripto focado em DeFi que combina pesquisas fundamentais com uma abordagem de investimento ativista.
Delphi Labs delphidigital.io	A Delphi Labs é um time de investimentos terceirizado que gera insights para muitos dos maiores fundos, com base em soluções de pesquisa feitas sob medida.

Delphi Ventures delphiventures.com	A Delphi Ventures é um time global de analistas especializados em setores específicos da indústria de ativos digitais.
Digital Currency Group dcg.co	O Digital Currency Group é uma empresa de capital de risco voltada ao mercado de ativos digitais.
Distributed Global distributedglobal.com	A Distributed Global é uma empresa de capital de risco focada no ecossistema de blockchains e ativos digitais.
Divergence Ventures div.vc	A Divergence Ventures é uma empresa de capital de risco sediada em São Francisco. A firma busca realizar investimentos no setor de ativos digitais.
Dragonfly Capital dcp.capital	A Dragonfly Capital Partners une os maiores participantes da economia descentralizada para apoiar e investir nas oportunidades mais promissoras da classe de criptoativos.
Draper Goren Holm drapergorenholm.com	A Draper Goren Holm é um estúdio fintech de risco que incuba e acelera startups de blockchain em estágios iniciais.
Electric Capital Electriccapital.com	A Electric Capital é uma empresa de risco em estágio inicial que se concentra em criptos, blockchain e mercados fintech.
EOS Fund eosventurepartners.com	O EOS é focado exclusivamente em InsurTech.[66] Foi fundado em 2016 para funcionar como ponte sobre o "abismo digital" entre startups de InsurTech e empresas de seguros tradicionais.
Fabric Ventures fabric.vc	A Fabric Ventures é uma empresa de capital de risco que investe em redes escaláveis e descentralizadas.
FinShi Capital finshi.capital	A FinShi Capital é um fundo de risco formado sobre a tecnologia de blockchain, fundado em aliança com a Capinvest 21 e a Asia LP.
Framework Ventures framework.ventures	A Framework Ventures é uma empresa de capital de risco que investe em fundadores que viabilizam tecnologias de blockchain.
Future Perfect Ventures futureperfectventures.com	A Future Ventures é uma empresa VC em estágio inicial que prioriza tecnologias descentralizadas, incluindo blockchains, criptos, IoT e IA.

66 Abreviação de insurance technology (Tecnologia de seguros, tradução nossa). [N. T.]

Galaxy Interactive Fund galaxyinteractive.io	A Galaxy Interactive é um VCs líder no setor de entretenimento interativo, na interseção entre conteúdos, áreas sociais, finanças e tecnologias.
#hashed hashed.com	O Hashed é um fundo de risco global em estágio inicial que apoia fundadores pioneiros em relação ao futuro da blockchain e de ativos digitais.
HyperChain Capital hyperchain.capital	A HyperChain é uma empresa de gestão de ativos digitais focada em projetos baseados em blockchain e protocolos descentralizados.
Hyperion VC hyperionvc.com	O Hyperion é um VC de blockchain em estágio inicial que ajuda startups a ameaçar o domínio de empresas tradicionais ao redor do mundo.
IDG Capital LPs idgcapital.com	A IDG Capital funda empresas em estágio de desenvolvimento inicial no setor de tecnologia.
Kenetic Capital kenetic.capital	A Kenetic se concentra em empresas relacionadas a ativos digitais e blockchains.
KR1 Fund kr1.io	A KR1 é uma empresa de investimento de capital aberto dedicada ao ecossistema de blockchain, investindo em projetos em estágios iniciais e ativos digitais baseados em blockchain.
Medici Ventures mediciventures.com	A Medici Ventures gerencia os investimentos da Overstock.com, investindo em firmas que desenvolvem soluções e alavancagens e servem a tecnologias de blockchain.
Moonrock Capital moonrosckcapital.com	A Moonrock Capital é uma consultoria de blockchain e parceira de investimentos sediada em Londres e Hamburgo.
NGC Ventures ngc.fund	A NGC Ventures é um investidor de blockchain e tecnologias de livros-razão distribuídos.
North Island Ventures northisland.ventures	A North Island Ventures é um fundo de capital de risco focado em ativos digitais.
Pantera Capital panteracapital.com	Por meio de seus fundos de risco, a Pantera oferece a investidores a exposição ativamente gerenciada de múltiplos estágios a empresas que constroem produtos e serviços em blockchain. A Pantera lançou o primeiro fundo de risco exclusivo para blockchain do mundo em 2013, e desde então criou outros dois fundos de risco.

Paradigm pdvpl.com	A Paradigm Ventures foi fundada para desafiar as abordagens tradicionais para análise, investimento e desenvolvimento de empreendimentos focados em tecnologia.
Paypal Ventures pypl.com	A PayPal Ventures é um VC corporativo que investe em serviços financeiros, capacitação comercial e empresas de dados e infraestrutura.
PNYX Ventures pnyx.ventures	A PNYX Ventures é uma empresa de gestão de ativos digitais especializada em mercados de capital blockchain.
Polychain Capital polychain.capital	A Polychain Capital é um hedge fund e empresa de capital de risco sediada em San Francisco. A firma realiza investimentos de estágio inicial em empresas de blockchain, investe em ICOs e comercializa ativos digitais.
PostModern Partners postmodernpartners.com	O PostModern Partners é um dos principais gestores de investimentos, aberto apenas para investidores com credibilidade. Ele supervisiona um agressivo fundo de investimento em mercados cruzados, focado em oportunidades de investimento de alto risco e alto rendimento.
Rarestone Capital rarestone.capital	Fundada em 2020, a Rarestone Capital é uma empresa de capital de risco sediada em Londres. A firma investe em blockchains e ativos digitais.
Spark Digital Capital sparkdigitalcapital.com	A Spark investe no futuro de blockchains e tecnologia.
SpiCE VC spicevc.com	A SpiCE fornece aos seus investidores uma grande exposição ao enorme crescimento do ecossistema de blockchain e tokenização.
UnionSquare Ventures usv.com	A Union Square financia startups nas indústrias de internet e telefonia móvel, e tem sido um dos maiores investidores em startups de blockchain.
Valar Ventures valar.com	A Valar Ventures investe em empresas de tecnologia de rápido crescimento e com altas margens que estejam perseguindo enormes oportunidades de mercado.
Volt Capital volt.capital	A Volt Capital é um fundo de criptos motivado por pesquisas e pela comunidade de investidores.
Woodstock Fund woodstockfund.com	O Woodstock é um fundo de investimento em tecnologias emergentes que investe em startups e empresas de blockchain em estágios iniciais e de crescimento.

Hedge funds que investem em blockchain e em ativos digitais	
BlockTower blocktower.com	A BlockTower é uma empresa de investimento em criptos e blockchain que aplica comercialização, investimento e gestão de portfólios de maneira profissional para a classe de ativos digitais.
Ikigai Asset Management ikigai.fund	O Ikigai é um hedge fund com múltiplas estratégias longas/curtas para o investimento em ativos digitais. A empresa busca gerar maiores rendimentos ajustados ao risco a partir de investimentos pré-ICO e em estágios de risco, além de estratégias líquidas de hedge fund.
Multicoin Capital multicoin.capital	A Multicoin é uma empresa de investimentos movida por teses. A companhia investe em ativos digitais e empresas de blockchain, reformulando mercados de trilhões de dólares. Gerencia um hedge fund e um fundo de risco, investindo em mercados públicos e privados.
Pythagoras Investments pythagoras.investments	A Pythagoras gerencia um fundo de negociação de arbitragem cripto, além de um fundo de criptos que segue tendências. A Pythagoras tem 100 milhões de dólares em ativos sob gestão, e dez traders e programadores quantitativos em tempo integral treinados em Harvard e Columbia.

Fundos de fundos que investem em blockchain e em ativos digitais	
Accolade Partners accoladepartners.com	A Accolade é especializada em fundos de portfólio concentrado e de difícil acesso em meio ao panorama de capitais de risco e crescimento de equity.
Blockchain Coinvestors blockchaincoinvestors.com	O Blockchain Coinvestors é um fundo líquido de fim aberto. Ele gerencia um grupo de fundos de blockchain, assim como investimentos de equity. Foi o primeiro fundo de fundos de blockchain.
Galaxy Vision Hill galaxyfundmanagement.com	O Galaxy Vision Hill Venture FOF II investe em tendências disruptivas de longo prazo que foram apresentadas pela tecnologia de blockchain, incluindo DeFi, Web 3.0, NFTs/Bens digitais e outros serviços e infraestruturas relacionados a criptos.
Hutt Capital huttcapital.com	A Hutt Capital faz parceria com empresas de risco, providenciando uma exposição diversificada a startups de blockchain e ativos digitais promissores em escala global por meio de investimentos diretos e secundários. Ela almeja oferecer exposição global de longo prazo a inovações de blockchain com menor risco e volatilidade.
Protocol Ventures protocolventures.com	O Protocol mantém relacionamentos fortes com os maiores gestores de hedge funds em ativos altamente líquidos, SAFTs e equity relacionado a blockchain/criptos. O fundo se alinha a gestores de fundos com entendimento técnico profundo sobre a tecnologia de blockchain, conhecimento e visão assimétricos sobre a indústria, uma rede de líderes respeitados ao redor do mundo, uma abordagem de adição de valor ao ecossistema, além de uma tese clara e diferenciada de investimento.

17) Como gerenciar os ativos digitais de seu portfólio

Comprar e segurar × timing de mercado

Parabéns! Você está fazendo um ótimo progresso. Agora conhece quais investimentos (ou quais tipos de investimento) quer possuir, e como comprá-los. Você agora também sabe quanto de seu portfólio quer alocar em ativos digitais.

Aqui vai a próxima pergunta a ser considerada: ao comprar ativos digitais, você deveria guardá-los por anos ou por períodos muito menores, possuindo-os apenas quando os preços estiverem subindo e vendendo antes que entrem em declínio?

Essa noção de compra e venda é chamada de *timing de mercado*. Em outras classes de ativos, a história nos mostrou que o timing de mercado não funciona.[67] Mas será que isso também é verdade para os ativos digitais?

Por exemplo, sabemos que em outras classes de ativos é preciso alocar grandes porções de seu dinheiro para impactar de maneira significativa seus retornos, mas isso não é necessário quando se investe em ativos digitais. Portanto, será que também precisamos tratar o timing de mercado de maneira diferente para os ativos digitais?

Vamos responder a essa pergunta ao observar o histórico de preços do bitcoin de 17 de julho de 2010 (considerada a primeira data com um preço estabelecido para o bitcoin) até 31 de outubro de 2021, como mostra a tabela "Histórico de preço do bitcoin".

Os dados apresentados sugerem que, quanto maior o tempo pelo qual você segurasse o bitcoin, maiores seriam os lucros que teria apro-

---

67 Para saber mais sobre esse assunto, leia qualquer um dos meus livros — é um tema constante.

veitado. Mas vamos observar um intervalo mais recente, entre 2015 e 2020, como mostra a tabela "Retornos anuais do bitcoin".

Histórico de preço do bitcoin 17/07/2010 — 31/10/2020					
	Início	Fim	Preço inicial	Preço final	Ganhos
1 ano	31/10/20	31/10/21	US$13.737	US$61.319	347%
5 anos	31/10/16	31/10/21	US$727	US$61.319	8.335%
10 anos	31/10/11	31/10/21	US$3,11	US$61.319	1.971.572%
Surgimento	17/07/10	31/10/21	US$0,07	US$61.319	87.598.471%

Retornos anuais do bitcoin 2015-2020		
	Ganhos	Dez melhores dias
2015	34%	96%
2016	124%	80%
2017	1.369%	163%
2018	-73%	108%
2019	92%	123%
2020	303%	108%

Como se pode observar na tabela que mostra o retorno anual do bitcoin, ele sofre altos níveis de volatilidade — ganhos tão altos quanto 1.369% (em 2017) e perdas tão grandes quanto -73% (em 2018). Entretanto, ao olhar mais atentamente para os dez melhores dias de cada ano, você enxerga algo diferente. Em 2015, por exemplo, o bitcoin subiu 34%, mas ganhou 96% durante os dez melhores dias do ano.

Em 2016, o bitcoin apresentou um ganho anual de 124% — com um aumento de 80% em apenas dez dias. A referida tabela demonstra que todos os anos tiveram desempenhos semelhantes.

Deixe-me resumir isso para você:

- Desde o surgimento do bitcoin, caso você tenha perdido o dia no qual o bitcoin mais cresceu, você teria perdido 35% de todos os ganhos que o bitcoin já produziu.
- Caso tivesse perdido a melhor semana, teria perdido 50% dos ganhos ao longo de toda a história do bitcoin.
- Caso tivesse perdido o melhor mês, teria perdido 72% dos ganhos.
- Caso tivesse perdido os dois melhores meses, teria perdido 92% dos ganhos totais.

Se isso o motivar a se envolver com o timing de mercado, pergunte-se: o que aconteceria se, em vez de capturar os dez melhores dias, você acidentalmente capturasse os dez piores?

Aqui está a resposta:

- Em 2015, mesmo que o bitcoin tenha crescido 34%, você teria perdido todo o seu dinheiro.
- Em 2016, o bitcoin subiu 124%, mas você teria perdido 81%.
- Em 2017, o bitcoin subiu quase 1.400%, mas você teria perdido todo o seu investimento.
- Em 2018, você teria perdido todo o seu dinheiro de novo.
- O mesmo vale para 2019, mesmo que o bitcoin tenha quase dobrado de valor.
- E você teria sido dizimado em 2020, um ano no qual o bitcoin triplicou.

Em outras palavras, o timing *de mercado com ativos digitais não é diferente do* timing *de mercado na bolsa de valores.* Todos os avisos que você recebe de consultores financeiros a respeito de *timing* de mercado são aplicáveis a essa classe de ativos.

Antes de começar a discutir comigo, por clamar que a volatilidade excessiva e inusitada do bitcoin o tornam ideal para o *timing* de mercado, considere isto: em 2020, 30% das ações na S&P 500 eram mais voláteis do que o bitcoin. Você está contando o *timing* de mercado com ações? Se não está, então não o faça com bitcoin.

Redução de riscos via média do custo do dólar (dollar cost averaging)

A volatilidade intimida você? Se a resposta for sim, aqui vai uma estratégia que vira a volatilidade a seu favor.

A estratégia é chamada de *dollar cost averaging* (DCA). Em vez de investir todo o seu dinheiro de uma vez, você investe devagar ao longo do tempo. Eis como fazer isso:

Primeiro, decida quanto dinheiro vai investir em ativos digitais. Em seguida, decida a janela de tempo para fazer esses investimentos. Digamos que você decida investir 10 mil dólares ao longo de um ano. O intervalo não importa, nem a quantia. O que realmente importa é estar consistente em sua aplicação.

Para auxiliar você a entender os benefícios do DCA, deixe-me apresentar um enigma: você possui 100 dólares e compra um investimento valendo 10 dólares. Portanto, recebe dez ações. No próximo mês, você investe mais 100 dólares, mas o investimento agora vale apenas 5. Portanto, recebe vinte ações. Qual é o preço médio de todas as suas ações?

A sua resposta é US$7,50? Caso seja, foi assim que você chegou a ela: (US$10 + US$5) / 2 = US$7,50.

Mas essa resposta está errada.

A resposta correta é US$6,67. Você investiu um total de 200 dólares e tem um total de trinta ações. Aqui está a fórmula que você deveria ter utilizado:

US$200 / 30 = US$6,67.

Confuso? Isso é porque você utilizou a *média aritmética*, que você aprendeu na terceira série. Eu usei a *média harmônica*, que aprendemos na quarta série.

Ambas as médias são legítimas. Elas simplesmente fornecem informações diferentes. A média harmônica revela o *custo médio*, enquanto a média aritmética revela o *preço médio*. Uma vez que as médias harmônicas sempre são menores do que as médias aritméticas, o custo médio é sempre menor do que o preço médio! Portanto, o DCA sempre produz lucro![68]

---

[68] A não ser que o ativo perca todo o seu valor. Nesse caso, nada vai salvar você.

Legal, né?! Você sabe que a melhor hora para comprar é quando os preços estão baixos, e o DCA faz isso acontecer quase automaticamente. Você recebe mais ações quando os preços estão baixos e menos ações quando os preços estão altos. Portanto, você acumula ações de maneira custo-eficiente.

Para funcionar da melhor maneira, o DCA precisa ser aplicado a ativos cujos valores flutuam. As contas poupança sempre têm um preço estável de 1 dólar, portanto, o DCA não oferece um benefício em particular. Entretanto, o mercado de ações é volátil, e é por essa razão que o DCA é uma estratégia comum para investimentos em ações. E você pode aplicá-lo a ativos digitais com a mesma eficiência.

Para ilustrar o impacto dessa estratégia, vamos voltar a 31 de dezembro de 2017, quando o preço do bitcoin estava em US$13.379. Digamos que você tenha investido um montante fixo de 10 mil dólares, comprando 0,75 bitcoins. Treze meses depois, no dia 31 de janeiro de 2019, o preço do bitcoin tinha caído 74%. Seu investimento de 10 mil dólares valeria apenas US$2.592.

Mas, em seguida, o preço do bitcoin começou a crescer; no dia 31 de outubro de 2020, alcançando US$13.737, logo, seu prejuízo foi compensado. Isso não é incrivelmente excitante porque, depois de três anos, você apenas retornou a seu patamar original.

A história teria sido muito diferente caso tivesse seguido o DCA. Se houvesse investido aqueles 10 mil dólares ao longo de um período de doze meses (US$833 por mês) em vez de uma vez, eis o que teria acontecido:

- Em vez de cair 74% na mínima de janeiro de 2019, seu prejuízo teria sido um terço menor do que o prejuízo do investidor com o montante fixo.
- Em vez de ter que esperar até dia 31 de outubro de 2020 para voltar ao patamar inicial, você teria recuperado seus prejuízos seis meses mais cedo.
- E, o mais importante, você teria acumulado quase o dobro da quantidade de bitcoins que o investidor do montante fixo. Ao possuir tantos bitcoins a mais, seu investimento teria quadruplicado de valor até dezembro de 2020 para quase 40 mil dólares,

enquanto a conta do investidor do montante fixo valeria apenas cerca de 21 mil dólares.

É claro, o DCA também vai reduzir seus ganhos caso o preço dos ativos suba repentinamente. Mas os ativos digitais têm um histórico de volatilidade extrema, e esse ponto argumenta a favor de investimentos por meio do DCA se você quiser reduzir seus riscos.

	Prejuízo na mínima de janeiro 2019	Prejuízo recuperado:	Valor em dezembro 2020
Montante fixo de US$10.000 em dezembro 2017	74%	Dez. 2020	US$21.000
US$833 / mês Dezembro 2017 – Janeiro 2019	46%	Maio 2019	US$40.000

Redução de riscos via rebalanceamento

Todos os dados e infográficos vistos até então consideram que você vá adicionar uma pequena quantidade de bitcoin (nosso proxy para o ecossistema mais amplo de ativos digitais) ao seu portfólio. E estivemos considerando que você utilizou uma abordagem do tipo "adicionar-e-esquecer-dele".

Isso não é o ideal. Uma maneira muito melhor de gerenciar seu dinheiro é se envolver com o *rebalanceamento periódico de portfólio*. Esse processo é crucial, pois, caso seja deixado sozinho, o portfólio que você criou vai oscilar entre o cauteloso e o imprudente.

A razão disso é o fato de que cada investimento que você tem apresenta um desempenho independente do outro. Alguns investimentos irão subir, enquanto outros caem — e, no fim, seu portfólio não vai se assemelhar ao modelo de alocação de ativos que você criou.

Para uma ilustração simples, imagine alocar seu dinheiro igualmente em espécie e ações, um portfólio 50/50. Ao longo do tempo, é altamente provável que as ações cresçam mais rapidamente do que seu dinheiro em espécie. Um portfólio sem supervisão iria vagar de 50/50 para 60/40, 70/30, 80/20 e, enfim, para 90/10.

Para resolver esse problema, você deve rebalanceá-lo periodicamente. Você faz isso ao vender ações o suficiente para trazer essa alocação de volta para os 50%, adicionando esse dinheiro ao dinheiro em espécie, fazendo-o crescer de volta para os 50%. Isso fará o seu portfólio retornar à proporção original.

Pode parecer contraintuitivo, porque o rebalanceamento exige vender os investimentos que mais trouxeram dinheiro, e comprar os investimentos que trouxeram menos (ou talvez até mesmo que trouxeram prejuízos). Mas a ideia é, na verdade, brilhante, pois, ao rebalancear, você sempre vai vender ativos a preços relativamente maiores, enquanto compra outros a preços relativamente menores.

Vendendo alto e comprando baixo. Ou, como é mais comumente formulado, *Compre baixo, venda alto*.

Considere o período de 16 de dezembro de 2017 até 3 de março de 2020, durante o qual o bitcoin caiu 67%. Um portfólio 59/40/1 rebalanceado traria retornos maiores e riscos menores do que um portfólio 60/40 não rebalanceado. *Mesmo quando o preço está caindo, você está melhor com o bitcoin do que sem ele.*

De fato, o histórico mostra que adicionar bitcoin a um portfólio melhora a proporção de Sharpe em 69% das vezes, e, quando você adiciona bitcoin *e* faz o rebalanceamento do portfólio, a proporção de Sharpe melhora 100% das vezes.

É possível fazer o rebalanceamento mensalmente, trimestralmente, anualmente ou baseado em movimentações das porcentagens dentro do seu portfólio. Qual é o melhor? Daria na mesma perguntar qual foi o melhor pintor da Renascença — é subjetivo. Tudo o que posso lhe dizer é: os dados mostram que todas as estratégias de rebalanceamento diminuem a volatilidade.

IV

REGULAMENTAÇÃO, IMPOSTOS E COMPLIANCE

18 Como os ativos digitais são regulamentados

Remédios patenteados se tornaram populares durante os séculos XVIII e XIX. Na realidade, eles não eram realmente remédios, e nada era de fato patenteado — o próprio nome fazia parte do golpe.

E eram golpes, mesmo. Vendedores astutos os alardeavam como remédios para dúzias de mazelas, incluindo problemas renais, calvície, doenças venéreas, tuberculose, câncer, cólera, epilepsia, escarlatina, paralisa, "reclamações femininas" etc. Os produtos eram insanos — placebo, na melhor das hipóteses, mas muitas vezes perigosos (heroína e cocaína eram ingredientes comuns).

Para proteger o público, o Congresso promulgou dezenas de leis, começando com o Pure Food and Drug Act (Decreto de comidas e drogas puras, tradução nossa) de 1906, e criou várias agências federais, incluindo o FDA (Food and Drug Administration), os Institutos Nacionais de Saúde, o Departamento de Agricultura e os Centros de Controle e Prevenção de Doenças (CDCP, na sigla em inglês). Embora os golpes persistam — você pode rotineiramente encontrar anúncios para "suplementos nutricionais" que prometem melhorar sua energia, aumentar sua potência sexual, curar calvície e seja lá o que for —, é seguro dizer que todos estamos mais felizes vivendo sob o sistema de hoje do que sob o que era vigente em 1850.

O mesmo vale para automóveis. Depois de o primeiro carro ter saído da fábrica, não deve ter demorado muito para que acontecesse o primeiro acidente envolvendo automóveis. Os governos estaduais e federais logo perceberam a necessidade de leis e regulamentações sobre como os carros deveriam ser construídos e como deveríamos operá-los, e nós aproveitamos um progresso sensacional: em 1913, de acordo com o Conselho de Segurança Nacional, 33 pessoas morriam para cada 10 mil veículos nas estradas; em 2019, havia menos de 2 mortes por 10 mil veículos, uma melhora de 96%.

De uma perspectiva regulatória, o campo de ativos digitais é semelhante ao que foram, para medicamentos e carros, os séculos XVII e XVIII. Os ativos digitais são tão recentes que legisladores e reguladores não conseguiram acompanhá-los, mas estão trabalhando duro para isso.

Os elaboradores de políticas devem resolver quatro principais empecilhos:

- **Jurisdição.** Os ativos digitais não existem em uma localização física, tornando difícil a tarefa de saber quem tem jurisdição sobre os produtos e transações.
- **Terminologia.** É difícil escrever leis e regulamentações a respeito de ativos digitais se não conseguimos sequer concordar sobre quais palavras utilizar.
- **Anonimato.** É, muitas vezes, difícil determinar quem está por trás de transações digitais, ou quem está envolvido com elas, pois a maioria das blockchains, ou suas transações, são anônimas. Outras transações são relacionadas a pseudônimos, o que significa que são conectadas a uma conta rastreável, mas não ao dono da conta. Como regulamentar transações nas quais não é possível identificar as partes envolvidas?
- **Resolução de disputas.** Discussões são inevitáveis. Mesmo que você conheça quem são as partes (talvez por meio de autoidentificação), como é possível fazer cumprir um veredicto se as partes se situam em jurisdições diferentes?

Os elaboradores de políticas têm três escolhas: podem ser encorajadores, permissivos ou rigorosos. *Países encorajadores* permitem que blockchains e empresas relacionadas a blockchains floresçam. Eles criaram leis e regulamentações para providenciar clareza sobre como as transações são tratadas e sobre quais regras devem ser seguidas. Essas nações incluem Bermudas, Hong Kong, Japão, Malta, Singapura e Suíça.

Países permissivos não estão interferindo na comercialização e transação de ativos digitais, mas suas regras ainda não são claras. Essencialmente, esses governos estão permitindo as operações enquanto descobrem o que devem fazer. A maioria dos países está nessa categoria.

234

Países rigorosos são aquele que baniram determinadas transações ou corretoras de ativos digitais ou exerceram uma abordagem hostil contra os cidadãos que utilizam esses ativos. Essas nações incluem Argélia, Bolívia, Marrocos, Paquistão e China.

Os Estados Unidos se encontram entre os países permissivos. Como a principal nação capitalista do mundo, entende-se ali a importância da inovação — e percebe-se que o banimento da indústria faria apenas com que a inovação fosse afastada para o exterior, beneficiando outras nações.

Mas criar leis e regulamentações é algo desafiador nos Estados Unidos, devido ao sistema governamental do país. Somente no ramo executivo, o Departamento do Tesouro conta com múltiplas agências assegurando jurisdição: o Gabinete do Controlador da Moeda, o Gabinete de Controle de Ativos Estrangeiros, a IRS e a FinCEN (a Rede de Fiscalização de Crimes Financeiros). Essa lista não inclui as agências independentes: o Conselho do Federal Reserve, a Comissão de Valores Mobiliários e a Comissão de Negociação de Futuros de Commodities. E não devemos esquecer do Congresso, que decide qual agência recebe as jurisdições e fornece o financiamento para isso. E, como certamente alguém vai se queixar de qualquer decisão que venha a ser tomada, as cortes também acabarão pesando na balança.

E isso é apenas nos Estados Unidos. O mundo é um lugar grande, com 197 países reconhecidos pelas Nações Unidas. O trabalho está sendo feito pela Força-Tarefa de Ação Financeira (FATF, na sigla em inglês), um corpo de elaboração de políticas públicas para a regulamentação financeira global. Todos os Estados membros (o que inclui os Estados Unidos) normalmente concordam em aderir às regras da FATF.[69] Em outubro de 2021, ela liberou um guia para a regulamentação de ativos digitais, incluindo uma regra exigindo que corretoras de ativos digitais adotem medidas mais fortes para combater a lavagem de dinheiro. Ela se assenta sobre a "regra de viagem" da FATF (em prática desde 1995), que exige às instituições a coleta de dados acerca

---

69 Auxiliando os governos ao redor do mundo sobre esses assuntos, está o Global Blockchain Convergence, grupo de cerca de duzentos especialistas internacionais. Eu integro esse grupo desde 2019.

de todas as transações internacionais de mil dólares ou mais. Agora a regra também se aplica a corretoras de ativos digitais, exigindo que elas capturem seu nome, número da conta, endereço, identidade da sua instituição financeira, o volume da transação e a data de execução, além da identidade da companhia financeira do recipiente.

Nem chegamos a mencionar os cinquenta estados — cada um dos quais com uma estrutura semelhante à do governo federal. Portanto, multiplique tudo por 51.

Nova York, por exemplo, exige que as empresas que desejam oferecer produtos e serviços de ativos digitais obtenham uma BitLicense — considerada onerosa pela comunidade cripto (fazendo alguns declararem que vão operar em todos os estados, menos em Nova York). Wyoming, Texas e Miami (separadamente do restante da Flórida) optaram por uma abordagem diferente. Todos esses estados adotaram as leis mais amigáveis a criptos no país. Suas leis oferecem grande clareza a respeito do que é e do que não é permitido — tornando fácil para as empresas operar em conformidade com a legislação.

Wyoming também criou um *sandbox de FinTech* para empresas de ativos digitais. Os reguladores perceberam que a comunidade está inovando, e, portanto, não está sempre convicta a respeito do que está fazendo ou se aquilo vai funcionar. Em vez de fazer as empresas seguirem leis prescritas, Wyoming simplesmente exige que elas mantenham o governo informado sobre suas atividades — para que ele possa trabalhar em conjunto com empreendedores, desenvolvendo as regulamentações conforme os próprios produtos forem florescendo. Esse abraço caloroso transformou o estado de Wyoming em um polo para a comunidade de ativos digitais, tão significativo quanto foi o Vale do Silício para os computadores há 30 anos.

FTX

O Texas também está fornecendo clareza regulatória e legal; o estado agora se situa entre os poucos favorecidos pelos mineradores de bitcoin. E o objetivo de Miami não é nada menos do que se tornar "a capital mundial das criptos", de acordo com o prefeito Francis Suarez. Empreendedores até mesmo lançaram o token digital Miami-Coin, doando parte de sua receita para a cidade. A corretora de criptomoedas FTX assegurou os direitos de nomeação da arena da NBA na cidade, ao passo que a plataforma de negociação de ações eToro, em conjunto com a carteira cripto Blockchain.com, estabeleceram escritórios em Miami.

Miami está posicionada para ser bem-sucedida. A cidade é um grande polo financeiro internacional; muitos imigrantes da América Latina e do Caribe vivem lá. Eles já experimentaram a hiperinflação ou o confisco de patrimônio, e estão inclinados a utilizar bitcoin para enviar dinheiro para amigos e familiares em suas terras natais. Miami também é uma das cidades mais desbancarizadas nos Estados Unidos, com 20% dos domicílios sem contas bancárias. (Existem cerca de quatrocentos caixas eletrônicos de bitcoin somente em South Miami.)

Mas a cidade não está sozinha no cortejo das criptos para a comunidade. O prefeito da cidade de Nova York, Eric Adams, está competindo abertamente com Miami no que ele chama de "competição amigável". Ele quer que a cidade de Nova York tenha sua própria moeda digital, e declarou: "Vamos nos tornar o centro do bitcoin". Para provar seu ponto, ele recebeu seus três primeiros salários em bitcoin — superando o prefeito de Miami, Francis Suarez, que recebeu um salário em bitcoin.

É melhor que Adams e Suarez fiquem atentos aos seus arredores, porque El Salvador está construindo uma "cidade do bitcoin", financiada por bonds governamentais bilionários apoiados por bitcoin. A cidade inteira será supostamente movida a energia geotérmica, produzida por um vulcão nas proximidades. Os residentes não vão pagar impostos de uso de terra, imobiliários ou de renda — apenas um imposto de valor agregado, comum na Europa.

A corrida para abraçar as criptos começou.

Todo esse panorama está se desenrolando porque a maioria dos governos concluiu que os ativos digitais não podem ser parados. Tudo que podem fazer é tentar regulamentá-los e controlá-los e, se forem espertos, capitalizar em cima deles.

Oficiais governamentais buscam equilibrar segurança e privacidade. O governo não tem o direito de saber o que você faz com seu dinheiro, a menos que você queira utilizá-lo para fazer mal aos outros ou ao próprio país. Esforços para alcançar um meio-termo para os ativos digitais envolvem quatro áreas de regulamentação: dinheiro e serviços bancários (o movimento de ativos digitais entre contas ou pessoas), valores mobiliários, valores não mobiliários e impostos. Vamos examinar cada um deles.

Como criptos são regulamentadas ao redor do mundo

Vamos fazer uma breve análise de como os ativos digitais são vistos por governos em regiões ao redor do globo.

Ásia

A Coreia do Sul estabeleceu regulamentações claras e, portanto, tem um dos maiores mercados de criptos do mundo. O mesmo vale para o Japão, onde transações e empresas de ativos digitais florescem. Mas ambos os países assistiram a grandes fraudes e fracassos e, por conta disso, estão expandindo as regulamentações e fiscalizações para proteger seus cidadãos. Singapura também é altamente solidária, e está encorajando negócios de ativos digitais a se mudarem para o país. Suas regras se relacionam, em sua maioria, a lavagem de dinheiro e compliance com a FATF.

A Índia conta uma história diferente. O governo local procurou banir os ativos digitais — a legislatura indiana propôs a pena de dez anos de prisão para pessoas que se envolvessem com determinadas transações de ativos digitais. Estes e outros esforços foram anulados pela Suprema Corte Indiana. No momento em que escrevo, a situação permanece incerta.

E então há a China. A China tem sido líder em ativos digitais há um bom tempo (a maioria dos bitcoins foi minerada no país), e o seu governo está na vanguarda do desenvolvimento de CBDCs. Mas a China é um regime comunista, e o governo detesta qualquer coisa que ameace o seu controle. Ainda assim, sua economia opera com grandes tendências capitalistas, e isso criou um enorme embate filosófico dentro de suas fronteiras.

A China não sabe se deve temer a ameaça que os ativos digitais impõem sobre seu controle ou se ama os benefícios econômicos que essa nova classe de ativos traz. De maneira crescente, o lado político do governo tem ganhado esse debate. Em 2009, apenas seis meses depois de o bitcoin ter sido inventado, a China o baniu. Em 2013, o país proibiu bancos de realizar transações de bitcoin. Em 2017, baniu os ICOs. Em 2019, o país ameaçou banir a mineração de bitcoin — e finalmente o fez em 2021. Nesse mesmo ano, a China também baniu toda atividade relacionada ao bitcoin.

O prejuízo da China tem sido o lucro dos Estados Unidos. Quando o governo chinês baniu a mineração de bitcoin, muitos mineradores chineses moveram suas operações para Nova York e Texas. Hoje, os Estados Unidos são o líder mundial em mineração de bitcoin, principalmente por conta da China. E, como o gráfico seguinte demonstra, as proibições da China não tiveram qualquer impacto de longo prazo sobre o preço do bitcoin.

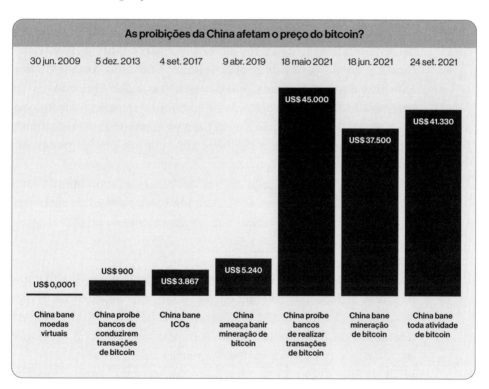

Oriente Médio

O governo da Arábia Saudita está trabalhando duro para encorajar realocações de negócios de ativos digitais para o país. Um ETF canadense de bitcoin obteve permissão para ser comercializado na Nasdaq

Dubai em 2021, ilustrando a postura do país sobre o tópico, enquanto o banco central de Israel divulgou um estudo dizendo que uma CBDC poderia melhorar a economia — e escolheu a Ethereum para um teste. Os Emirados Árabes Unidos também são considerados amigáveis para criptos, assim como o Irã e o Líbano, dois países que sofrem com inflações debilitantes. (Cinco por cento de toda a mineração de bitcoin é realizada no Irã.)

A Turquia também sofre com a inflação, mas o governo turco proíbe o uso de ativos digitais como pagamento. Apesar disso, a utilização de criptos aumentou onze vezes em 2021, e 18% dos habitantes do país agora possuem ativos digitais, de acordo com o Banco ING.

O banco central de Bahrein aprovou a Rain, uma plataforma de comercialização de ativos digitais que serve tanto os residentes locais quanto àqueles da Arábia Saudita, Emirados Árabes Unidos, Kuwait e Omã. Os bancos centrais sauditas e dos Emirados estão colaborando em um projeto de blockchain chamado *Aber,* que seria uma CBDC de emissão dupla para pagamentos internacionais. Israel, Líbano e Turquia também anunciaram planos para suas próprias CBDCs.

Mas as autoridades regulatórias do Qatar estão mantendo uma postura de espere-e-observe — ilustrando como países diferentes têm visões distintas a respeito dessa classe emergente de ativos.

Europa

A União Europeia publicou uma proposta em 2020 para regulamentar os ativos digitais, parte de um pacote abrangente sobre finanças digitais, estratégias, pagamentos de varejo e resiliência digital. Caso seja adotada, a proposta daria à União Europeia uma estratégia coerente e consistente para ativos digitais na parte ocidental da região.

O Reino Unido está se movendo mais devagar. Enquanto estão sendo razoavelmente encorajadores até agora, os britânicos estão agindo mais como os norte-americanos: ainda não abraçam totalmente os ativos digitais, mas é esperado que posteriormente venham a fazê-lo.

A Ucrânia é mais decidida. No momento em que escrevo, ela planeja declarar o bitcoin como a moeda legal do país.

E o presidente russo Vladimir Putin disse em 2021 que os ativos digitais "têm o direito de existir e podem ser usados como método de pagamento". O Ministro de Finanças Alexei Moiseev disse que o governo não tem planos de banir essa classe de ativos.

África

A África do Sul abraçou oficialmente os ativos digitais, com reguladores prevendo um aumento em sua atividade. Essa política separa a África do Sul da maioria das outras nações africanas, cujos bancos centrais estão proibindo o uso de ativos digitais. No entanto, apesar das proibições nesses países, milhões de cidadãos do Zimbábue, Quênia e Gana estão comercializando ativos digitais.

A Nigéria, por sua vez, pegou a rota oposta e criou políticas encorajadoras para empresas de ativos digitais.

América do Norte

O Canadá é um dos países mais progressistas do mundo, tendo aprovado diversos ETFs de bitcoin, entre outras permissões. O México também é favorável, e encoraja a utilização de ativos digitais. O banco central de Cuba agora reconhece o bitcoin — um passo vital para auxiliar seus cidadãos a receber dinheiro de familiares em outros países. (O Western Union fechou suas mais de quatrocentas agências no país em 2020.)

América Central

Em 2021, El Salvador se tornou o primeiro país a adotar o bitcoin como moeda corrente, comprando 550 bitcoins para apoiar seus esforços. Havia tanta demanda inicialmente pela carteira digital do governo — 70% de seus cidadãos não têm contas bancárias — que o governo precisou interromper brevemente a abertura de novas contas. Oficiais dizem que os salvadorenhos utilizando bitcoin vão economizar 400 milhões de dólares por ano em comissões por remessas.

A proteção contra a inflação é um dos principais motivos para a popularidade do bitcoin. El Salvador tem uma das maiores taxas de inflação do mundo, e o pagamento em bitcoin protege os compradores e vendedores da devastação que ela causa.

No momento em que escrevo, o Panamá está planejando seguir o exemplo de El Salvador e estabelecer o bitcoin como uma moeda oficial.

ETFs canadenses que investem em blockchain e em ativos digitais		
ATIVO ÚNICO		
Patrocinador	Nome do produto	Símbolo
3iQ Digital Asset Management 3iq.ca	Fundo de Bitcoin	BTCQ para investidores canadenses BTCQ.U para investidores norte-americanos
	Fundo de Ether	ETHQ para investidores canadenses ETHQ.U para investidores norte-americanos
CI Galaxy cifinancial.com	ETF de Bitcoin	BTCX.U para investidores norte-americanos
	ETF de Ether	ETHX.U para investidores norte-americanos
Purpose Investments purposeinvestments.com	ETF de Bitcoin	
	Carbon Offset Non-FX Hgd FX Hedged Non-Fx Hedged Para investidores norte-americanos	BTCC.J BTCC BTCC.B BTCC.U
	ETF de Ether	
	Carbon Offset Non-FX Hgd FX Hedged Non-FX Hedged Para investidores norte-americanos	ETHH.J ETHH ETHH.N ETHH.U

Evolve ETFs evolveetfs.com	ETF de Bitcoin	EBIT EBIT.U para investidores norte-americanos
	ETF de criptomoedas	ETC ETC.U para investidores norte-americanos
	ETF de Ether	ETHR ETHR.U para investidores norte-americanos
MÚLTIPLOS ATIVOS		
Patrocinador	**Nome do produto**	**Símbolo**
Evolve ETFs evolveetfs.com	ETF de criptomoedas Investe em ambos, bitcoin e ether	ETC ETC.U para investidores norte-americanos
Fidelity ETFs fidelity.ca	ETF de Bitcoin Advantage	FBTC FBTC.U para investidores norte-americanos

América do Sul

A Venezuela também sofre com a inflação (sua taxa em 2021 superou 1.600%) e, portanto, tem visto seus cidadãos transferirem enormes quantias de dinheiro para o bitcoin. Em face de tamanha competição, a Venezuela adotou restrições severas, as quais muitos ignoram.

A Bolívia também baniu os ativos digitais e suas corretoras, enquanto o Equador permite apenas seu próprio ativo digital, o token SDE. Argentina, Brasil e Chile tendem a permitir os ativos digitais, reconhecendo que sua ampla utilização já está estabelecida. E, no momento em que escrevo, o Paraguai está se preparando para estabelecer o bitcoin como uma moeda oficial, seguindo El Salvador, o que demonstra as visões divergentes que existem acerca do assunto.

⑲ Ativos digitais são valores mobiliários?

Chegou a hora de outro enigma! Este é de múltipla escolha. De acordo com os reguladores norte-americanos, o bitcoin é:

1. Uma moeda.
2. Um valor mobiliário.
3. Uma commodity.
4. Uma propriedade.

Sim, é outra pegadinha. A resposta é: todas acima.

Lá se vai a clareza regulatória.

Existem muitas respostas porque existem muitos reguladores governamentais respondendo à pergunta. Isso importa porque a maneira como uma agência responde a essa pergunta determina se ela tem jurisdição, e, se tem, quais de suas regulamentações são aplicáveis.

Vamos começar com a SEC. A SEC diz que o bitcoin não é um valor mobiliário. Ela tem certeza disso. Por quê? Porque o bitcoin falha no *Teste de Howey*.

Antes de eu explicar o que é esse teste, é útil você entender a razão para o Teste de Howey existir. A história começa com o Crash de 1929 e a consequente Grande Depressão. Para prevenir que isso acontecesse novamente, o Congresso promulgou diversas leis, incluindo o Securities Act of 1933 (Ato de Valores Mobiliários de 1933) e o Securities Exchange Act of 1934 (Ato de Mercados de Valores Mobiliários de 1934). Essas leis exigem que aqueles que estejam criando e vendendo valores mobiliários sigam regras rígidas — regras não existentes na década de 1920.

Criando e vendendo um valor mobiliário? Tudo bem, mas o que é um valor mobiliário? Um valor mobiliário, de acordo com essas novas leis, é um *contrato de investimento*. Certo, mas o que é um contrato de investimento?

Houve um desacordo considerável a respeito dessa questão, e a discussão chegou à Suprema Corte. Em 1946, a corte decretou, no caso histórico SEC *vs. Howey*, que uma transação é um contrato de investimento (e, portanto, um valor mobiliário) se:

1. É um investimento de dinheiro.
2. Existe uma expectativa de lucros advindos do investimento.
3. O investimento de dinheiro está em um empreendimento comum.
4. Quaisquer lucros advenham dos esforços de um promotor ou de uma terceira parte.

Isso passou a ser conhecido como o Teste de Howey. Caso os quatro critérios descrevam o que você está fazendo, então você está lidando com um valor mobiliário.

A SEC aplicou o Teste de Howey ao bitcoin e concluiu que ele não é um valor mobiliário. O mesmo vale para o Ethereum. Mas, de acordo com a SEC, outros ativos digitais são ou podem ser valores mobiliários. E, se você comprar um fundo que é um valor mobiliário, e esse valor mobiliário comprar bitcoin, então você está lidando com um valor mobiliário mesmo que o ativo subjacente não seja um valor mobiliário.

Você se lembra do remake do filme *A mosca*? Jeff Goldblum interpreta Seth Brundle, o cientista que tenta construir algo equivalente ao transportador de *Star Trek*. Ele o testou em si mesmo, não percebendo que uma mosca estava na câmara junto com ele. Ao tentar descobrir o que deu errado, Brundle perguntou a seu computador o que emergiu do teste. A resposta do computador: "Não foi Brundle".

O que não é incrivelmente útil.

O mesmo é aplicado à SEC. Pergunte à agência: "O que é bitcoin?" e ela vai responder: "Bitcoin não é um valor mobiliário". Tudo bem, então o que é?

O Federal Reserve entrou na jogada e disse que o bitcoin não é uma moeda. Isso é importante, por razões que vamos abordar ao discutir o tópico favorito de todo mundo (impostos). Mas isso ainda não nos diz o que é o bitcoin.

A Comissão de Negociação de Futuros de Commodities (CFTC, na sigla em inglês) diz que o bitcoin não é uma commodity, embora outros ativos digitais sejam. Depende dos testes que a agência utiliza, como a forma pela qual os contratos são entregues. Ainda não existe total clareza sobre a questão, e a CFTC criou a Força Tarefa de Ativos Digitais para tentar descobrir uma solução.

Portanto, ainda não sabemos o que o bitcoin é. Sabemos apenas o que ele não é.

O CFTC, a SEC e o Departamento do Tesouro estão trabalhando em conjunto para desenvolver regulamentações para os ativos digitais. Mas uma agência dentro do Departamento do Tesouro não está agindo em conformidade com as outras. Ela está desenvolvendo suas próprias políticas, sem considerar o que as outras estão fazendo. Qual agência?

A Internal Revenue Service (IRS, na sigla em inglês).[70] Portanto, ela vai receber o seu próprio capítulo — o próximo.

---

70 O equivalente norte-americano para Receita Federal Brasileira. [N. T.]

20 Como os ativos digitais são tributados

Prefácio[71]

Qual é a pior parte das finanças pessoais? Não, não é pagar os impostos (embora essa seja uma parte bem ruim). A pior parte é não saber quais impostos você precisa pagar. Isso sim é frustrante!

E isso, muitas vezes, é o que acontece com os ativos digitais. Alguns aspectos dessa classe de ativos são tão recentes que o Congresso ainda não atualizou o Código de Receita Interna, e a IRS não revisou a norma ou emitiu regulamentações. Enquanto em muitas áreas existe clareza — mais do que muitas pessoas percebem —, ainda existe também muito terreno nebuloso. Vou explicar tudo da melhor maneira possível. Fornecerei a você notas de rodapé contendo citações relevan-

---

[71] As informações tributárias deste capítulo, bem como os sites apresentados nas referências, dirigem-se ao público dos Estados Unidos, mas muito provavelmente antecipam cenário similar que pode vigorar no Brasil em futuro próximo. [N. E.]

tes. Você não estará interessado nelas, mas seus consultores tributários e financeiros estarão — portanto, compartilhe este livro com eles.[72]

Leis e regulamentações tributárias mudam frequentemente. Portanto, certifique-se de consultar seu contador antes de agir a respeito de qualquer informação que você ler aqui.

Vamos utilizar as palavras corretas

O que é uma criança? A Organização das Nações Unidas diz que é alguém com menos de 18 anos. Entretanto, a lei de imigração norte-americana diz que uma criança é qualquer um com menos de 21 anos, ao passo que o Ato de Proteção da Privacidade On-line de Crianças de 1998 diz que crianças são aqueles que têm menos de 13 anos de idade. E o Departamento de Saúde e Serviços Humanos diz que os pais podem incluir seus filhos em suas apólices de seguros de saúde enquanto a "criança" tiver menos de 26 anos.

Se não conseguimos concordar sobre como definir uma "criança", é alguma surpresa que não consigamos concordar sobre como nos referir a essa nova classe de ativos?

Para os propósitos deste capítulo, vamos utilizar os termos como estão definidos pela IRS. São estes:

- **Ativo digital.** De maneira geral, é a representação binária de qualquer coisa que tenha um valor econômico e que possa ser possuída.
- **Ativo cripto.** Qualquer ativo digital que utilize criptografia para proteger os registros de transações em um livro-razão, como em uma blockchain, para controlar a criação adicional de tais ativos e para verificar a transferência de sua posse.

---

72 Melhor ainda, faça-os comprar seus próprios exemplares.

- **Moeda virtual.** Esta é a representação virtual de um meio de troca, uma unidade de conta ou reserva de valor que não seja o dólar americano ou outra moeda governamental.[73]
- **Moeda virtual conversível.** É uma moeda virtual que tem um valor equivalente em uma moeda real, ou é substituta para uma delas. Moedas virtuais conversíveis são consideradas propriedade,[74] e, portanto, princípios tributários gerais aplicáveis a propriedades são aplicados a transações envolvendo moedas virtuais conversíveis.[75] Importante: a IRS diz que o bitcoin é um exemplo de moeda virtual conversível. (A-ha! Finalmente começamos a descobrir o que o bitcoin é!)
- **Criptomoeda.** Esta é uma moeda virtual que utiliza criptografia para proteger as transações registradas digitalmente em um livro-razão distribuído, como uma blockchain.[76] Bitcoin, ether e litecoin são formas de criptomoedas.[77] (A-ha! Mais clareza!)

Introdução

Coletores de impostos amam pessoas com dinheiro — porque eles têm a chance de tomar parte desse dinheiro. Os ativos digitais geraram enormes quantidades de riqueza desde a introdução do bitcoin, em 2009, portanto, assim como o gado diante de um bloco de sal, as autoridades tributárias ao redor do mundo estão babando em cima dessa nova classe de ativos e das pessoas que vêm se envolvendo com ela.

A IRS se referiu aos ativos digitais pela primeira vez em 2014. O Aviso 2014-21[78] diz que os ativos digitais são uma propriedade; portanto, os princípios há muito estabelecidos envolvendo propriedades

---

73 Aviso 2014-21. Rev. Rul. 2019-24, https://www.irs.gov/pub/irs-wd/202124008.pdf.

74 Ibid.

75 Ibid.

76 Questões frequentes sobre transações de moedas virtuais da IRS, FAQ #3, www.irs.gov/individuals/international-taxpayers/frequently-asked-questions-on-virtual-currency-transactions.

77 Rev. Rul. 2019-24 at 2, www.irs.gov/pub/irs-wd/202124008.pdf.

78 Aviso 2014-21, 2014-16 I.R.B. 938, www.irs.gov/pub/irs-drop/n-14-21.pdf.

se aplicam a essa nova classe de ativos.[79] Acreditando que muitos pagadores de impostos estivessem ignorando esse aviso, a IRS intimou a Coinbase em 2016, exigindo que a empresa enviasse à IRS os registros de todos os seus clientes. A Coinbase se recusou a acatar o documento, mas, após a IRS reduzir o escopo de sua intimação, a Corte Distrital do Distrito Norte da Califórnia decidiu a favor da IRS. A Coinbase forneceu à IRS os dados que ela queria.

Em 2019, aflita diante da suspeita de que muitas pessoas envolvidas com ativos digitais não estivessem pagando impostos sobre suas transações,[80] a IRS emitiu mais orientações, incluindo o Revenue Rulling 2019-24,[81] além de respostas Perguntas Frequentes.[82]

É engraçado como duas pessoas inteligentes podem ter interpretações tão opostas em relação ao código tributário!

Mas essa luva de pelica cobria um martelo: a IRS também anunciou que exigiria a conformidade com auditorias e investigações criminais.

---

[79] Veja, também, Questões frequentes sobre transações de moedas virtuais da IRS, FAQ #2, www.irs.gov/individuals/international-taxpayers/frequently-asked-questions-on-virtual-currency-transactions.
[80] IR-2019-167, content.govdelivery.com/accounts/USIRS/bulletins/2651117?reqfrom=share.
[81] Rev. Rul. 2019-24, www.irs.gov/pub/irs-drop/rr-19-24.pdf.
[82] Questões frequentes sobre transações de moedas virtuais da IRS, www.irs.gov/individuals/international-taxpayers/frequently-asked-questions-on-virtual-currency-transactions.

Como parte desses esforços, eles começaram a exigir que os pagadores de impostos respondessem a essa pergunta em suas declarações de impostos (Form 1040):

Em qualquer época durante 2019, você recebeu, vendeu, enviou, trocou ou de outra forma adquiriu interesses financeiros em qualquer moeda virtual?

A pergunta estava enterrada em uma tabela secundária, mas, em 2021, a IRS a moveu para o início da página 1, onde não pode ser ignorada!

A IRS aumentou seus esforços de aplicação em 2021 com a Operação Tesouro Escondido: agentes especialmente treinados agora estão à caça de rendas não relatadas relacionadas a criptos.

Para você, tudo isso está parecido demais com o *Big Brother*? Bem, vamos nos lembrar de que você tem uma obrigação perante o governo de pagar todos os impostos devidos. Mas também tem uma obrigação igualmente importante consigo mesmo e com sua família, a de não pagar mais impostos do que os exigidos ou mais cedo do que o necessário.

Você não é um sonegador fiscal. Está disposto a pagar o que deve. Mas como determinar se você está devendo, ou a quantia que deve?

Essa é uma pergunta inteligente. Eis uma resposta estúpida: você não deve nenhum imposto até vivenciar um evento tributável.

Bem, dã... E então, o que é um evento tributável?

Um *evento tributável* é qualquer evento que resulte em uma responsabilidade fiscal. Eventos incluem vendas, trocas, conversões, negociações, pagamentos, doações, recibos e a obtenção de uma renda. Você deve relatar todos os eventos tributáveis em algum lugar de sua declaração de impostos — e deve fazer isso mesmo que a quantia seja imaterial. Não importa se a outra parte (ou um intermediário) não lhe mandar um documento fiscal como o Form 1099 ou o W-2. A IRS mantém *você* como o responsável pela declaração de toda renda e de todas as transações, quer você receba ou não um formulário fiscal de alguém. Não existe nada de especial ou de mágico nos ativos digitais que os isentem de tributação.

Para ajudar você a entender todos os problemas que precisam ser considerados, vamos examinar o ciclo de vida da posse de ativos digitais. Existem três estágios: aquisição, retenção e transferência.

Qualquer um pode conduzir seus negócios de modo que seus impostos sejam os menores possíveis; ninguém é limitado a escolher o padrão que melhor vai pagar o Tesouro; não há nem mesmo um dever patriótico de aumentar os impostos de ninguém.

Juiz Learned Hand

Adquirindo ativos digitais

Perceba que eu não disse *comprando*. Isso acontece porque existem múltiplas maneiras de *adquirir* um ativo digital. É possível até mesmo obter a posse de um ativo digital sem executar nenhuma ação; em vez disso, é possível simplesmente "recebê-lo". Vamos analisar todas as formas pelas quais você pode adquirir ativos digitais.

Comprando

É possível comprar ativos digitais por meio de:

1. Uma corretora centralizada. Por exemplo, você paga em dinheiro vivo para comprar bitcoin.

2. Uma corretora descentralizada. Por exemplo, você possui bitcoin e os utiliza para comprar ether.
3. Uma plataforma que não é de criptomoedas. Por exemplo, você tem uma conta na Robinhood, PayPal ou Venmo.
4. Um caixa eletrônico, trocando por dinheiro em espécie.
5. Um banco. (Não, você ainda não pode fazer isso, mas quem sabe um dia...)

Em cada um desses casos, sua *base fiscal* é o *fair market value* (FMV; valor justo de mercado, tradução nossa), em dólares americanos, no momento da compra. Sua base é a quantia que gasta para adquirir um ativo digital, incluindo taxas, comissões e outras despesas. Sua *base fiscal ajustada* é o seu custo-base somado a certas despesas admissíveis.

Recebendo ativos digitais como pagamento por remuneração ou serviços

Seu empregador pode pagar você em bitcoin em vez de dólares. É dessa maneira que Sean Culkin recebe seu pagamento — todos os 920 mil dólares. Enquanto jogava para o Kansas City Chiefs, ele se tornou o primeiro jogador da NFL a ser pago exclusivamente em bitcoin. O offensive tackle Russel Okung recebe metade de seu salário de 13 milhões de dólares em bitcoin e a outra metade em dólares. O receptor do Los Angeles Rams, Odell Beckham Jr., três vezes jogador da NFL Pro Bowl, está recebendo a totalidade do seu salário de 4,25 milhões de dólares em bitcoin. O quarterback do Green Bay Packers, Aaron Rodgers, três vezes MVP da NFL, também está recebendo parte de seu salário em bitcoin.

Da perspectiva fiscal, o que esses caras estão fazendo não importa, porque remuneração é remuneração, independentemente da forma de pagamento.[83]

A lei tributária é clara nesse quesito: se você receber ativos digitais como remuneração, o FMV desse ativo, medido em dólares americanos, é uma renda tributável para você no momento em que recebê-la,

---

83 Questões frequentes sobre transações de moedas virtuais da IRS, FAQs #9 e #11, www.irs.gov/individuals/international-taxpayers/frequently-asked-questions-on-virtual-currency-transactions.

e a quantia que receber é sujeita à tributação como renda comum, de acordo com sua faixa de impostos.[84]

Se dá na mesma para você, eu gostaria de receber minha mesada em bitcoins.

Se o ativo digital que você receber não possuir um valor publicado, então o FMV é igual ao FMV dos serviços no momento em que a transação ocorrer.[85] Por exemplo, um jogador da NFL com um contrato de 1 milhão de dólares pode escolher receber NFTs em vez de dólares. O NFT pode não ter um valor publicado. Nesse caso, o jogador deve utilizar o preço de 1 milhão de dólares estabelecido pelo seu contrato.

O mesmo vale para empreiteiros. O profissional que vai pintar sua casa pode pedir para ser pago em ativos digitais em vez de dinheiro vivo. Lida-se com isso da mesma maneira que no caso do jogador.

Recebendo ativos digitais em troca de propriedades

Caso você transfira a Propriedade A para alguém e receba o Ativo Digital B em troca, sua base fiscal no Ativo Digital B será igual ao FMV do Ativo Digital B que você recebeu, em dólares americanos, no momento em que recebeu os ativos digitais.[86]

84 Ibid., FAQ #13.
85 Ibid., FAQ #28.
86 Ibid., FAQ #21.

Caso a Propriedade A fosse um ativo de capital, você teria um ganho ou perda de capital ao se desfazer dela. Caso a Propriedade A não fosse um ativo de capital, então você teria um ganho ou uma perda ordinária.[87] Em ambos os casos, o ganho ou a perda é a diferença entre o FMV do Ativo Digital B no momento de recebimento (geralmente a data é registrada no livro-razão distribuído) e a base fiscal ajustada da Propriedade A, que você transferiu.[88]

Caso os ativos digitais não tenham um valor publicado, então o FMV é igual ao valor, na data da transação, da propriedade que você trocou pelos ativos digitais.[89]

Recebendo ativos digitais como pagamento de dinheiro devido a você

Sally lhe deve mil dólares e lhe envia ativos digitais que valem mil dólares. Ambos tratam a transação como se tivesse sido realizada em dinheiro vivo.[90]

Recebendo ativos digitais como bonificação ao utilizar um cartão de débito ou crédito

Há anos, empresas de cartão de crédito têm oferecido bonificações e recompensas para incentivar o uso de seus cartões. As recompensas incluem milhas aéreas e dinheiro — e, agora, ativos digitais. Existem implicações fiscais nisso (é claro!), então vamos analisar os detalhes.

Utilização de cartões de crédito

Quer você utilize um cartão pessoal ou corporativo, a IRS considera uma bonificação como um ajuste no preço de compra. Portanto, bonificações não contam como renda — mas, quando criptomoedas estão envolvidas, é criada uma base fiscal.

Digamos que você passe 5 mil dólares em compras no seu cartão, e sua empresa de cartão de crédito deposite 50 dólares em bitcoin na sua conta cripto. A IRS trata a transação como se você tivesse

---

87 Ibid., FAQ #19.
88 Ibid., FAQ #20.
89 Ibid., FAQ #28.
90 Ibid., FAQ #20.

gasto 4.950 dólares em compras e tivesse comprado 50 dólares em bitcoin. Você não terá renda tributável sobre o bitcoin que recebeu, mas, ao vendê-lo, terá uma base fiscal de 50 dólares. (Isso é bom — pois, quanto maior a sua base, menos vai dever em impostos.)

Utilização de cartões de crédito por indivíduos quando compras são reembolsadas

É comum as pessoas utilizarem seu cartão de crédito pessoal para despesas corporativas (como viagens) e então serem reembolsadas pelos empregadores. Caso você receba uma bonificação da empresa de cartão de crédito por cobranças que são reembolsadas, o FMV da recompensa recebida é renda declarável — mesmo não acompanhada de um Form 1099 ou outro documento fiscal — e a quantia é, então, considerada como sua base fiscal.

Caso receba uma bonificação ou recompensa em cripto ao comprar equivalentes a dinheiro com seu cartão de crédito.

Caso você utilize seu cartão de crédito para comprar "equivalentes a dinheiro", como ordens de pagamento e cartões de débito recarregáveis, a Corte Fiscal decretou que qualquer bonificação ou recompensa recebida será renda tributável.[91]

Caso os bônus que ganhar ao abrir uma conta sejam pagos em ativos digitais

Você pode receber ativos digitais simplesmente por abrir uma conta de cartão de crédito. Caso isso aconteça, o FMV normalmente será considerado como renda tributável. Se o valor exceder 600 dólares, a empresa de cartão de crédito deverá mandar o Form 1099-MISC para você e para a IRS. (Quer você receba esse documento ou não, ainda é exigido relatar essas quantias como renda em sua declaração de impostos.) Como nos casos vistos anteriormente, sua base fiscal será a quantidade de renda tributável.

---

91 *Anikeev and Ankeev v. Commissioner of Internal Revenue*, T.C. Memo, 2021-23, assets.kpmg/content/dam/kpmg/us/pdf/2021/02/tc-memo-2021-23.pdf.

Caso receba ativos digitais ao indicar um amigo ou por outras promoções

Caso não seja exigido que se realize uma compra para receber a recompensa, então o FMV geralmente será considerado como renda tributável. Se o valor exceder 600 dólares, a empresa de cartão de crédito deverá mandar o Form 1099-MISC para você e para a IRS. (Quer você receba esse documento ou não, ainda é exigido relatar essas quantias como renda em sua declaração de impostos.) Como nos casos anteriores, sua base fiscal será a quantidade de renda tributável.

Aprenda para ganhar

Algumas corretoras de ativos digitais postam conteúdos educacionais em seus sites. Para incentivar você a visualizar o conteúdo, elas depositam um token de valor modesto (5 dólares) em sua conta. Ao ganhar esses tokens, você recebe renda tributável. Sua base fiscal será o FMV do ativo, em dólares americanos, no momento em que receber o token.

Como o valor normalmente é pequeno, algumas corretoras não emitem o Form 1099-MISC. Entretanto, é exigido que você informe a renda em sua declaração de impostos.

Presentes recebidos

Caso receba um ativo digital de presente, é preciso manter a base fiscal do doador. Você terá um ganho ou perda de capital ao vender ou dispor de alguma forma do ativo (a não ser que o doe para a caridade). Se não tiver nenhuma documentação para substanciar a base do doador, então sua base será zero — o que significa pagar o máximo possível de impostos. Em outras palavras, obtenha e mantenha a base do doador![92]

Herança

Caso receba ativos digitais como herança, o executor dos bens vai determinar o custo-base na data da morte ou seis meses depois, na data

---

92 Questões frequentes sobre transações de moedas virtuais da IRS, FAQ #32, www.irs.gov/individuals/international-taxpayers/frequently-asked-questions-on-virtual-currency-transactions.

com o maior FMV. Você terá um ganho ou perda de capital ao vender ou se dispor do ativo (a não ser que o doe para a caridade).

Meios incomuns de adquirir ativos digitais

Tudo o que analisamos até agora talvez seja familiar a você, uma vez que as regras que descrevi são pertinentes para todos os ativos, não apenas aos digitais. Mas é possível adquirir ou receber ativos digitais de maneiras menos comuns. Entre essas maneiras incluem-se:

Transferindo ativos digitais

De modo geral, o valor de qualquer item que você receber em troca do fornecimento de bens e serviços sempre será tributável, a não ser que exista uma exceção ou exclusão específica na lei tributária. A renda é o FMV no momento em que a receber. A renda declarada ao receber ativos digitais se torna, então, sua base fiscal para o ativo, e você utiliza esse dado para determinar seu ganho ou perda de capital ao dispor do ativo.

Contudo, o modo como você ganha os ativos digitais vai ditar como, quando e onde você vai declarar seu faturamento. Por exemplo, a mineração acarreta implicações tributárias que variam com base em como você participa (utilizando seu próprio equipamento de mineração, unindo-se a um *pool* de mineração [grupos de pessoas que trabalham em conjunto em uma rede, como a fornecida pelo software antivírus Norton — capítulo 6] ou por meio da mineração em nuvem [na qual sua contribuição para um pool de mineração é o poder computacional comprado de serviços em nuvem]).

Como minerador, geralmente é considerado que você obteve uma renda, tributada como renda comum, baseado no FMV dos tokens ganhados no dia em que os recebeu. Mas como e onde você declara essa informação em sua declaração de impostos depende de sua condição de minerador: se o faz como um hobby ou como um negócio.

Staking

Até o momento em que escrevo, a IRS ainda não foi muito clara em relação à tributação de staking e de ganhos de recompensas de staking. Portanto, a abordagem cautelosa é considerar que a renda gerada a partir de staking seja renda comum no momento do recibo e que, então, o token passe a se tornar um ativo de capital no dia em que você o receber — de modo que qualquer apreciação subsequente seja tratada como ganho de capital ao se dispor do ativo.[93]

Se você quiser assumir uma posição menos draconiana (e menos cara), pode perguntar ao seu consultor financeiro sobre tratar o staking da mesma maneira que as propriedades rentáveis. De acordo com essa teoria, recompensas de staking poderiam ser consideradas como renda de aluguel (utilizando o Form 1040, Schedule E); fazer isso oferece o potencial para obrigações tributárias mais baixas.

Transferências de uma de suas carteiras para outra

Investidores frequentemente têm múltiplas carteiras e contas em uma variedade de corretoras e custodiantes, e é fácil mover tokens e moedas entre elas. Não há implicações fiscais caso mova um dólar de sua conta poupança para sua conta corrente, mas será que tal movimento de ativos digitais de uma carteira ou conta para outra pode ser considerado um evento tributável?

Você não pensaria que sim. No entanto, caso mova criptos de uma corretora para outra, a corretora de origem pode tratar a movimentação para a outra corretora como uma transferência. A IRS está ciente de que tais erros podem ocorrer e publicou orientações tranquilizadoras, afirmando que, mesmo que receba tal formulário, você não tem um evento tributável em mãos.[94] Você pode receber alguma papelada para preencher — para explicar à IRS que o 1099 que recebeu foi um erro —, mas pelo menos não vai precisar pagar impostos por causa desse engano.

Transferindo ativos digitais para outra pessoa ou entidade

Se você transferir uma moeda ou token de uma carteira, conta ou endereço digital para outra pessoa, a IRS vai considerar sua transferência

---

93 Questões frequentes sobre transações de moedas virtuais da IRS, FAQ #29, www.irs.gov/individuals/international-taxpayers/frequently-asked-questions--on-virtual-currency-transactions.
94 Ibid., FAQ #38.

como uma venda de ativos ou como um presente, e portanto sujeita às regras aplicáveis que já vimos neste livro.

Provavelmente não haverá um intermediário, o que significa que ninguém vai emitir o Form 1099. Independentemente disso, ambas as partes são responsáveis por se adequar à lei tributária.

Transferindo a posse de ativos digitais para um coproprietário

Caso você transfira uma moeda ou token de uma carteira digital, endereço ou conta para uma conta conjunta com outra pessoa, existem algumas implicações tributárias.

Podem existir ou não implicações tributárias imediatas ao transferir ativos digitais de sua posse. Depende de para quem você está transferindo (Um cônjuge? Uma pessoa que não é seu cônjuge? Um menor de idade? Uma instituição que você controla? Um truste, e, nesse caso, que tipo de truste — revogável, irrevogável, de caridade?). Existem tantas variáveis que seria necessário outro livro para explicar todas as considerações e estratégias envolvidas.[95] Portanto, por favor, consulte um planejador financeiro, um contador ou um advogado patrimonial para recomendações pertinentes à sua situação.

Transferindo ativos digitais para sua IRA

Não é possível transferir ativos digitais para sua IRA; todas as contribuições de IRA devem ser feitas em dólares americanos. Quando, porém, o dinheiro for alocado na IRA, é possível utilizá-lo para comprar ativos digitais. Apenas se certifique de que esteja usando um depositário qualificado que permita a compra dos ativos que quer.

Uma vez que possua ativos digitais em sua IRA, a qualquer momento você poderá transferi-los para um depositário diferente, sem consequências tributárias. Caso queira manter seus ativos digitais, você deverá executar uma transferência in-kind,[96] de modo que suas moedas ou tokens sejam movidos para o novo depositário como estão. O novo depositário vai facilitar a transferência para você, no modelo

---

95 Mas, espere! Eu escrevi esse livro. Ele se chama *The Thruth About Money* e custa US$ 19,95 na sua livraria favorita.

96 Bens, serviços ou transações que não envolvem dinheiro ou não podem ser medidos por uma unidade monetária. [N. E.]

conhecido como *transferência administrador-para-administrador*. Nenhuma declaração de impostos é necessária.

Airdrops

Airdrops normalmente são tributados como renda comum na data em que você os recebeu — contanto que possa negociá-los e removê-los. Caso não possa (porque o emissor ainda não permite tais ações), declare-os como renda na data apta para transferir, vender, trocar ou de outra forma dispor dos ativos. Você, então, terá um custo-base igual à quantia que reportou como renda.[97]

Advogados patrimoniais de ativos digitais	
Anthony S. Park, PLLC anthonyspark.com	A Park representa clientes ao redor do mundo na função de executora, administradora ou testamenteira. O time é habilidoso no tratamento com cortes judiciais, impostos, banco e todas as outras burocracias associadas ao processo de inventário.
Brady Cobin Law Group, PLLC ncestateplanning.com	A Brady Cobin auxilia os clientes a assegurar um acesso adequado a seus ativos digitais, bem como a distribuição deles.
Dilendorf Law Firm dilendorf.com	A Dilendorf oferece soluções estratégicas, transacionais e regulatórias para uma ampla gama de participantes nos espaços de blockchain e fintech — emissores de tokens, corretoras de criptos, fundos de investimentos tradicionais e de criptos, assim como empresas e gestores procurando integrar a tecnologia de blockchain aos modelos de negócio e investimentos existentes.

97 Questões frequentes sobre transações de moedas virtuais da IRS, FAQ #25, www.irs.gov/individuals/international-taxpayers/frequently-asked-questions-on-virtual-currency-transactions.

E.A. Goodman Law eagoodmanlaw.com	A Goodman é uma das acessórias jurídicas e de planejamento patrimonial para idosos mais importantes de Nova Jersey. Seus serviços variam desde o planejamento de pequenos patrimônios até o planejamento para indivíduos de alto poder aquisitivo. Seus advogados também projetam estratégias de planejamento de sucessão para clientes que operam diretamente negócios e práticas profissionais.
Estate & Probate Legal Group estateandprobatelegalgroup.com	O Estate & Probate Legal Group se dedica à administração de inventários e trustes e na prática de litigação.
Frost Law askfrost.com	A Frost Law auxilia em controvérsias tributárias, negócios, litígios, planejamentos patrimoniais e falências.
Gordon Fischer Law Firm gordonfischerlawfirm.com	A Gordon Fischer Law Firm ajuda pessoas a planejar seus legados, e organizações sem fins lucrativos a gerenciar seus esforços filantrópicos.
Guttman Law guttmanlaw.com	A Guttman Law auxilia em todas as formas de planejamento de ativos digitais, ajudando seus clientes a se preparar para o que pode acontecer com contas on-line, arquivos protegidos por senha, mídias armazenadas de maneira digital e mais.
Harrison Estate Law harrisonestatelaw.com	A Harrison Estate Law oferece anos de experiência preparando de tudo, desde testamentos e trustes básicos até planejamentos patrimoniais complexos.
Hart David Carson, LLP hartdavidcarson.com	A Hart David Carson é uma firma de advocacia de Chicago que trabalha com empresas e indivíduos.
John Mangan, P.A. palmcitylawyer.com	A Mangan trabalha com clientes para formar planos patrimoniais.
McCord & Hemphill ourbendlawyer.com	A McCord & Hemphill auxilia você a se planejar para ativos digitais da mesma maneira como o faz para pertences físicos, imóveis e contas financeiras.

Murphy & Berglund, PLLC murphyberglund.com	A Murphy & Berglund protege todos os ramos da árvore genealógica. Eles buscam construir com os clientes relacionamentos que durem a vida inteira. Seu foco é fornecer avisos legais precisos e guiar seus clientes através das transições da vida.
Paul Black Elder Law & Estate Planning georgia-estatelaw.com	Paul Black é um advogado de planejamento patrimonial que fornece serviços jurídicos para pessoas na região de Atlanta.
Poole Shaffery pooleshaffery.com	Poole Shaffery auxilia na formulação e na implementação de planos patrimoniais que atendam às intenções de cada cliente.
Proskauer proskauer.com	A Proskauer conta com uma rede de mais de 725 advogados, servindo clientes a partir de escritórios localizados nos principais centros financeiros e de negócios das Américas, da Europa e da Ásia.
Singh & Singh singhandsingh.com	A Singh & Singh é uma firma de advocacia indiana com anos de experiência no fornecimento de serviços para leis de propriedade intelectual, leis de mídia e telecomunicações, arbitragem, leis de competição, leis tributárias e leis de regulamentação de drogas.
White and Bright LLP whiteandbright.com	A White and Bright fornece serviços transacionais e de litigação para negócios e indivíduos no Sul da Califórnia.

Forks

Lembre-se da diferença entre forks fracos e fortes (capítulo 5). Como nos forks fracos você não recebe nada de novo, estes não resultam em nenhum evento tributável.[98]

Mas, se receber criptos de forks fortes, essas novas criptos serão tributadas como renda comum (considerando que você tenha controle sobre elas, o que significa que pode transferir, vender, trocar ou,

---

98 Questões frequentes sobre transações de moedas virtuais da IRS, FAQ #25, www.irs.gov/individuals/international-taxpayers/frequently-asked-questions--on-virtual-currency-transactions.

de outra forma, dispor delas).⁹⁹ O FMV é o que alguém pagaria pelos ativos na data em que os recebeu.

No capítulo 5, mencionei que forks fortes são semelhantes a subsidiárias corporativas. O que é verdade — exceto para implicações tributárias. As regras fiscais pertinentes a subsidiárias de ações não são aplicadas a forks fortes de criptos. Existe uma boa lição aqui: não espere que as regras com as quais tem familiaridade em outros aspectos do código tributário sejam úteis nesta categoria. Eu já disse, mas vou repetir: os ativos digitais são diferentes de quaisquer outros ativos, portanto não é possível aplicar nesta classe de ativos regras usadas naqueles.

Outras pessoas também precisam pagar impostos, sr. Herndon, portanto poderia nos poupar do drama, por favor?

Retendo ativos digitais

Agora você tem um ativo digital. Não o moveu nem dispôs dele. Só está ali parado... em algum lugar — em uma carteira, uma conta, o que for.

Nenhuma consequência fiscal ainda, certo?

Não necessariamente. Forks e airdrops poderiam gerar impostos mesmo que você não os tenha procurado ou iniciado. Realizar o staking de seus ativos digitais também poderia criar obrigações tributárias, como já vimos. O mesmo vale para empréstimos de ativos digitais.

99 Ibid., FAQ #24.

Empréstimos

Pegar dinheiro emprestado (e pagar o empréstimo) nunca é um evento tributável. Entretanto, você passará por um evento tributável caso, falhe em pagar o empréstimo. Por exemplo, caso pegue um valor de 100 mil dólares e deixe de pagar, será considerado que você possui 100 mil dólares de renda tributável.

Garantias

Digamos que você tenha dinheiro em ativos digitais, mas precise de dinheiro em espécie. Porém não quer vender seus ativos digitais, porque fazer isso desencadearia uma obrigação fiscal. Portanto, você deposita seus ativos digitais em um credor como garantia, e esse credor faz um empréstimo em moeda fiduciária. Quando o empréstimo amadurecer, você vai pagar o credor com a mesma moeda fiduciária somada a juros, e o credor vai devolver seus ativos digitais.

Caso falhe em pagar o empréstimo, o credor vai vender (e manter) sua garantia. Qualquer que seja o valor recebido pela venda, ele vai deixar você (e não o credor) com um ganho ou perda de capital.

A maioria dos credores exige dinheiro vivo como garantia, mas alguns aceitarão um ativo digital diferente daquele que você está pegando emprestado. (Por exemplo, ele aceita um bitcoin como garantia para fazer um empréstimo de ether.) Ao reembolsar o empréstimo, você vai devolver a mesma quantidade do mesmo ativo digital com o qual o realizou. Ao fazer isso, o credor devolverá sua garantia.

Tratamento tributário de empréstimos

No momento em que escrevo, nem a IRS nem o Departamento do Tesouro oferecem orientação a respeito de empréstimos envolvendo ativos digitais — seja para o emissor, seja para o requerente. Portanto, somos forçados a utilizar os princípios tributários aplicados a empréstimos em geral.

A IRS diz que um empréstimo é uma obrigação de pagar dinheiro, não uma obrigação de entregar propriedade. Mas, ao mesmo tempo, diz que "moedas virtuais conversíveis" são consideradas propriedade. É por conta disso que essa conversa é nebulosa. Geralmente se considera que a maioria dos ativos digitais é fungível (a não ser, é claro, os tokens não fungíveis), mas alguns não têm tanta certeza de que a IRS concordaria com isso. Caso estejam corretos — e ativos digitais comuns, como determinado bitcoin, forem "semelhantes a, mas não idênticos a" outros bitcoins individuais —, então os tomadores de empréstimos (ao reembolsar empréstimos) e credores (ao devolver as garantias) estariam devolvendo propriedades semelhantes-mas-não-exatamente-iguais. Se isso for verdade, imaginam os especialistas fiscais, será que a IRS caracterizaria o empréstimo como uma venda tributável? Afinal de contas, se você fornecer um carro como garantia e o credor devolver um carro diferente, mas semelhante, a IRS vai enxergar a transação como uma venda.

Não apoio essa teoria nem compartilho do temor acima. Mas, dada a falta de clareza da IRS, suponho que devamos reconhecer a possibilidade de isso existir.

A situação fica ainda mais nebulosa. Considere estas questões:

- Qual parte vai arcar com o risco econômico de perda em caso de queda do preço do ativo? Qual parte vai se beneficiar se o preço subir? E quais são as implicações tributárias subsequentes?
- Caso aconteça um airdrop ou um fork durante o termo do empréstimo, qual parte vai receber as novas unidades?

Na ausência de um guia fiscal confiável, você deveria:

1. Conversar com seu contador a respeito da maneira apropriada de tratar os juros que paga ou recebe de empréstimos envolvendo ativos digitais. O modo como você os trata será determinado, em parte, pelo modo como a propriedade emprestada é utilizada (uso pessoal × uso como investimento).
2. Documentar de maneira apropriada que a intenção de ambas as partes é que a transação seja tratada como um empréstimo.
3. Estruturar o empréstimo de maneira consistente com o padrão de práticas de empréstimo.

Finalmente, assim como ocorre com qualquer ativo deixado como garantia para um empréstimo, esteja ciente das consequências no caso de o preço do ativo cair. O credor pode emitir uma *chamada de margem*, exigindo que você poste garantias adicionais; se falhar em cumprir isso (muitas vezes sendo exigido o cumprimento dentro de 24 horas), o credor pode vender sua garantia para cobrir o próprio prejuízo. Essa liquidação pode criar um ganho (ou perda) de capital realizado para você — o que significa não apenas a perda da garantia como também o pagamento de impostos adicionais. Credo!

Posse de determinados trustes

Nós analisamos investimentos privados e seus trustes OTC subsequentes no capítulo 16. Esses veículos não pagam impostos por si próprios; em seu lugar, eles passam qualquer obrigação tributária a você, o investidor.

Isso significa que você deve pagar sua parte da *pro rata* de qualquer obrigação fiscal criada pelo truste. Caso o truste venda ativos para levantar dinheiro para pagar as despesas, será como se você tivesse vendido parte de seu investimento. Isso significa um ganho ou uma perda — mesmo que você não tenha realizado nenhuma ação. Pior, essas despesas são consideradas despesas de gestão de investimentos, as quais não podem ser deduzidas de sua declaração de impostos.

Dispondo de ativos digitais

Sempre que se desfizer de um ativo digital e receber algo em troca — seja ao vender, trocar ou utilizar para comprar bens ou serviços —, você vai desencadear um evento tributável.

Isso significa que, para um ativo mantido por propósitos de investimento, você terá um ganho ou uma perda de capital na transação, como se houvesse liquidado qualquer outro investimento.

- Caso seu período de retenção seja de um ano ou menos, você terá um ganho ou uma perda de capital de *curto prazo*.
- Caso seu período de retenção seja de mais de um ano, você terá um ganho ou uma perda de capital de *longo prazo*.

O período de retenção se inicia no dia seguinte ao da aquisição do ativo e termina no dia em que o vender ou trocar. Você relata ganhos ou perdas líquidas no Form 8949 e os resume no Form 1040, Schedule C.[100]

A lição aqui é: você deve manter registros detalhados de cada ativo digital, incluindo as datas de todas as compras e transferências, bases fiscais e FMVs no momento das vendas.[101] Uma solução para isso vai aparecer em breve. Portanto, continue a leitura.

A forma mais comum de as pessoas se desfazerem de seus ativos digitais é vendendo-os, recebendo dólares americanos em troca. Mas existem outros métodos. Vamos analisá-los.

Convertendo um ativo digital em outro

Isso é tratado como uma compra. Por exemplo, trocar bitcoin por ether. Na verdade, são duas transações: a venda de bitcoin e a compra de ether. É preciso calcular o FMV de cada um no instante da transação.

Usando ativos digitais como pagamento por bens e serviços

Os cinemas AMC permitem que você compre ingressos e pipoca com bitcoin Ether, Litecoin e Bitcoin Cash. Bacana!

Exceto pelo fato de que fazer isso cria um problema fiscal. Utilizar ativos digitais como pagamento é a mesma coisa que vendê-los. Portanto, você criou uma transação de capital para ver esse filme, o que resulta em um ganho ou uma perda de capital.[102] Seu ganho ou perda será a diferença entre o FMV da propriedade ou dos serviços recebidos e a sua base ajustada pelos ativos digitais trocados.[103]

Tudo isso acontece porque tanto o Federal Reserve quanto a IRS dizem que os ativos digitais não são moedas oficiais. Com moedas, é possível trocar dólares por produtos e serviços a qualquer momento, sem que tais eventos sejam considerados transações de capital. (Agora você sabe por que é tão importante o fato de um ativo

---

100 IRC Section 1001, 26 CFR 1.61-6.
101 Questões frequentes sobre transações de moedas virtuais da IRS, FAQ #26, www.irs.gov/individuals/international-taxpayers/frequently-asked-questions-on--virtual-currency-transactions.
102 Ibid., FAQs #14 e 16.
103 Ibid., FAQs #15 e 17.

digital ser declarado uma moeda ou não. Neste momento você está com inveja dos salvadorenhos.)

Presentes

As regras fiscais para presentes aplicadas a todos os ativos também se aplicam aos ativos digitais. Caso você dê ativos digitais a alguém, não vai incorrer em nenhuma obrigação tributária. (Note: a IRS impõe limites na quantia isenta de impostos que você pode doar, tanto anualmente quanto ao longo de sua vida inteira.) A pessoa que recebe seus ativos digitais também não vai sofrer nenhuma obrigação fiscal no momento em que ganhar o presente. Porém, quando vender o ativo, a base fiscal utilizada para calcular seu ganho ou perda tributável será a base fiscal de quem enviou o presente. Isso é conhecido como base carryover.

Por exemplo: você compra um bitcoin, pagando 50 mil dólares. Essa quantia é a sua base fiscal. Ao doar esse bitcoin a sua irmã, no momento da troca, o bitcoin vale 58 mil dólares. Mais tarde, sua irmã o vende por 60 mil dólares. O ganho tributável dela será 10 mil dólares, e não 2 mil, porque ela deve utilizar a base fiscal carregada da sua compra original.

Doações

As regras de doações de caridade que se aplicam a propriedades também se aplicam aos ativos digitais. É possível deduzir suas doações para organizações sem fins lucrativos do IRC Section 501©(3).

- Caso tenha retido por mais de um ano o ativo digital que está doando, você pode deduzir o FMV do ativo na data em que a organização de caridade o receber.
- Caso tenha retido por um ano ou menos o ativo digital que está doando, sua dedução é a menor entre sua base fiscal ou seu FMV.[104]

---

104 Questões frequentes sobre transações de moedas virtuais da IRS, FAQ #35, www.irs.gov/individuals/international-taxpayers/frequently-asked-questions-on-virtual-currency-transactions.

É fácil doar dinheiro como caridade; todas as instituições aceitarão. A maioria também vai aceitar valores mobiliários, como ações, bonds, fundos mútuos e ETFs. Algumas podem até mesmo aceitar carros, barcos e imóveis. Mas poucas aceitam ativos digitais, pois não estão acostumadas a fazer isso e não sabem como criar e gerenciar carteiras.

A Fidelity Charitable, maior empresa de grantmaking[105] dos Estados Unidos, recebeu quase 275 milhões de dólares em doações de criptos em 2021, quadruplicando o recorde anterior, estabelecido em 2017. Donos de ativos digitais se provaram mais generosos do que outros norte-americanos, de acordo com a Fidelity: enquanto 33% de todos os doadores doam mil dólares ou mais por ano, 45% dos detentores de criptos doam essas cifras.

Caso você queira doar ativos digitais valorizados a uma instituição de caridade, é possível fazer isso de duas maneiras. A primeira é a venda do ativo e a doação do valor recebido. Digamos que você compre um bitcoin por 10 mil dólares e o venda por 50 mil, doando toda a soma para uma instituição de caridade. Você precisa declarar o ganho de capital de 40 mil em sua declaração de imposto, assim como a doação de 50 mil. Isso poderia criar efeitos colaterais imprevistos. Por exemplo, declarar a renda poderia fazer você pagar mais ônus de seguro ou assistência médica, poderia impactar na elegibilidade para empréstimos estudantis e auxílios financeiros, ou submeter você a outras regras de tributação de renda e descontinuações, pois tem uma renda tributável maior.

Uma estratégia melhor seria doar o bitcoin para um Donor Advised Fund (DAF — fundo aconselhado por doadores, tradução nossa). Esses fundos se assemelham a fundos mútuos e agem como eles, mas são, na verdade, instituições de caridade, de modo que, ao doar seus ativos di-

---

105 Termo do inglês que define uma estratégia de atuação do campo da filantropia e do investimento social privado adotada por fundações, institutos, fundos filantrópicos, empresas e outros investidores sociais (grantmakers). Ver mais em www.portaldoimpacto.com/voce-sabe-o-que-e-grantmaking. [N. T]

gitais a eles, você vai receber a dedução de impostos total sem precisar vender os ativos antes. O DAF vai vender os ativos digitais e investir os rendimentos em ações e bonds, assim como qualquer fundo mútuo. Em seguida, sempre que quiser, você pode instruir o DAF a enviar o dinheiro para as instituições designadas por você, tantas quanto quiser. É possível fazer esse pedido imediatamente ou demorar anos para fazê-lo, além de ser possível enviar parte do dinheiro ou sua totalidade. Você tem flexibilidade quase total, e o DAF vai cuidar de tudo por você.

Fundos aconselhados por doadores que aceitam ativos digitais	
Endaoment endaoment.org	A Endaoment é uma fundação comunitária e instituição pública de caridade isenta de impostos, que oferece Fundos Aconselhados por Doadores construídos sobre a blockchain Ethereum, facilitando doações para praticamente qualquer organização sem fins lucrativos dos Estados Unidos.
Fidelity Charitable fidelitycharitable.org	A Conta de Doação da Fidelity Charitable é uma maneira fácil e eficiente de os doadores obterem benefícios fiscais ao mesmo tempo que apoiam suas instituições de caridade prediletas. As taxas da Fidelity Charitable estão entre as mais baixas de qualquer patrocinador de DAFs.
National Philantropic Trust nptrust.org	A National Philantropic Trust é a maior fornecedora nacional independente de DAFs.
Schwab Charitable Schwabcharitable.org	Servindo uma ampla gama de investidores filantrópicos, a Schwab Charitable tem contas variando entre 5 mil e mais de 500 milhões de dólares. A Schwab Charitable permite uma doação caridosa inteligente sob a perspectiva tributária, além de simples e eficiente para clientes e seus consultores de investimentos.

Esteja ciente de que doações de 5 mil dólares ou mais exigem uma avaliação. Essa regra da IRS se aplica a todas as doações que não sejam em dinheiro vivo ou em valores mobiliários. (Outra razão pela qual é importante tanto a SEC quanto a IRS estabelecerem que os ativos digitais não são valores mobiliários.) Portanto, espere gastar várias centenas de dólares em uma avaliação — e esse custo não é dedutível dos impostos.

Avaliadores de ativos digitais	
Charitable Solutions, LLC charitablesolutionsllc. com	A Charitable Solutions é uma empresa de consultoria de gestão de risco para a doação de presentes, focada na recepção e transferência de ativos não monetários, gestão de risco para anuidades de presentes caridosos, serviços de corretagem de resseguros de anuidade de doação e avaliações para seguros de vida e ativos digitais.
MPI Management Planning Inc. mpival.com	A MPI é uma empresa de valorização, suporte de litigação, contabilidade forense e consultoria de M&A que fornece valorizações para impostos, relatórios financeiros, litigações e outras aplicações de negócios, assim como serviços de consultoria corporativa para donos de negócios e seus representantes.
PwC pwc.com	A PwC tem uma oferta do tipo *one-stop-shop* (onde se pode obter todos os produtos num único lugar), com serviços de criptos como consultorias para transações e valorizações, bem como as devidas diligências.
Redwood Valuation redwoodvaluation.com	A Redwood é uma das principais fornecedoras de valorizações de tokens, e trabalha com as melhores firmas de advocacia e empresas de ponta, de modo a garantir que as emissões de tokens se encontrem totalmente dentro dos conformes.
Teknos Associates teknosassociates.com	A Teknos fornece serviços de valorização e consultoria globais, além de ter uma experiência extensa no campo de blockchain e ativos digitais.
Valtech valtech-valuation.com	O time de profissionais da Valtech tem experiência em valorização em diversas indústrias.

First-in-first-out (FIFO), last-in-first-out (LIFO) e highest-in-first-out (HIFO)

Por acaso você comprou bitcoin só uma vez e nunca mais? Não. Se você comprar moedas digitais, tokens ou ações de fundos mútuos ou ETFs relacionados a elas, é provável que compre com frequência, especialmente se estiver envolvido com o dollar cost averaging (capítulo 17). Cada investimento é constituído por um *lote de trocas*, e cada lote tem sua própria data e custo por moeda, token ou ação.

Portanto, ao decidir vender alguns desses ativos, você tem que fazer uma escolha: quais deseja vender? É possível escolher — mas apenas se puder identificar qual(is) unidade(s) está(ão) envolvida(s) na transação e puder substanciar sua base nelas.[106]

Há um benefício em escolher os lotes de trocas. Ao fazê-lo, você pode escolher o lote com a maior base e, portanto, o menor ganho — e, consequentemente, a menor taxa tributária. Isso é chamado de HIFO, highest in, first out (maior a entrar, primeiro a sair, tradução nossa).

Caso não especifique um lote de trocas, considera-se que você se desfez deles em ordem cronológica, começando com o lote mais antigo — conhecido como FIFO, first in, first out (primeiro a entrar, primeiro a sair, tradução nossa).[107] A chance maior é de que os lotes possuídos há mais tempo tenham os maiores ganhos — e você, portanto, pagará os maiores impostos ao se desfazer deles.

Uma alternativa é o LIFO, ou last in, first out (último a entrar, primeiro a sair, tradução nossa). Como esses são os seus lotes mais recentes, provavelmente trazem os menores ganhos. Mas você também pode tê-los possuído por menos de um ano, então fique atento ao risco de ser obrigado a pagar impostos sobre ganhos de curto prazo em vez de pagá-los pelos de longo-prazo.

Como pode ver, é preciso devotar uma atenção substancial para como e quando vender seus ativos digitais. Para tornar a vida mais fácil, você deveria considerar utilizar um serviço de rastreio de impostos. Essas firmas gerenciam toda a manutenção de seus registros, além das declarações fiscais, incluindo negociações, mineração, staking e juros. Alguns serviços até mesmo preenchem previamente os formulários da IRS para você. Rastreadores de impostos também podem ser úteis para seus consultores financeiros e fiscais.

---

106 Questões frequentes sobre transações de moedas virtuais da IRS, FAQ #39, www.irs.gov/individuals/international-taxpayers/frequently-asked-questions-on--virtual-currency-transactions.
107 Ibid., FAQ #41.

Serviços de rastreamento de portfólios de ativos digitais	
Altrady altrady.com	A Altrady é uma plataforma de comercialização de criptos feita por traders para traders. Ela integra algumas das corretoras mais populares em uma interface de fácil utilização.
BitUniverse bituniverse.org	A BitUniverse oferece uma plataforma para negociar mais de 600 ativos. Seu bot de negociação permite que programadores projetem suas próprias estratégias de negociação.
CoinGecko coingecko.com	A CoinGecko é o principal agregador de dados de criptomoedas do mundo. Desde 2014, tem sido a fonte confiável de informações para milhões de investidores em ativos digitais.
CoinMarketCap coinmarketcap.com	A CoinMarketCap permite que usuários rastreiem lucros, prejuízos e avaliações de portfólios em sua plataforma de fácil utilização. Os usuários podem sincronizar dados entre seus laptops e aplicativos móveis, além de rastrear ativos digitais em múltiplos locais. A empresa fornece preços em tempo real de milhares de moedas e tokens das maiores corretoras. Fundada em 2013, tem sede em Delaware.
Coin Market Manager coinmarketman.com	O Coin Market Manager é um rastreador de portfólios da indústria, construído para auxiliar traders com gestão de risco e negociações responsáveis, ajudando a aumentar a lucratividade.
CoinStats coinstats.com	A CoinStats fornece ao seu milhão de clientes mensais ativos a habilidade de visualizar e gerenciar suas posições em criptos em tempo real, em mais de trezentas corretoras e provedoras de carteiras, tudo em um único local.
CoinTracker cointracker.io	O CoinTracker é um software de tributação de bitcoin e gestor de portfólios de criptos. Ele permite que usuários se conectem à Coinbase, à Binance e a todas as outras corretoras e carteiras.
Delta delta.app	A Delta oferece uma versão mobile gratuita, com o adicional de um plano Pro mediante uma taxa. A Delta suporta múltiplas carteiras e mais de 300 corretoras, incluindo Coinbase, Binance, Bithumb, Bitstamp, Bit-Z, Gemini, HitBTC e Kraken. A empresa suporta mais de 7 mil moedas e oferece customizações, incluindo múltiplas conversões de moedas fiduciárias. A Delta é propriedade da eToro.

FTX ftx.com	O FTX é um rastreador de portfólios popular e gratuito, disponível apenas em mobile, fundado em 2014. O aplicativo incorpora gestão de portfólios, notícias e negociações de ativos digitais. Seu painel suporta o rastreamento de mais de 10 mil ativos digitais. O FTX oferece seus aplicativos Signal customizáveis para mais de 6 milhões de usuários. Os usuários podem receber juros sobre ativos digitais conforme negociarem, com recompensas em moedas para os traders mais ativos.
Kubera kubera.com	A Kubera é uma plataforma de gestão de bens, que permite que seus usuários rastreiem ativos digitais, equity e contas bancárias em um formato de planilhas.
Messari messari.io	A Messari fornece aos investidores, reguladores e ao público o rastreamento de portfólios de ativos digitais, análises e comentários, ajudando a direcionar a tomada de decisões sobre investimentos.
TradeBlock tradeblock.com	A TradeBlock é o principal fornecedor de ferramentas de negociação para ativos digitais do mundo.

Planejamento tributário e consultoria tributária / serviços consultivos para ativos digitais	
Azran Financial azranfinancial.com	A Azran Financial fornece serviços de contabilidade, auditoria, planejamento tributário, cumprimento das obrigações fiscais e consultoria, além da devida diligência, para ativos digitais. A firma tem vasta experiência com SAFTs e tokens de segurança. A Azran prepara declarações de impostos de renda estaduais e federais, além de fornecer coordenação com declarações de impostos internacionais.
Bitcoin Tax Solutions bitcointaxsolutions.com	O Cross Law Group fornece serviços tributários para investidores de criptos nos Estados Unidos e no exterior.
Cohen & Co cohencpa.com	A Cohen & Co é um dos principais praticantes da área tributária e de auditoria para ativos digitais no mundo. A empresa prepara declarações de impostos estaduais e federais dos Estados Unidos para investidores, além de fornecer suporte de consultoria para negócios no ecossistema de ativos digitais, incluindo serviços de ativos em stablecoins, relatórios SOC para custodiantes, levantamentos de risco e de CFO operacional, em conjunto com o cumprimento de obrigações fiscais para consultores, fundos de ativos digitais e corretoras.

Colby Cross colbycrosscpa.com	A Colby Cross atende indivíduos e donos de pequenos negócios, gerenciando suas finanças e suas obrigações tributárias nos Estados Unidos.
Crypto Tax Advisors crypto-taxadvisors.com	A Crypto Tax Advisors fornece uma gama de serviços tributários e de contabilidade para indivíduos e negócios, concentrando-se na tributação de criptomoedas.
The Wolf Group thewolfgroup.com	O The Wolf Group aconselha mineradores, investidores, revendedores e negociantes de ativos digitais a respeito de oportunidades para reduzir suas cargas tributárias, simplificando a junção e o reporte de informações, além de estruturar operações para maior eficiência tributária.

Serviços de manutenção de registros e declarações tributárias para ativos digitais	
Accointing accointing.com	A Accointing é uma plataforma tributária de criptos e bitcoin que permite rastrear o portfólio de ativos digitais do usuário.
BearTax bear.tax	A BearTax auxilia a encontrar negociações em qualquer lugar, a identificar transferências entre corretoras e a gerar automaticamente documentos tributários.
CoinTracker cointracker.io	A CoinTracker é uma interface unificada para ativos digitais. Ela permite que detentores de criptos conectem suas carteiras e corretoras, visualizem seus portfólio, carteiras e transações em um único local e gerem suas declarações tributárias de ativos digitais apenas apertando um botão.
CoinTracking cointracking.info	A CoinTracking é um software tributário de criptomoedas que permite que seus usuários rastreiem portfólios e transações de criptos.
CryptoTrader.tax cryptotrader.tax	O CryptoTrader.tax é um software de declaração fiscal para o crescente mercado.
Ledgibile ledgibile.io	A Ledgible Crypto TaxPro auxilia consultores de investimentos a reter clientes e a encontrar novos usuários ao lidar facilmente com planejamento tributário e fornecer serviços de consultoria sobre ativos digitais. Ela trabalha diretamente com os clientes dos consultores para coletar, corrigir e relatar dados. A Ledgible apresenta integrações de carteiras e corretoras, além de integrações de softwares tributários que importam diretamente para os sistemas de preparação tributária 1040.

Lukka lukka.tech	A Lukka oferece um conjunto de serviços de natureza fiscal para indivíduos e profissionais. A Essentials, propriedade da Lukka, permite que clientes conectem suas contas e visualizem suas negociações e balanços em um único local.
ProfitStance profitstance.com	A ProfitStance é uma plataforma pioneira em tributação e contabilidade para investidores em ativos digitais.
TaxBit taxbit.com	A TaxBit fornece softwares de tributação de ativos digitais para consumidores e empreendimentos.
TokenTax tokentax.co	A TokenTax é uma plataforma de software tributário para criptos e uma empresa de contabilidade com serviços completos para criptos.
ZenLedger zenledger.io	A ZenLedger fornece aos clientes um software fiscal e contábil de fácil utilização para investimentos em criptos, negociações e operações de fundos. A ZenLedger auxilia traders de ativos digitais a conectar suas carteiras e corretoras em uma única plataforma, de modo a rapidamente gerar seus formulários fiscais.

Trocas de mesma espécie

A IRC Section 1031 permite que você venda um investimento sem pagar pelos ganhos de capital caso utilize o dinheiro para comprar um investimento semelhante. (O ganho é protelado até você vender o substituto.) Ei, bitcoin e ether são semelhantes, certo? Ambos são ativos digitais! Portanto, é possível vender um e comprar o outro de modo a adiar os ganhos de capital?

Boa tentativa, mas não. Ao promulgar o Ato de Cortes de Impostos e Empregos de 2018, o Congresso dos Estados Unidos deixou claro que a Section 1031 (também chamada de trocas Starker) aplica-se apenas a propriedades reais (ou seja, imóveis). Quaisquer outras propriedades são excluídas de utilizar a provisão, incluindo ativos digitais.

A regra de "lavar-vender"

A regra de lavar-vender é aplicada a todos os ativos digitais.

Caso esteja curioso a respeito, aqui vai o contexto. Se você vender um investimento em prejuízo, é possível pedir uma dedução nos impostos. Caso o faça, você não poderá comprar o mesmo ativo por pelo menos trinta dias antes ou depois da venda. Se violar essa regra, a venda é considerada uma "venda de lavagem", e você não poderá pegar a dedução até vender a nova posição.

A regra de lavar-vender fecha uma brecha que permitia às pessoas reduzir artificialmente seus impostos. Eis como a brincadeira funcionava: alguém compra uma ação por 10 dólares. Ela cai para 8 dólares. O comprador ainda quer possuir a ação e acredita em sua prospecção de longo prazo, portanto a vende e imediatamente a compra de volta. Ele ainda tem a ação, mas, ao vendê-la, pode relatar uma perda de 2 dólares em sua declaração de impostos.

Ao forçar os compradores a esperar trinta dias antes de comprar outra vez a ação, durante os quais o preço dela pode subir, a regra de lavar-vender o desencoraja a vender. Brecha fechada.

Então, a má notícia é que você não pode comprar imediatamente o que acabou de vender (pelo menos, não se quiser obter a dedução de impostos sobre o prejuízo). Mas aqui vai a boa notícia: a regra de lavar-vender se aplica somente a valores mobiliários, como visto na IRC Section 1091. Bitcoin, Ether e muitos outros ativos digitais não são valores mobiliários, portanto a regra de lavar-vender não se aplica a eles.

Até que o Build Back Better Act (ato construa de volta melhor, tradução nossa) de 2021 chegou em cena. Essa lei fechou a última brecha: a partir de agora, todas as transações estão sujeitas à regra de lavar-vender — e isso inclui todos os ativos digitais. Portanto, vou terminar esta seção com a mesma frase com a qual iniciei: a *regra de lavar-vender* é aplicada a todos os ativos digitais.

Tributação de NFTs

No momento em que escrevo, a IRS ainda não emitiu nenhuma orientação a respeito de NFTs. Mas, ao observar como elas funcionam, podemos fazer algumas suposições básicas acerca de seus aspectos tributários.

- **Criação.** É improvável que exista qualquer consequência tributária na criação de uma NFT. Afinal, um pintor não realiza nenhum ganho ou perda simplesmente por criar uma pintura.
- **Venda original pelo criador.** Caso crie e venda uma NFT, você vai ter uma renda comum. Essa renda também está sujeita ao im-

posto de trabalho autônomo.[108] E mais: se você receber royalties quando pessoas visualizarem a NFT, esses royalties também são renda tributável.

- **Consequências tributárias para os compradores.** Caso utilize um ativo digital para comprar uma NFT, você vai sofrer um ganho ou perda de capital ao dispor de seus ativos digitais, como já vimos.
- **Venda subsequente.** Caso compre uma NFT, e mais tarde a venda e obtenha lucro, você deverá pagar impostos sobre a taxa de ganhos de capital ou sobre a taxa tributária de colecionáveis.

O que é um colecionável?

A IRC Section 408(m) define um colecionável como:

- Obras de arte;
- Tapeçarias ou antiguidades;
- Metais ou gemas (com exceções);
- Selos ou moedas (com exceções);
- Bebidas alcoólicas (embora se acredite que esses itens sejam colecionados apenas temporariamente);[109]
- Qualquer outra coisa que a IRS considere um colecionável.[110] Exceto talvez NFTs: a regulação proposta do Tesouro diz que a IRS tem a autoridade de considerar colecionável qualquer propriedade tangível não especificamente listada no código — mas a palavra "tangível" não se aplica a uma NFT. Será que os oficiais do Tesouro excluíram deliberadamente as NFTs, ou será que simplesmente deixaram de levá-las em consideração ao escrever a regulamentação?

---

108 No momento em que escrevo, o imposto de trabalho autônomo é de 15,3%. Adicione outros 0,9% caso a sua renda autônoma exceda 250 mil dólares (para pagadores de impostos casados, preenchendo em conjunto) ou 200 mil dólares (para pagadores de impostos solteiros).

109 Eu rio disso às vezes.

110 26 US Code ß408 — Individual retirement accounts | US Code | US Law | LII / Legal Information Institute (cornell.edu).

Embora a IRS não tenha providenciado orientações a respeito de NFTs, obras de arte são claramente colecionáveis. Portanto, é razoável presumir que NFTs de arte sejam colecionáveis.

Mas... e os cartões Top Shot da NBA (capítulo 9)? Embora esses cartões não sejam especificamente listados pela IRS, eles têm sido tributados como colecionáveis — sugerindo que a IRS também consideraria os cartões Top Shot, os CryptoKitties e semelhantes como colecionáveis.

A distinção é importante porque a taxa tributária que incide sobre colecionáveis é maior do que as taxas de ganhos de capital de longo prazo. Colecionáveis retidos por mais de um ano são taxados em 28%. Aqueles retidos por um período menor pagam a taxa de ganho de capital de curto prazo.

Caso você seja um negociante de arte e NFTs sejam partes essenciais de seu inventário, taxas de tributação de renda comum serão aplicadas. E, se comprar uma NFT por razões pessoais, e não "por investimento", você não pode deduzir nenhum prejuízo.

Caso seja dono de um negócio e pague por serviços com ativos digitais

Se pagar 600 dólares ou mais a alguém em um ano civil com ativos digitais, você deve reportar esses pagamentos à IRS e à pessoa que recebeu os pagamentos, como se os tivesse feito em dólares americanos, como estabelecido no IRS Notice 2014-21.

21 Operações e compliance

UM VISLUMBRE NA VIDA DE
SEU CONSULTOR FINANCEIRO

Este capítulo é escrito para profissionais financeiros. Não é o seu caso? Você pode querer ler, de qualquer maneira, pois fazer isso vai ajudá-lo a escolher um ótimo consultor — e a confirmar se o que contrata atualmente é tão bom quanto você pensa. Você também terá acesso a uma perspectiva interna dos problemas que as empresas de consultoria encaram todos os dias em seus esforços para servir seus clientes.

Caso seja um consultor financeiro ou um executivo na indústria de serviços financeiros, você precisa estar familiarizado com as obrigações de compliance e notificações associadas aos ativos digitais se quiser incluir essa classe de ativos nos portfólios de seus clientes.

Se você for um profissional financeiro, já está familiarizado com custódias, ativos sob gestão *vs.* ativos sob aconselhamento, KYC/AML, responsabilidades fiduciárias e assuntos correlatos. Portanto, vamos pular todos esses assuntos aqui.

Em vez disso, vou oferecer a você apenas três pontos-chave, começando com o mais importante:

1. **Sempre aja como um fiduciário.** Sim, eu sei que acabei de dizer no parágrafo anterior que não iria cobrir esse tópico, mas este é importante, então sempre deve ser ressaltado. Portanto, aí vai. Você sempre deve se adequar ao padrão fiduciário, servindo aos melhores interesses de cada cliente — quer estejam envolvidos ativos digitais ou não.

> Se você é um consultor, e não age 100% do tempo como um fiduciário, faça um favor a mim e a todos, e deixe esta indústria imediatamente.

2. **Trate os ativos digitais como valores mobiliários.** Lembre-se de que alguns ativos digitais são considerados valores mobiliários pela SEC, enquanto outros não o são. Caso algum dia esteja em dúvida se um ativo em particular é um valor mobiliário, você pode deixar de utilizar esse ativo até ter certeza, ou tratá-lo como se fosse um valor mobiliário. Dessa forma, da perspectiva regulatória, você estará operando da maneira mais segura possível.

3. **Esteja ciente dos últimos pronunciamentos da.** No dia 26 de fevereiro de 2021, por exemplo, a Divisão de Exames da SEC liberou um alerta de risco: "O foco contínuo da divisão de exames sobre valores mobiliários de ativos digitais". Esse alerta focou em "riscos únicos" inerentes aos ativos digitais, com orientações para consultores e firmas registradas pela SEC. É essencial que você esteja a par das últimas divulgações regulatórias.

Comunicados

Quanto dinheiro você gerencia? Esse número é muito importante para consultores e suas firmas; para muitos, dá o direito de se vangloriar, de modo a auxiliar a atrair e manter clientes. Afinal, os investidores querem investir em quem acreditam que vai lhes trazer muito dinheiro, e uma suposição feita com frequência é que uma firma que tem *muito* dinheiro deve ser boa nisso.

É por esse motivo que a SEC se certifica de que você realmente está gerindo todo o dinheiro que afirma estar gerenciando. Portanto, todos os anos você preenche o seu ADV com a SEC e disponibiliza cópias desses documentos para seus clientes e o público, revelando esse número (e muitos outros).

Ao calcular o AUM (Ativos Sob Gestão, tradução nossa), a SEC exige a diferenciação de valores mobiliários e valores não mobiliários; você deve incluir nos cálculos de AUM apenas aquelas contas ou portfólio em que pelo menos 50% do valor total seja constituído de valores mobiliários (incluindo dinheiro vivo e equivalentes a dinheiro).

Serviços de notícias para blockchains e ativos digitais	
Bankless banklesshq.com	A *Bankless* é uma newsletter entregue três vezes por semana para auxiliar a manter, emprestar, pegar emprestado, ganhar, gastar, investir e fazer o stake do dinheiro do investidor nesta nova economia de criptos.
Bitcoinist bitcoinist.com	O *Bitcoinist* fornece notícias de última hora, guias e análises de preços a respeito de dinheiro digital descentralizado e tecnologias de blockchain.
Bitcoin Magazine bitcoinmagazine.com	A *Bitcoin Magazine* é a publicação mais antiga sobre ativos digitais e blockchain, tendo sido pioneira nesse espaço em 2012. Ela fornece uma liderança intelectual construída em volta de padrões editoriais e jornalísticos exigentes.
Bitcoin News bitcoin.com	A *Bitcoin News* é uma plataforma de notícias digital que cobre assuntos como ICOs, DApps[111] e blockchain, em conjunto com atualizações de mercado e criptomoedas.
Blockworks blockworks.co	A *Blockworks* é uma marca de mídia financeira que entrega notícias de última hora e insights de alta qualidade a respeito de ativos digitais para milhões de investidores.
CoinCentral coincentral.com	A *CoinCentral* é uma newsletter, podcast e site educacional com tudo incluso para entusiastas de ativos digitais.
CoinDesk coindesk.com	A *CoinDesk* é uma plataforma de mídia que examina a forma como ativos digitais estão contribuindo para a evolução do sistema financeiro global. Fundada em 2013, alcança milhões de interessados em ativos digitais e tecnologias de blockchain por intermédio de seus sites, mídias sociais, newsletter, podcasts, vídeos, pesquisas e eventos ao vivo.
Coinstats coinstats.app	O *Coinstats* é um dos principais rastreadores de portfólio cripto, oferecendo relatórios de 24 horas, assim como as últimas notícias do mundo das criptos.

---

111 "Descentralized apps" ou "aplicativos descentralizados". [N. T.]

Cointelegraph cointelegraph.com	Fundada em 2013, a *Cointelegraph* é um dos principais recursos de mídia digital independente, cobrindo uma ampla gama de notícias a respeito de tecnologias de blockchain, ativos digitais e tendências emergentes de fintechs. Todos os dias sua equipe de jornalistas, especialistas e colaboradores entrega notícias atualizadas tanto do mundo centralizado quanto do descentralizado.
Crypto Daily cryptodaily.io	O *Crypto Daily* prioriza as últimas notícias dos ecossistemas da Binance Smart Chain, Solana, Polygon e Ethereum.
DappReview dapp.review	A *Dapp Review* auxilia os usuários a encontrar DApps mais interessantes, e ajuda os desenvolvedores a promover seus DApps e adquirir mais clientes.
Delphi Insights delphidigital.io	Para usuários avançados, a assinatura da *Delphi Insights* inclui conteúdos abrangendo a cobertura de mercados (DeFi, Layer 1s, NFTs, etc.), análises macro e um resumo focado em setores-chave, como governança DAO e estratégias de rendimentos. A "Delphi Pro" é uma assinatura sofisticada, que inclui uma base de dados de relatórios de pesquisa profundos e bem estruturados, o "Office Hours" semanal da Delphi (incluindo Perguntas & Respostas) com o time de pesquisa, e acesso exclusivo ao chat comunitário de membros, que inclui diálogos constantes com algumas das mentes mais brilhantes da indústria.
Digital Asset Research Newsletter digitalassetresearch.com	O *DAR* fornece diversas newsletters, indo desde histórias diárias até as últimas regulamentações de ativos digitais para clientes institucionais, com análises qualitativas e quantitativas a respeito de mercados de ativos digitais.
NewsBTC newsbtc.com	A *NewsBTC* é um serviço de informações sobre criptos que cobre notícias a respeito do bitcoin, análises técnicas e previsões para ativos digitais.
Quantum Economics Newsletter quantumeconomics.io	Essa newsletter entrega aos investidores informações sobre ativos digitais, considerando condições de mercado e análises *on-chain* para avaliar a próxima jogada para ativos digitais.

Securities.io securities.io	A *Securities.io* fornece notícias diárias, entrevistas e uma recapitulação mensal a respeito de tokens de segurança, fundos e imóveis tokenizados, regulamentações e financiamentos coletivos.
The Bitcoin Forecast by Willy Woo willywoo.substack.com	O *The Bitcoin Forecast* é uma newsletter paga, escrita pelo tecnologista Willy Woo. Willy se concentra na estrutura *on-chain* da blockchain Bitcoin.
The Block theblockcrypto.com	*The Block* é uma marca de ponta em pesquisas, análises e notícias no ambiente de ativos digitais. O time está espalhado por sete fusos horários, cobrindo o ambiente global de criptos e blockchain 24/7.
The Daily Gwei thedailygwei.libsyn.com	*The Daily Gwei* mantém você atualizado a respeito de tudo o que está acontecendo na Ethereum.
The Defiant thedefiant.io	*The Defiant* é uma plataforma de conteúdo para DeFi. Ela faz curadoria, resumos e análises de todos os principais desenvolvimentos em DeFi.
The Pomp Letter pomp.substack.com	*The Pomp Letter* é extremamente popular por sua análise diária das indústrias de negócios, finanças e tecnologia.
Unchained Newsletter unchainedpodcast.com	A *Unchained Newsletter* é a visão diária de Laura Shin a respeito das mais recentes notícias sobre ativos digitais. Laura foi editora sênior na *Forbes* e a primeira repórter a cobrir ativos digitais em tempo integral.

Portanto, o que você faz se 75% das posições de uma conta são ativos digitais — bitcoin, por exemplo —, que, por sua vez, não são valores mobiliários? Nesse caso, deve-se excluir a totalidade da conta ou portfólio de seus cálculos do AUM.

E mais: note que apenas ter discernimento quanto aos ativos digitais na conta de um cliente não qualifica automaticamente o valor como AUM. Para isso acontecer, você deve conseguir documentar que está monitorando e avaliando as posições dos ativos digitais do cliente de maneira separada das reuniões periódicas de revisão ou das conversas sobre planejamento financeiro que tem com ele. Portanto, você deve estar atualizado sobre os desenvolvimentos correntes de blockchains e ativos digitais para que consiga demonstrar à SEC quando eles o visitarem (uma hora sempre "legal") que está conduzindo serviços de monitoramento e alocação contínuos e regulares.

Você ainda pode conseguir contar os ativos como AUM mesmo sem autoridade discricionária, mas isso se a firma for a representante legal do cliente para implementar as recomendações, ou se tiver algum outro meio para completar as transações; não é um AUM se o cliente é quem decide sozinho se implementa ou não os conselhos. (Aquele alerta de risco de fevereiro de 2021 listou "cálculo de AUM" como um problema de compliance para consultores.)

Valorações

Ativos digitais são comercializados globalmente 24/7 por intermédio de muitas corretoras, e cada uma delas publica preços distintos. Isso torna a valoração muito mais desafiadora do que para ações ou fundos mútuos. Valorações são importantes por muitas razões. Entre elas, porque elas determinam o seu AUM, utilizado para determinar a taxa que você está cobrando de seu cliente. Portanto, se estiver utilizando uma valoração incorreta, você estará reportando valores de conta incorretos para o seu cliente. Isso poderia não somente comprometer o conselho que está fornecendo como também potencialmente fazer com que estivesse cobrando a mais de seu cliente.

Seu depositário deveria estar contratando ou assinando um serviço de valoração que forneça os valores finais de fechamento dos preços de ativos digitais; normalmente você vai depender dessa informação. Contudo, a valoração é uma área em desenvolvimento nesse campo; portanto, sua firma deve se manter atualizada a respeito desses desenvolvimentos para que possa garantir estar engajada nas melhores práticas. Caso não dependa do relatório de precificação do depositário, você vai precisar encontrar outra forma de determinar as valorações de maneira adequada. Isso significa encontrar alguém independente e confiável — o que é um processo difícil para qualquer firma.

SMAs

SMAs (Simple Moving Average — média móvel simples, tradução nossa) podem ser contadas como AUM, mas apenas se você tiver poder suficiente para contratar e despedir o gestor e para realocar ativos com outros gestores. Isso é verdadeiro mesmo se você recomendar o SMA ao cliente, receber uma taxa baseada nesses ativos e a conta do cliente for discricionária, porque o SMA exige isso.

ADV, Parte 1, Item 5.G.7[112]

Aqui é o local em que você revela os tipos de serviço de consultoria que fornece. "Seleção de outros consultores" é uma das escolhas; sua firma deveria preencher esse espaço caso recomende SMAs ou outros investimentos em fundos privados.

ADV, Parte 1, Item 8A

Esta seção é dirigida a qualquer potencial conflito de interesses em transações de clientes. Você deve responder "sim" caso invista pessoalmente em ativos digitais ao mesmo tempo que recomenda esses mesmos ativos para clientes (a menos que os ativos se limitem a fundos mútuos).

ADV, Parte 1, Item 8C

Você precisa decidir se tem autoridade sobre as transações de ativos digitais nas contas dos clientes ao responder este item. O Item 8C se refere apenas às decisões com relação a valores mobiliários, e não a valores não mobiliários (portanto, mantenha o Teste de Howey em mente).

ADV, Parte 1, Schedule D, Seção 5K

Esta é uma enorme tabela que segmenta seu AUM por classes de ativos. No momento em que escrevo, os ativos digitais não são mostrados como um recurso detalhado, mas isso pode mudar.

---

112 Esses itens se referem ao formulário a ser preenchido por norte-americanos que têm investimentos. Caso queira observar o formulário e saber um pouco mais a respeito, é possível checar, por exemplo, em portal.ct.gov/-/media/DOB/forms/FormADVpdf.pdf?la=en. [N. E.]

ADV, Parte 2A[113]

Como você sabe, os clientes não chegam a ver a Parte 1, mas recebem a Parte 2 (por esse motivo ela é chamada de brochura de divulgação). Portanto, referências a ativos digitais são particularmente importantes aqui. Caso esteja recomendando ativos digitais pela primeira vez, você deve atualizar essa seção para reconhecer que fez mudanças materiais em seu ADV.

ADV, Parte 2, Item 4

Uma vez que este item descreve os negócios de consultoria da firma, pode ser necessário atualizar os dados referentes a eles com base nos cálculos de AUM mostrados na Parte 1. É permitido que você descreva o AUM de maneira diferente na Parte 2, mas é preciso que a documentação continue descrevendo o método utilizado e o motivo para suas respostas em cada parte, que, embora sejam diferentes, não são enganadoras. Você também pode precisar atualizar os tipos de serviços de consultoria que oferece, caso esteja fornecendo conselhos sobre ativos digitais como um serviço separado.

ADV, Parte 2, Item 5

Este tópico talvez seja de grande interesse para o cliente, pois descreve como você é compensado pelos conselhos que providencia a respeito de ativos digitais, assim como outras taxas e despesas que seu cliente pode sofrer. Quaisquer taxas e despesas relacionadas especificamente a ativos digitais que não tenham sido divulgadas em outros locais devem estar descritas aqui.

---

113 Caso deseje se aprofundar sobre a Parte 2 do formulário, é possível consultar www.sec.gov/about/forms/formadv-part2.pdf. [N. E.]

ADV, Parte 3, Item 8[114]

Seus métodos de análise, estratégias de investimento e riscos de perdas — os quais mudam caso se trate de ativos digitais — serão revelados neste item. Se qualquer valor mobiliário envolver riscos significativos ou incomuns (e, vamos admitir, os ativos digitais *realmente* envolvem riscos significativos ou incomuns), você vai precisar explicá-los em detalhe neste item.

As considerações-chave na hora de decidir se você precisa mudar ou incluir fatores de risco à Parte 3, Item 8, incluem:

- Volatilidade de preço;
- A natureza especulativa de ativos digitais;
- O fato de que os ativos digitais normalmente não são respaldados por ativos tangíveis ou fluxos de caixa;
- Impulsionadores de oferta e demanda dos preços;
- Riscos tecnológicos em rede, também chamados de risco comprometido ou risco de acesso;
- Riscos de transações não autorizadas e roubo;
- Proteção de ativos digitais e riscos de armazenamento;
- Planos de continuidade empresarial;
- Perda de chaves privadas;
- Iliquidez;
- Ambiente regulatório incerto;
- Ativos mantidos em uma conta ou fundo omnibus estão sujeitos a reivindicações de credores, e o depositário pode possuir o benefício real de posse;
- Contas e valores de ativos digitais não são protegidos pelo FDIC ou pelo SIPC;
- Taxas e despesas associadas com o investimento em ativos digitais normalmente não são comparáveis.

---

114 Caso deseje se aprofundar sobre a Parte 3 do formulário, é possível consultar www.sec.gov/about/forms/formadv-part3.pdf. [N. E.]

Custódia

Ter a *custódia* significa manter os fundos ou valores mobiliários do cliente (tanto direta quanto indiretamente) ou ter autoridade para obter sua detenção. Se você tem a custódia dos fundos ou valores mobiliários de um cliente, é seu dever protegê-los. O regime de custódia é projetado para resguardar investidores contra o risco de roubo ou de apropriação indébita por parte dos consultores de investimentos. Portanto, você precisa divulgar as informações a respeito da custódia tanto na Parte 1 quanto na Parte 2 do Form ADV.

Os ativos digitais estão sujeitos às regras de custódia? No momento em que escrevo, há uma falta de clareza regulatória sobre isso. A resposta certamente vai depender dos fatos e das regulamentações — os quais mudam ao longo do tempo. Portanto, considere:

- A intenção do Congresso ao passar o Ato de Consultores de Investimentos de 1940;
- O amplo estatuto da SEC a respeito da proteção dos investidores e de seus ativos;
- Que tanto os ativos digitais quanto os valores mobiliários tradicionais estão expostos aos mesmos problemas.

Caso a firma não tenha autoridade para obter a detenção dos ativos digitais, seja diretamente ou ao liquidá-los e alocar os proventos, então advogados de valores mobiliários geralmente concordam que a custódia não existe.

As exigências técnicas para a transação de custódia de valores mobiliários de ativos digitais são diferentes daquelas para valores mobiliários tradicionais. Por exemplo, transações de valores mobiliários tradicionais normalmente envolvem intermediários, como provedores de infraestrutura e suas contrapartes, mas o mercado de valores mobiliários de ativos digitais não tem intermediários equivalentes.

Embora a SEC tenha emitido algumas orientações, dizendo que as regras de custódia se aplicam apenas se o ativo digital é caracterizado como um fundo ou valor mobiliário, mantenha em mente que, mesmo se um ativo digital não for considerado um valor mobiliário, você ainda precisa demonstrar que ele não se enquadra na categoria de "fundos de clientes" para evitar a aplicação do regime de custódia.

Custodiantes qualificados

As leis pertinentes à custódia de ativos digitais permanecem em desenvolvimento, mas uma exigência já vigente é que você utilize somente custodiantes qualificados para deter os ativos de clientes. Em novembro de 2020, a SEC publicou uma declaração reconhecendo que "determinar quem se qualifica como depositário qualificado é complicado, além de ser uma determinação baseada em fatos e circunstâncias". Algumas empresas abandonaram os esforços para ganhar a posição de "custodiantes qualificados" da SEC e, em seu lugar, buscam aprovação em nível estadual ao se tornar empresas de truste com aval estadual. Isso permite que ofereçam serviços de custódia com supervisão regulatória (embora a supervisão seja feita pelo estado e não pela SEC).

A seleção de um depositário qualificado é um dever fundamental de um fiduciário. Considere estas perguntas para o depositário:

1. Há quanto tempo vocês operam?
2. Quantos engenheiros ou desenvolvedores de software vocês empregam?
3. Qual a experiência deles com ativos digitais?
4. Vocês já são considerados um depositário qualificado?
5. Vocês realizam a custódia de quais itens, e de quais vocês não fazem a custódia?
6. Vocês aceitam contas tanto qualificadas quanto não qualificadas?
7. Quais licenças e certificados vocês têm?
    a. Há quanto tempo os possui?
    b. Já existiu algum lapso nessas licenças e certificações?
8. Descreva seu nível de estabilidade financeira.
    a. Vocês estão dispostos a mostrar evidências dessa estabilidade?
    b. Vocês são auditados por uma terceira parte?
    c. Vocês vão providenciar os resultados dessas auditorias para mim?
9. Vocês já conduziram uma auditoria de segurança?
    a. Você poderia compartilhar os resultados dessa auditoria comigo?

10. Vocês providenciam auditorias de prova de existência sob demanda para verificar a disponibilidade de ativos?
11. Há quanto tempo vocês têm oferecido ativos digitais?
12. Seus ativos digitais são armazenados em que país?
    a. Se fora dos Estados Unidos, como vocês avaliam o risco de confisco por parte do governo?
13. Os ativos digitais estão em carteiras segregadas ou em contas omnibus?[115]
    a. Por que eles são mantidos dessa maneira?
14. Os ativos digitais mantidos sob sua custódia são mantidos em carteiras quentes ou frias?
    a. Se frias, descreva o protocolo de armazenamento frio.
15. Vocês utilizam um protocolo de múltiplas assinaturas?
    a. Em caso afirmativo, descreva sua abordagem e raciocínio.
16. Como vocês lidam com forks e airdrops?
17. Como vocês geram chaves?
    a. Como protegem essas chaves?
    b. As chaves privadas são expostas para humanos em algum momento?
18. Como vocês autentificam usuários e aprovadores?
19. Como vocês se protegem contra conluio e coerção?
20. É feita a alimentação de dados noturna a respeito de posições, NAV e dados de precificação para suas aplicações de contabilidade de portfólios?
    a. Para quais deles?
21. Descreva sua cobertura de seguros.
    a. Quem é a operadora?
    b. A apólice cobre apenas o depositário ou também os meus clientes e a mim?
    c. Quais são os limites da apólice por solicitação, por conta e por cliente?
    d. O que a apólice cobre?
22. Vocês são subsidiários de uma empresa maior?

---

115 Ou "conta coletiva", é a conta de valores mobiliários em que as ações e ativos de vários clientes são agrupados na conta de um mesmo depositário. [N. E.]

a. Se sim, a sua empresa-mãe é responsável pelos seus erros e omissões, ou ela está protegida de suas responsabilidades?

23. Vocês conseguem lidar com negociações agregadas ou de alto volume, de modo a facilitar o rebalanceamento de todas as contas?

24. Vocês oferecem as melhores execuções?

a. Quão rapidamente são preenchidas as transações em um dia típico?

25. Como vocês facilitam o débito da minha taxa de consultoria da conta de meu cliente e o enviam para mim?

26. Qual é sua tabela de taxas?

As respostas do depositário às perguntas acima podem fazer com que você precise atualizar seu ADV.

Privacidade e confidencialidade

Nenhum consultor deveria aceitar nenhuma informação a respeito das chaves privadas ou frases-semente de nenhum cliente, em nenhum momento. Caso aceite, seria possível considerar que você tem acesso aos ativos de seu cliente, mesmo que o depositário também tenha posse da chave.

À parte os riscos de segurança, assumir a custódia dessa informação tornaria difícil para você ou a empresa mostrar se uma transação foi realizada pela firma, pelo cliente ou por alguma outra parte — independentemente de um depositário qualificado estar envolvido ou não.

Código de Ética

Você gostaria de investir pessoalmente em ativos digitais? Antes de fazê-lo, leia o Código de Ética da sua firma. Ele descreve suas obrigações — entre as quais poderia estar incluído receber a aprovação de sua empresa antes de comprar quaisquer ativos digitais que sejam valores mobiliários. Sua firma também poderia exigir a pré-aprovação para qualquer compra, para que seja possível prevenir e monitorar operações de front-running,[116] parking[117] e outros problemas.

O Código de Ética também estipula sua obrigação de submeter à firma um relatório trimestral descrevendo suas posições em todos os valores mobiliários. Isso inclui qualquer ativo digital considerado um valor mobiliário. O Código de Ética também pode pedir que você relate suas posições em valores não mobiliários. Isso exigiria divulgar o nome e a localização dos ativos, inclusive o depositário, a corretora, o hardware e a carteira que você utiliza, somados à data e ao local da compra, ao preço e à quantidade comprada. O mesmo vale para qualquer venda, mas nunca forneça nenhuma informação a respeito de suas chaves privadas ou frases-semente — mesmo que peçam. (E nunca pergunte a nenhum funcionário por suas chaves.)

Caso invista por intermédio de uma terceira parte institucional, ela provavelmente vai produzir um resumo das atividades para que você possa baixar e fornecer ao seu departamento de compliance. Esse download provavelmente vai satisfazer sua obrigação de relatar suas atividades. (Caso não satisfaça, seu diretor de compliance o fará saber!)

É sua responsabilidade saber o que sua empresa exige e se conformar às suas regras. E, se você for o responsável por fazer essas determinações em nome da firma, certifique-se de fornecer a orientação adequada para seus funcionários e outras pessoas que a acessam (tais como membros do conselho e auditores), de modo que saibam o que devem e o que não devem fazer.

Conflitos de interesse

O Código de Ética de sua firma explica como você deve evitar conflitos de interesse com seu cliente — e deixa claro que deve divulgar esses conflitos quando não for possível evitá-los.

Para ativos digitais, considerações específicas incluem saber se você ou sua empresa têm posições no mesmo ativo digital que também re-

---

116 Negociação de um ativo financeiro feita por um corretor que tem conhecimento a respeito de uma transação futura que afetará o preço do ativo de maneira substancial. [N. T.]

117 Ação ilegal de esconder a posse de determinados valores mobiliários. [N. T.]

comendariam a clientes. Caso tenham, divulgue os conflitos que isso representa no Form ADV e como vocês lidam com eles.

Algumas das questões a serem resolvidas são:

- Se você estiver comprando ativos digitais com volumes de transações baixos para si mesmo e para seu cliente, quais negociações seriam executadas primeiro — as suas ou as do seu cliente? (Em outras palavras, como a firma vai evitar o front-running?)
- A firma vai exigir que seus consultores e outros funcionários obtenham uma pré-aprovação antes de comprar ou vender ativos digitais para contas pessoais?
- A firma vai restringir negociações em ofertas limitadas de ativos digitais, como investimentos privados?
- Quais divulgações, se houver alguma, serão feitas aos clientes no momento da negociação?

Know Your Customer (KYC)

Embora consultores de investimentos não sigam uma regra "Conheça o Seu Cliente" (KYC, Know Your Customer), eles têm uma obrigação fiduciária de agir de acordo com os melhores interesses de cada cliente — e isso significa ter entendimento de quais investimentos são apropriados para cada um deles. Isso, por sua vez, significa saber as necessidades, metas, objetivos, tolerância de risco e outros detalhes dos investimentos de cliente, assim como quaisquer outras restrições requisitadas por ele. Some tudo e você, essencialmente, terá em mãos uma obrigação KYC.

A extensão das suas exigências de KYC depende de seu relacionamento com o cliente. Por exemplo, um gestor de ativos que gerencia uma porção limitada dos ativos de um cliente pode não saber nada sobre este; isso é rotineiro para gestores de fundos mútuos, por exemplo. Caso isso descreva seu relacionamento com seu cliente, tal fato deve ser comunicado a ele e refletido no acordo assinado durante a incorporação desse cliente.

Uma parte importante de ser um fiduciário é a devida diligência que pratica sobre os investimentos que recomenda. Não é suficiente dizer que você forneceu valores mobiliários de ativos digitais para seus clientes porque eles pediram ou porque "todo mundo" está comprando. Mantenha em mente que o "Alerta de Risco" da SEC em fevereiro listou a gestão de portfólios como um risco de compliance — o que significa que a SEC está prestando atenção aos ativos digitais que os consultores estão recomendando aos clientes. E isso inclui a classificação de valores mobiliários dos ativos digitais, a devida diligência sobre esses ativos, a mitigação de riscos e a realização do seu dever fiduciário para com os clientes.

Também não é suficiente cumprir ações com característica de KYC somente ao iniciar um relacionamento com um cliente. Pelo contrário, tais exigências são contínuas. Você e sua firma deveriam exigir atualizações periódicas de cada cliente a respeito de suas vidas e circunstâncias financeiras, de modo que possam fazer mudanças conforme forem necessárias diante de recomendações anteriores. Mesmo que o cliente não responda às suas solicitações de atualizações (o que é comum), você e sua firma deveriam usar o senso comum e realizar as mudanças que sabem ser necessárias. Por exemplo, os clientes que estão com vocês há vinte anos provavelmente não estão na mesma situação na qual o conheceram; prossiga de maneira coerente. E, se você sentir que não consegue agir efetivamente diante de um vácuo de informações, converse com o seu departamento de compliance sobre a possibilidade de terminar esse relacionamento.

Anti-Money Laundering (AML)

Consultores de investimentos não estão sujeitos às exigências do USA Patriot Act (Ato Patriota Americano) com relação a regras Antilavagem-de-Dinheiro (AML, Anti-Money-Laundering). Contudo, por outras razões, sua firma pode ter um programa AML em curso — como uma decisão voluntária por práticas melhores ou talvez porque uma terceira parte o exija.

O programa AML de sua firma, e qualquer outro, deveria considerar os riscos específicos associados a ativos digitais. O maior risco para consultores de investimentos provavelmente é o anonimato, que é lugar-comum em corretoras de ativos digitais. (É desafiador se resguardar contra lavagem de dinheiro se não souber com quem você e seus clientes estão lidando.)

Embora não seja exigido que consultores de investimentos tenham um programa AML, todos os cidadãos norte-americanos estão sujeitos ao Ato Patriota Americano. Isso significa que você ou sua firma poderiam estar violando o ato caso seja permitido que um cliente lave dinheiro ou financie operações financeiras.

Mesmo que a atividade seja considerada legal, sua reputação está exposta a um risco enorme. Portanto, certifique-se de que sua firma garanta que uma terceira parte revise as ações de todos os clientes, em busca de potenciais lavagens de dinheiro e financiamento de terroristas.

A melhor execução

Seu dever aqui está embutido no dever fiduciário. Todos os consultores devem realizar transações de valores mobiliários de tal maneira que os custos ou proveitos de cada transação sejam os mais favoráveis para o cliente em cada circunstância.

Portanto, a melhor transação não significa "a melhor" de maneira objetiva. Em vez disso, para o desconcerto das firmas, ela depende de fatos e circunstâncias. E tais fatos e circunstâncias serão diferentes para os ativos digitais.

Por exemplo, tente honrar seu dever de melhor execução quando diferentes corretoras de ativos digitais simultaneamente oferecerem preços distintos. Uma vez que os preços se alteram constantemente em todas as corretoras, como você poderia saber qual corretora está oferecendo o melhor preço? É impossível saber; portanto, ao fazer sua escolha, considere critérios como velocidade, segurança, transparência, qualidade da plataforma, pesquisa, serviços de suporte, reputação da corretora e histórico de preços.

Políticas e práticas de compliance

É necessária uma revisão abrangente a respeito da totalidade do programa de compliance da firma caso ela decida adicionar ativos digitais a seus portfólios recomendados. Aqui estão algumas áreas para serem revisadas:

- Responsabilidades supervisórias;
- Monitoramento de SMAs;
- Custódia;
- Alocações de negociações;
- Valorização de investimentos para cobranças e declarações;
- A melhor execução;
- Ordens de valores mobiliários;
- Revisões de transações;
- Transações principais e entre agentes;
- Cibersegurança.

Caso sejam roubados, os ativos digitais geralmente são mais difíceis de serem recuperados do que outros ativos. Portanto, a firma deveria revisar as visões da SEC a respeito desse problema E mais: rastreie as melhores práticas da indústria, que costumam se antecipar aos alertas, ações e orientações da SEC.

Programa RIFT

Sua firma deveria revisar e fortalecer seu Programa RIFT (Red Flags Identity Theft Program —Programa Bandeiras Vermelhas para Roubo de Identidade, tradução nossa), para que você e ela possam determinar se o pedido de venda ou transferência de ativos digitais de um cliente realmente vem dele — e não de um hacker se fazendo passar pelo cliente.

Marketing

Sua firma deveria revisar seu plano de marketing no que se refere a ativos digitais, e à maneira como tais investimentos poderiam exigir divulgações distintas do modelo padrão que utiliza para outras atividades de marketing. Antes de utilizar qualquer material de marketing com o público, receba a aprovação do departamento de compliance ou do departamento de publicidade.

ADV, Parte 3

Também chamado de Form CRS, o Resumo de Relacionamento com o Cliente (Client Relationship Summary) é um documento de uma ou duas páginas que resume os serviços, a autoridade de investimentos, taxas, custos, conflitos e outros fatos essenciais de sua firma. Você precisa atualizar o Form CRS em até 30 dias após mudanças materiais no relacionamento com seu cliente, e comunicá-los a respeito dessas mudanças dentro de 60 dias. (Lembre-se de que você deve fornecer aos clientes uma revisão modificada do documento, que realce as mudanças, assim como uma nova versão revisada dele.)

Confidencialidade

Sua responsabilidade fiduciária exige que você mantenha a confidencialidade a respeito de seus clientes e de suas transações. Isso é rotineiro — mas a blockchain traz a necessidade de um foco renovado. Utilizar uma tecnologia de blockchain em sua prática significa que você tem algo novo a considerar sobre confidencialidade. Por exemplo, é preciso prevenir o rastreamentos de carteiras — algo que nunca foi um problema. Você também deve assegurar que tenham acesso à blockchain utilizada pela firma apenas os membros que precisam saber dela. Isso é particularmente importante por causa do potencial de acessar, converter ou transferir ativos digitais de maneira imprópria.

Duplo registro

Até agora estivemos nos referindo à SEC, então vamos pensar na FINRA. Milhares de consultores financeiros estão registrados tanto na SEC quanto na FINRA. Caso o apeteça, você deve seguir as regras emitidas por ambos.

Sua firma de corretagem pode exigir que, como representante registrado, você obtenha uma permissão antes de comprar ativos digitais para si mesmo ou para clientes. Também se deve imediatamente notificar o Analista de Monitoramento de Risco da sua firma caso você, qualquer pessoa associada ou afiliada se envolva ou pretenda se envolver em atividades relacionadas a ativos digitais. Essas atividades incluem:

- Comprar ou vender ativos digitais ou um fundo que investe em ativos digitais;
- Comprar ou vender futuros ou opções atreladas a ativos digitais;
- Participar de um ICO;
- Tomar custódia de ativos digitais;
- Aceitar ativos digitais de clientes;
- Minerar;
- Exibir cotações de ativos digitais;
- Utilizar tecnologia de blockchain.

Não considere que suas divulgações no ADV satisfazem a FINRA. Essa agência tem suas próprias regras, então se certifique de que as esteja cumprindo também.

Protegendo você e sua firma — e consequentemente seus clientes — ao lidar com políticas de seguro com ativos digitais

Em primeiro lugar, a vasta maioria dos ativos digitais e das contas nas quais estes são alocados não é assegurada pelo FDIC ou SIPC. Essa falta de cobertura deve fazer parte da sua análise ao decidir se vai recomendar ativos digitais e como fazer isso.

Para obter uma cobertura para você e sua firma, contate seu provedor de seguros para verificar se as políticas de Responsabilidade Profissional ou de Erros & Omissões existentes cobrem atividades envolvendo ativos digitais. Pergunte se você ou sua firma precisam de novas políticas, cláusulas ou cobertura para o fornecimento de conselhos a respeito de ativos digitais e/ou por ter autoridade discricionária sobre investimentos em ativos digitais — e certifique-se de obter essa cobertura antes de adicionar ativos digitais à sua prática, pois muitas apólices não cobrem atos anteriores.

A apólice pode não cobrir atividades baseadas em taxas para Representantes Registrados que obtêm o E&O por intermédio de seu corretor/negociante (C/N), mesmo que as atividades de RIA tenham sido aprovadas ou supervisionadas pelo C/N.

Além disso, dê uma olhada na cobertura de cibersegurança de sua apólice. Você vai desejar estar protegido de problemas como vazamento de dados, fraudes de transferências, responsabilidade de mídia e erro humano.

Bonds de fidelidade

Embora sejam chamados de bonds, os bonds de fidelidade são uma forma de seguro — projetada para proteger você e seus clientes de prejuízos financeiros devido a roubos ou crimes, como atos ilícitos cometidos por funcionários ou contratados.

Embora você não vá realizar a custódia das chaves privadas de um cliente, alguém associado à sua firma, por exemplo, poderia entrar em contato com informação a respeito dessas chaves ou transferir esses dados através de meios inseguros (seja acidental ou maliciosamente), com resultados ruins. Um bond de fidelidade pode ajudar a proteger você.

Você também deveria considerar estender a cobertura caso forneça serviços tributários e de contabilidade relacionados a ativos digitais.

Muitas seguradoras ainda não oferecem cobertura para essa área, enquanto outras limitam a cobertura oferecida. Oportunidades de cobertura provavelmente vão aumentar conforme os mercados de ativos digitais forem amadurecendo; enquanto isso, se você e sua firma ainda não conseguirem obter a cobertura desejada, precisarão tomar uma decisão comercial a respeito de se vão lidar, e como vão lidar, com ativos digitais.

Seguradoras de ativos digitais	
BitGo bitgo.com	A BitGo fornece aos investidores custódias, trading e seguros. Ela oferece uma variedade de soluções de seguros protegidos, tanto para custodiantes quanto para negócios. Clientes da BitGo Business Wallet podem comprar seguros de Serviço de Recuperação de Chave, e seguros adicionais para chaves de custódia autônoma por intermédio de uma terceira parte, a empresa Digital Asset Services.
Coincover www.coincover.com	A Coincover garante que fundos digitais não sejam perdidos ou roubados. Sua tecnologia combina seguros com recursos de segurança para garantir que investimentos em ativos digitais sejam seguros tanto para investidores quanto para negócios.
hpc National hpcnational.com	A hpc National auxilia negócios a assegurar coberturas de seguro de alta qualidade para seus ativos digitais, por meio de seguros empresariais gerais, Diretores & Oficiais e Erros & Omissões, seguros criminais, seguros de custódia e políticas de seguros DeFi.
Marsh marsh.com	As soluções de seguro de Blockchain e Risco de Transferência de Ativos da Marsh atendem empresas envolvidas com tecnologia de blockchain, criptomoedas e ativos digitais.

Como implementar ativos digitais na prática de sua empresa

Embora os ativos digitais venham sendo gradualmente aceitos em meio à comunidade financeira, muitos consultores simplesmente dizem aos clientes: "Não é algo que nós fazemos".

Como os clientes estão exigindo cada vez mais que ativos digitais sejam incluídos em seus portfólios, e outros consultores — seus competidores — estão cada vez mais satisfazendo essa necessidade, você pode sentir que não tem escolha a não ser se envolver também. Afinal, você arrisca perder clientes e AUM caso não o faça. De fato, uma pesquisa de 2021 pela NYDIG descobriu que 92% dos clientes esperam que seus consultores financeiros sejam capazes de lhes fornecer conselhos a respeito de bitcoin, e 62% mudariam de consultor caso este não consiga ajudar. Portanto, você fica de fora por sua própria conta e risco.

Quando digo risco, não quero dizer apenas se expor ao risco da possibilidade de perder clientes. Você também pode sofrer a ira dos órgãos reguladores. Tenha em mente: você é um fiduciário — e isso significa que tem a obrigação legal de fazer o que é melhor para o seu cliente. Como pode dizer que está seguindo o padrão se nem ao menos considera ativos digitais?

Quando os examinadores da SEC o visitarem, você vai precisar explicar por que motivo *não está* investindo em ativos digitais. Vai precisar mostrar a eles evidências de seu envolvimento na devida diligência e a sua pesquisa e análise que o levaram à conclusão de *não* incluir essa nova classe de ativos nos portfólios de *qualquer* cliente.

Se tudo o que puder dizer for "Eu acho que o bitcoin não passa de uma mania de bulbos de tulipa ou Beanie Babies",[118] sem dados para respaldar essa afirmação, então... boa sorte com seu exame.

Portanto, permita-me ajudar você a criar uma abordagem prática de gestão que lhe possibilite determinar, sem vieses ou noções preconcebidas, se os ativos digitais devem integrar os portfólios de clientes.

Filosofia de firma: qual seu plano futuro?

Vamos começar com a filosofia. Sua resposta atual poderia ser qualquer umas das relacionadas a seguir:

- Nós exploramos essa classe de ativos e concluímos que não é certa para nossos clientes. Vamos continuar a observar os desenvolvimentos e podemos mudar de opinião no futuro.
- Não estamos recomendando ativos digitais para nossos clientes atualmente, mas estamos monitorando os problemas e aprendendo mais, e podemos decidir por nos envolver em algum momento no futuro.

---

118 A primeira bolha econômica da história, entre 1634 e 1637, teria ocorrido em torno do comércio de bulbos de tulipa, na Holanda. Beanie Babies eram bichos de pelúcia cujos preços explodiram durante a década de 1990. Produtos de 5 dólares começaram a ser colecionados por "investidores", e alguns dos mais raros chegaram a custar seis dígitos. [N. T.]

- Estamos procurando gestores de maneira ativa, para que possamos fornecer essa classe de ativos para nossos clientes.
- Estamos fornecendo ativos digitais para nossos clientes, mas apenas para aqueles que expressam um interesse pela classe.
- Nós fornecemos exposição para alguns clientes e para outros não, com base na situação de cada um deles.
- Nós rotineiramente fornecemos exposição a essa nova classe de ativos para todos os clientes, sem exceções.

Qualquer uma dessas posições servirá de maneira satisfatória para estabelecer a visão de sua firma. Elas estabelecem o tom para você e para todos os outros na firma, e removem qualquer drama ou frustração sempre que o cliente fizer a pergunta — que normalmente é feita depois de ele ter conversado com alguém ou ter visto algo nas notícias.

Estabelecer essas políticas — com as evidências para embasá-las — também vai ajudar caso a SEC pergunte por elas em algum momento.

Firmas de pesquisa e análise de blockchain	
AnChain anchain.ai	A AnChain fornece inteligência em contratos para proteger instituições financeiras e agências governamentais de agentes mal-intencionados dentro do espaço de ativos digitais.
Amberdata amberdata.io	A Amberdata é um provedor de dados de blockchain e mercados de ativos digitais.
Binance Research binance.com	A Binance Research fornece análises de nível institucional, insights profundos e informações sem viés para todos os participantes da indústria de ativos digitais.
Blockchain Research Institute blockchainresearchinstitute.org	O Blockchain Research Institute é um think-thank global independente dedicado à exploração e ao compartilhamento de conhecimento a respeito das implicações estratégicas da blockchain sobre negócios, governos e sociedades.
BTCS btcs.com	A BTCS é uma empresa de infraestrutura e pesquisa de blockchains focada no fornecimento de análises on-chain.

ByteTree bytetree.com	A ByteTree oferece dados em tempo real sobre redes blockchain, e é um dos principais fornecedores de dados de nível institucional a respeito de criptoativos. Seu terminal para investidores rastreia mais de oitenta métricas de ativos digitais em tempo real.
CertiK certik.org	A CertiK é a principal plataforma de classificação focada em segurança para análise e monitoramento de protocolos blockchain e projetos DeFi.
Chainalysis chainalysis.com	A Chainalyses cria transparência para uma economia global construída sobre blockchains, permitindo que bancos, negócios e governos tenham um entendimento comum sobre como indivíduos utilizam blockchains. A Chainalyses fornece softwares e pesquisas para agências governamentais, corretoras, instituições financeiras e empresas de seguros e cibersegurança em mais de sessenta países. Sua plataforma impulsiona investigações, compliance e ferramentas de gestão de riscos utilizadas para solucionar casos cibercriminais.
Chainbeat chainbeat.io	A Chainbeat auxilia investidores a entender o uso e conservação real de aplicações DeFi, fornecendo um entendimento geral a respeito da adoção do DeFi.
Ciphertrace iphertrace.com	A Ciphertrace capacita a economia blockchain ao proteger empresas de ativos digitais e instituições financeiras de riscos de segurança e compliance.
CoinMetrics coinmetrics.io	A CoinMetrics é o principal fornecedor de inteligência financeira de criptos, oferecendo dados de redes, dados de mercados, índices e soluções de risco de rede para as mais prestigiosas instituições no tocante a ativos digitais.
Crystal Blockchain crystalblockchain.com	A Crystal Blockchain fornece análises e monitoramento de transações de criptos para requisitos de corretoras, bancos e compliance.
Delphi Digital delphidigital.io	A Delphi Digital construiu uma reputação forte a partir de suas subsidiárias (Research, Labs, Ventures) e é amplamente considerada a melhor empresa de pesquisa dedicada aos mercados de criptos e ativos digitais. A base de clientes da Delphi inclui muitos dos fundos, instituições financeiras e investidores mais proeminentes da indústria.

Digital Asset Ressearch digitalassetresearch.com	A Digital Asset Research providencia dados abrangentes a respeito de mercados de ativos digitais para as instituições participantes.
DMG dmgblockchain.com	A DMG (símbolo: DMGGF) é uma empresa de blockchain e ativos digitais de capital aberto e integração vertical que gerencia, opera e desenvolve soluções digitais completas para monetizar o ecossistema blockchain.
Elementus elementus.io	A Elementus é o primeiro mecanismo de pesquisa universal em blockchain e solução forense de criptos de qualidade institucional.
Elliptic elliptic.co	A Elliptic fornece análises, treinamentos e certificações para negócios cripto, instituições financeiras e reguladores. Ela oferece serviços e software para a detecção e prevenção de crimes financeiros. A empresa analisa mais de cem pontos de dados de ativos digitais, fornecendo insights práticos nos quais os clientes se baseiam para mitigar riscos e manter o compliance regulatório.
Flipside flipsidecrypto.com	A Flipside trabalha diretamente com os principais projetos de criptos para recompensar análises sob demanda a partir de programas estruturados de recompensas.
Glassnode glassnode.com	A Glassnode é um fornecedor de inteligência e dados de blockchains que cria métricas e ferramentas on-chain inovadoras para stakeholders de ativos digitais. A Glassnode confere insights sobre blockchains e ativos digitais ao focar os dados das próprias blockchains.
IntoTheBlock intotheblock.com	IntoTheBlock é uma empresa de ciência que aplica pesquisas de ponta em ia para conceder inteligência prática para o mercado cripto.
Lukka lukka.tech	A Lukka fornece soluções de dados e software para gerenciar ativos digitais sobre infraestruturas construídas para o futuro do comércio.
Mosaic mosaic.io	A Mosaic é uma plataforma de pesquisa de blockchains que permite maior transparência e análises institucionais em criptofinanças.
Nansen nansen.ai	A Nansen é uma plataforma analítica de blockchains que enriquece dados on-chain com milhões de rótulos de carteiras.

NYDIG nydig.com	O NYDIG entrega produtos e insights a respeito de bitcoin para diversas áreas, da bancária e de seguros até a de fintech e as organizações sem fins lucrativos.
Omniex omniex.io	A Omniex é uma empresa de tecnologia de serviços financeiros que fornece uma gama de soluções para o acesso, o comércio e o gerenciamento de criptos e ativos digitais.
QLUE qlue.io	A QLUE é uma solução investigativa, desenvolvida em parceria com investigadores policiais e especialistas antilavagem de dinheiro, que incorpora algoritmos de buscas proprietários avançados de forma a detectar atividades suspeitas que criminosos tentam esconder com a utilização de ativos digitais.
ScoreChain scorechain.com	A ScoreChain Analytics rastreia ativos digitais e auxilia a criar uma estratégia estruturada e coerente de aum para identificação, avaliação e gestão de riscos.
Sherlock (Fidelity Digital Assets) fidelitydigitalassets.com	A Sherlock é uma solução analítica e de ativos digitais que auxilia investidores institucionais a avaliar o mercado. Um oferecimento da Fidelity Digital Assets.
SIMETRI cryptobriefing.com	A SIMETRI é um dos maiores fornecedores independentes de pesquisas de criptos no mundo. Ela oferece metodologias proprietárias para a criação de projetos de criptomoedas a partir de pesquisas e dados analíticos.
Streaming Fast streamingfast.io	A Streaming Fast é uma empresa de API em blockchain que torna possível o streaming em tempo real de atualizações de estados, além de conduzir pesquisas em velocidade relâmpago e fornecer garantias irreversíveis de transações ao utilizar um chamado simples de API.
Totle totle.com	A Totle agrega corretoras descentralizadas e fornecedores de ativos sintéticos em um conjunto de ferramentas que facilitam o acesso à liquidez profunda para ativos DeFi ao melhor preço.
TradeBlock tradeblock.com	A TradeBlock é um dos fornecedores mais antigos de ferramentas de trading, dados e índices institucionais para moedas digitais. Ela calcula e publica taxas de referência de líderes no mercado para ativos digitais, as quais são utilizadas para precificar inúmeras transações otc, aums e derivativos.

TROY troytrade.com	A TROY oferece as funções agregadas de plataformas centralizadas de negociações, monitoramento de dados e trading on-chain, fornecendo aos usuários uma variedade de serviços de trading.
zk Capital zkcapital.substack.com	A zk Capital é uma firma de investimento blockchain focada em pesquisas.

Políticas da firma

A filosofia que você e sua firma selecionarem vai determinar quais políticas devem adotar — é o caso das políticas sobre execução de negociações, decisões de investimentos, sobre as diligências necessárias, entre outras.

Você também precisará atualizar seus procedimentos de compliance interno, como aqueles relacionados a Atividades Comerciais Externas de seus membros e declarações de funcionários. Quais informações você procura, quão frequentemente as quer e como as está coletando?

As firmas deveriam começar por meio de uma amostragem dos funcionários. Primeiro, descubra quais estão interessados no assunto, quem possui ativos digitais e quais são seus planos. Ao fazer isso, a liderança está deixando todos saberem que a empresa está prestando atenção. Ela também está aprendendo a quem pode se voltar para pedir ajuda — pois os envolvidos nesse espaço provavelmente são mais experientes do que as equipes dos departamentos jurídico e de compliance da firma.

Como parte disso, você terá que decidir qual sua perspectiva a respeito de ativos digitais × ativos digitais com valor mobiliário. Bitcoin e ether, por exemplo, não são valores mobiliários, de acordo com o SEC, mas o XRP é. Então, você vai exigir que todos na firma divulguem suas posições em bitcoin? Não é perguntado aos funcionários se eles têm cartões de beisebol ou selos raros — estes não são valores mobiliários, afinal —, então por qual motivo você iria perguntar sobre bitcoin? E, como aqueles que têm bitcoin provavelmente vão perceber isso, como você vai lidar com as objeções à sua solicitação?

Comunicação e documentação de clientes

Certifique-se de documentar todas as suas conversas com clientes que envolvam ativos digitais — mesmo as que envolvam valores não mobiliários como o bitcoin. E lide com todas as negociações de ativos digitais com os mesmos processos de qualquer outra negociação.

Seja particularmente claro com os clientes — idealmente, já no contrato com o cliente e na Declaração de Políticas de Investimentos (caso emita uma), mas também em suas conversas e e-mails — a respeito de suas políticas em relação a fechamentos dos mercados. A Bolsa de Valores de Nova York está aberta de segunda a sexta-feira das nove às dezesseis horas, horário de Nova York, exceto em feriados federais norte-americanos. Portanto, se um cliente lhe enviar um e-mail às oito da manhã de sábado para negociar ações da IBM, você (e eles) saberão que precisam esperar até o mercado abrir para processar a transação. Mas os ativos digitais são 24/7/365 — e sabemos quão voláteis podem ser os preços. Portanto, será que, se você receber um e-mail para uma negociação na noite de sábado, mas não a executar até estar de volta ao escritório na manhã de segunda-feira, terá falhado em atender às expectativas de seu cliente? Ou, pior que isso, se expôs a uma situação de imputabilidade? Seu contrato com o cliente, a Declaração de Políticas de Investimentos e comunicações correntes podem ajudar você a evitar disputas ou prejuízos a sua reputação.

Sistemas internos

Como sua firma vai gerenciar as atividades pertinentes a ativos digitais? Por exemplo, o Excel não foi projetado para lidar com esses ativos. Portanto, caso sua firma utilize o Excel para inserção e armazenamento de dados, vocês provavelmente vão precisão considerar a instalação de softwares de integração de dados que permitam a essas informações se moverem livremente através de todos os sistemas da empresa — fornecendo aos funcionários apropriados a informação da qual precisam no momento em que precisam.

Faturamento e coleta de taxas consultivas

Eis um item não tão trivial: certificar-se de que consegue ser pago!

Portanto, pergunte a si mesmo: se recomendar a um cliente mover alguns ativos para ativos digitais, quais são as implicações para você no que se refere à receita?

São cinco escolhas. A primeira é não cobrar nada do cliente por esse AUM. Obviamente, essa não é a opção ideal — e não somente porque custa dinheiro a você. O verdadeiro problema com essa abordagem é que ela levanta perguntas a respeito de conflitos de interesse e a legitimidade dos seus conselhos. "Se você me diz que não pode coletar seus honorários de AUM sobre ativos alocados em bitcoin, para em seguida me dizer para não investir em bitcoin, você estaria dizendo para eu não investir simplesmente porque não quer sofrer uma perda de receita?" De repente o cliente não consegue mais acreditar em mais nada do que você diz.

Sua segunda escolha é enviar uma cobrança para seu cliente baseada na quantia mantida em ativos digitais. Mas, se a coleta desse honorário exigir que você envie ao cliente uma fatura, você estará introduzindo um novo e incômodo aspecto à sua prática de gestão; nisso, vai contrair uma nova despesa advinda desse esforço. E o que vai fazer caso o cliente não pague?

A terceira opção é dividir o portfólio em duas partes — uma parte contendo os investimentos normais e outra contendo os ativos digitais — para então cobrar apenas da primeira parte. Eis como funciona: digamos que o cliente tenha 100 mil dólares investidos com você. Em vez de alocar todo o dinheiro no Portfólio A, aloque apenas 99% dos ativos no Portfólio A (que compra os investimentos usuais) e 1% dos ativos no Portfólio B, onde você vai comprar bitcoin. O Portfólio A agora tem 99 mil dólares e, o Portfólio B, mil dólares. Em seguida, em vez de coletar seus honorários *pro rata* de 1% tanto do Portfólio A quanto do Portfólio B, colete a totalidade da taxa a partir do Portfólio A, como é mostrado no esquema "Opção 3".

A quarta opção é mover todos os valores mobiliários de ativos digitais para a mesma conta na qual estão o restante dos valores mobiliários. Uma conta, um faturamento. Simples. Fácil. Automático.

A quinta opção é trabalhar com corretoras ou custodiantes que facilitem todas as suas necessidades de prática de gestão — não apenas com o faturamento, mas com o rebalanceamento de portfólios, a gestão de impostos e serviços relacionados.

Cobrando com antecedência

A maioria dos consultores debita das contas dos clientes de maneira trimestral, com antecedência. Isso não é o melhor para o interesse do cliente. Ao coletar a taxa com antecedência, você está reduzindo a quantidade de dinheiro que ele estará investindo e, portanto, reduzindo seus retornos. Esse problema é ainda pior ao considerar a natureza volátil dos ativos digitais.

Portanto, você deveria coletar seus honorários em atraso — após o final do trimestre. O mercado tem tecnologia suficiente para permitir que opere dessa maneira, e você estará demonstrando a seus clientes que está se envolvendo com as melhores práticas.

Caso desafios de operação e compliance afastem você de ativos digitais, realize uma entre três ações:

1. **Supere.** Este é o seu trabalho. Você tem a obrigação de servir bem a seus clientes, mesmo quando deve fazer um trabalho que não descreve os motivos pelos quais entrou nesse campo.
2. **Delegue.** Só porque esse trabalho é importante e precisa ser feito não significa que é você quem deve fazê-lo. Contrate funcionários ou terceirize as tarefas para assessores.
3. **Demita-se.** Encontre outro trabalho em um campo menos exigente, onde não precise buscar o melhor para o interesse de outras pessoas.

V

COMEÇANDO

(22) As respostas às dez preocupações mais comuns

Parabéns! Você aprendeu muito sobre blockchain e ativos digitais. Mas ainda pode ter algumas preocupações. Neste capítulo, vou responder às mais comuns.

Antes de começarmos, lembre-se de que estamos falando sobre investir uma pequena porção de seu portfólio nesta nova classe de ativos. Portanto, vamos manter a conversa em perspectiva, tudo bem? Como já aprendemos, uma eliminação completa do investimento não vai impedir sua capacidade de desfrutar de estabilidade financeira em sua aposentadoria.

Além disso, concentre-se nos benefícios, e não em características. A existência de papelada, por exemplo, ou de um novo depositário, bem, essas são características. Foque os benefícios, entre os quais se incluem diversificação, menos riscos, retornos maiores e as realizações de objetivos financeiros.

Agora, vamos dar atenção às suas preocupações.

1. A dúvida sobre como começar a investir em ativos digitais me deixa nervoso

Eu sei como você se sente. Quando encontrei o bitcoin pela primeira vez, ele realmente me pareceu estranho — não tinha a ver com nada que eu já tivesse visto. Na época, eu senti o que você pode estar sentindo agora — que a ideia de investir em algo tão novo, tão incomum, tão "irreal", é desconfortável.

No entanto, quanto mais eu aprendi, mais eu entendi. E, quanto mais entendi, mais me senti confortável. E esse conforto possibilitou que eu prosseguisse... a princípio, devagar.

Você deveria considerar a mesma abordagem. Digamos que seu portfólio valha 100 mil dólares. Uma alocação de 1% representa mil dólares. Caso invista esse dinheiro ao longo de doze parcelas mensais (fazendo uso do dollar cost averaging, como explicado no capítulo 17), você estará investindo míseros 83 dólares por mês. Isso equivale a 20 dólares por semana, ou menos de 3 dólares por dia. Você gasta mais de 3 dólares por dia em refrigerantes e lanches — sem esperança de receber esse dinheiro de volta! Quando pensamos nisso dessa forma, a coisa começar a se tornar mais fácil.

E, se você ainda está batalhando contra o desejo de investir × seu medo de perder dinheiro, e não sabe como resolver o embate, use a tática que Benjamin Franklin utilizava sempre que se deparava com uma escolha. Ben descreveu sua estratégia em sua autobiografia, publicada em 1771. Ele explica que pegava uma folha de papel em branco e desenhava uma linha no meio da página. Do lado esquerdo ele listava todos os motivos pelos quais prosseguir; do lado direito, todas as razões para declinar. Ele, então, comparava as listas.

Nada nunca é perfeito, percebeu Ben; todas as decisões envolvem prós e contras. Ao criar as duas listas, ele poderia facilmente visualizar qual delas era a mais longa. Caso existissem mais prós do que contras, ele concluía que os benefícios de proceder superavam as preocupações.

Portanto, vamos experimentar a abordagem de Benjamin. Vamos começar listando os benefícios de investir em ativos digitais. Eles incluem:

1. Diversificação;
2. Não correlação com outras classes de ativos;
3. Redução de risco de portfólios;
4. Potencial aumento dos retornos de portfólios;
5. Aumento da eficiência tributária de portfólios;
6. Baixo mínimo de investimento;
7. Proteção contra inflação;
8. Acesso 24/7.

Sua vez. Adicione alguns benefícios:

9. _____

10. _____

11. _____

Agora, liste suas razões para **evitar** os ativos digitais.

1. É uma nova classe de ativos e, portanto, um tanto quanto incerta;
2. Potencial perda de moedas por ação de hackers.

Qual lista é maior? Prossiga dessa maneira, e com a confiança de que, levando tudo em consideração, você estará fazendo a melhor escolha.

2. É uma moda passageira

Ao investir, é importante diferenciar entre modas e tendências. A primeira é temporária; a segunda se mantém. Roupas, por exemplo, são uma tendência. Calças jeans boca de sino foram uma moda.

Beanie Babies foram uma moda, não uma tendência. Durante algum tempo, brinquedos de pelúcia eram vendidos por centenas, até mesmo por milhares de dólares. Inevitavelmente, a novidade se esvaiu. Todo mundo perdeu o interesse. A moda passou. E os preços despencaram.

A história está recheada de casos similares, desde aquela mania das tulipas, de 1636. Todas as modas apresentam o mesmo ciclo de vida: elas emergem e rapidamente ganham popularidade, fazendo os preços dispararem. O interesse desaparece de repente, e os preços despencam. Pedras de estimação, ioiôs, Pokémon. Todos foram modas.

Portanto, sim, eu entendo. Você está se perguntando se o bitcoin é apenas a moda mais recente, a versão atual dos Beanie Babies.

E não é. Os ativos digitais são uma tendência, e não uma moda. Tendências diferem de modas de uma maneira importante: utilidade. Beanie Babies são legais de serem segurados e bonitos de se olhar, mas é só isso. Não é possível fazer nada com eles; eles não têm nenhum uso prático.

Por contraste, ativos digitais e blockchains têm milhares de usos comerciais, como vimos no capítulo 2. Esses benefícios, que permitem que empresas operem mais rapidamente, de maneira mais barata e com maior segurança e transparência, são as razões pelas quais essa tecnologia veio para ficar.

Perdi tudo depois do crash dos Beanie Babies de 99.

3. É uma fraude

Você certamente já ouviu muitas histórias a respeito de fraudes envolvendo bitcoin e outros ativos digitais. Eu certamente as ouvi, e tais histórias também me preocuparam. O que descobri foi que o bitcoin em si não é fraudulento; ele apenas esteve envolvido algumas vezes em atividades fraudulentas. Seguindo o mesmo raciocínio, não existe nada de errado com o dólar, mesmo que tenha motivado muitos assaltos a bancos.

De fato, todas as classes de ativos já estiveram envolvidas em fraudes, golpes e roubos descarados. O primeiríssimo valor mobiliário a ser vendido nos Estados Unidos — bonds emitidos pelo Tesouro Americano em 1792 — foi pego em um escândalo de informação privilegiada. Apesar de todos os esquemas Ponzi, fraudes pump and dump[119] e golpes de telemarketing envolvendo os mercados de ações, de imóveis e de ouro, os investidores continuam confiantes em investir nessas

---

[119] Ou P&D (inflar e vender, tradução nossa), é um tipo de operação ilegal que consiste em inflar artificialmente os preços de ações, por meio, por exemplo, de notícias falsas, para depois vendê-las antes que a verdade venha à tona. [N. E.]

classes de ativos. Sempre devemos ser cautelosos ao investir. Isso não é diferente para os ativos digitais.

4. Não há maneira legítima de apurar seu valor

Eu concordo com você. Felizmente, isso não importa. Ao investir, o que importa é o preço — e o bitcoin e todos os outros ativos digitais são transacionados a um preço. Esse preço é estabelecido da mesma forma que todos os outros: baseado em oferta e demanda. A oferta de bitcoin é limitada; portanto, tudo o que deve ser decidido é se a demanda vai aumentar. Esse é um dos melhores aspectos de ativos digitais. Diferentemente de um hotel, que estabelece o preço de seus quartos, os ativos digitais são descentralizados; nenhuma empresa ou pessoa em específico determina seu preço. Em vez disso, é a rede global que o faz. Trata-se de uma característica reconfortante dessa classe de ativos.

5. É volátil demais

No momento em que escrevo, o bitcoin já quebrou quatro vezes desde 2014. A maioria dos observadores acredita ser provável que ele quebre novamente no futuro.

Últimas notícias: o mercado de ações também quebrou cinco vezes desde 1929. O mercado imobiliário quebrou diversas vezes durante esse mesmo período, assim como os mercados de ouro e petróleo.

As quedas simplesmente fazem parte do mundo de investimento. Não é preciso gostar de volatilidade, mas é custoso se privar de investir em uma classe de ativos simplesmente porque você se preocupa com a possibilidade de quebrar. A razão: toda queda na história foi seguida de uma máxima histórica. Não existe nenhuma garantia de que o ciclo de mercado sempre terá esse desempenho, mas também não há motivos para acreditar no contrário.

Então, em vez de temer a volatilidade, sorria diante dela. Considere a próxima queda uma oportunidade para comprar enquanto os preços estão mais baixos. Enquanto espera por essa queda, invista regularmente por meio do DCA e faça uso do rebalanceamento de portfólios. Nós aprendemos sobre tudo isso no capítulo 17.

Vamos nos lembrar também de que a volatilidade funciona para os dois lados: os preços sobem e descem, e não apenas descem. E adivinhe: ninguém nunca reclama da volatilidade ascendente. Mas, se quiser desfrutar da escalada dos preços, você também deve tolerar períodos ocasionais de preços em declínio.

E um último ponto: tem certeza de que os ativos digitais são tão voláteis quanto você pensa? Das quinhentas ações listadas no índice S&P 500 em 2020, 112 foram mais voláteis que o bitcoin. Portanto, se você está disposto a investir de 40% a 80% de seu dinheiro no mercado de ações, deveria estar disposto a investir 1% em ativos digitais.

6. É arriscado demais

Todas as novas classes de ativos são arriscadas. É por esse motivo que eu recomendo um limite de exposição de apenas 1% de seu portfólio. Mesmo uma perda total do investimento não lhe causaria um prejuízo financeiro significativo.

7. Creio que não preciso disso no meu portfólio

Essa classe de ativos é necessária em seu portfólio pela mesma razão que você tem todas as outras: para lhe fornecer uma melhor diversificação.

Quanto mais tipos de ativos estiverem presentes no portfólio, menor será o risco que você estará assumindo. Essa é uma característica importante dos investimentos em ativos digitais. Eles são não correlacionados, o que significa que seus movimentos de preços não estão relacionados aos de todas as outras classes de ativos já conhecidas.

8. É tarde para comprar porque o preço está alto demais

A melhor época para comprar é sempre no ano passado. Você não desejaria ter comprado imóveis há trinta anos, ou ações da Apple há vinte anos?

É da natureza humana comparar os preços de hoje com os preços passados. Mas o tempo segue em frente, e não para trás — e todas as indicações sugerem que os preços futuros dessa classe de ativos serão maiores do que os preços atuais. Apenas 200 milhões de pessoas ao redor do mundo têm bitcoin. Isso é cerca de 3% da população mundial. O que pode acontecer com o preço do bitcoin caso 6% da população decida comprar? E se 12% decidir comprar? E 14%? A adoção crescente é uma razão chave pela qual muitos acreditam que o preço futuro do bitcoin será maior do que o preço atual.

Alguns diriam que um preço crescente também torna o valor do bitcoin mais seguro. Essa teoria diz que o preço maior reflete uma adoção maior, e que, quanto mais pessoas possuírem e utilizarem bitcoin, menor será a possibilidade de seu preço cair. A propósito, esse é o exato oposto de como o mercado de ações opera: quanto mais o preço de uma ação subir, maior será a probabilidade de um investidor vendê-la — porque eles estão relacionando o preço com os lucros da empresa subjacente. Mas não existe um "lucro corporativo" com o bitcoin, portanto aquele clássico "sinal de venda do mercado de ações" não é aplicável. A partir desse pensamento, caso o preço do bitcoin esteja alto, você deveria estar mais disposto a comprar, e não menos.

Eu me lembro de ter lido a respeito dos voos iniciais dos Irmãos Wright. Sua primeira queda ocorreu em 17 de setembro de 1908. O avião estava voando a 50 metros de altura. O piloto era Orville; ele sobreviveu, mas o passageiro, o Tenente Thomas Selfridge, morreu. Ao revisar o evento, Orville disse que os acontecimentos teriam sido muito melhores caso estivessem voando muito *mais alto*. Isso não soa contraditório? Afinal, se Orville estivesse mais perto do chão quando os problemas ocorreram, o Tenente Selfridge poderia não ter morrido. Mas Orville disse que não. Ao voar a apenas 50 metros de altura, ele não teve muito tempo para reagir aos eventos. Em uma altitude de 300 metros, Orville teria muito mais tempo para corrigir o problema. Da mesma maneira, o bitcoin a 50 mil dólares é muito mais seguro do que quando estava custando 479 dólares, em 2012.

Não tema o alto preço do bitcoin.

9. Os preços do bitcoin são voláteis, então vou esperar pelo próximo declínio antes de comprar

Todo mundo quer comprar tudo por preços menores que os atuais. Poucos são bem-sucedidos nesses esforços.

Existe um problema com essa ideia: o preço pode subir mais antes da queda. Pode subir tanto até o momento em que cair, e o preço pós-queda ainda poderá ser maior que o atual.

Portanto, em vez de sentar e esperar, esperando capturar o melhor preço, faça o dollar cost average. Dessa forma, você vai receber o baixo custo médio durante a duração de seus investimentos.

10. Não sei como nem por onde começar

Tenho ótimas notícias, você já começou! Já completou o primeiro de três passos: descobriu ativos digitais, teve curiosidade suficiente para aprender mais e quase acabou de ler este livro. Você já sabe o suficiente para decidir se gostaria de investir uma pequena porção de seu portfólio nessa classe de ativos e, em caso afirmativo, como abordar a questão. Nesse estágio, eu recomendaria a você conversar com um consultor financeiro que tenha experiência com essa classe de ativos para obter orientações adicionais.

E como você encontraria tal consultor? Visite DACFP.com. O Conselho de Ativos Digitais para Profissionais Financeiros (DACFP, na sigla em inglês) é a organização educacional que criei para ensinar consultores financeiros a respeito dessa nova classe de ativos. A DACFP oferece o Certificado de Blockchain e Ativos Digitais e mantém um diretório de consultores do mundo todo que já obtiveram seus certificados. Esses consultores são muito mais experientes do que a maioria a respeito de ativos digitais, e poderão fornecer a você os conselhos necessários. O diretório é de uso gratuito, então, por favor, tire vantagem dele.

E, como ocorre com todos os aspectos de suas finanças pessoais, não há motivos para estar sozinho. Ganhe paz de espírito ao obter a ajuda de um consultor experiente e habilidoso. O diretório de consultores da DACFP pode ajudar você.

Você está no caminho certo desta jornada emocionante, e ela tem sido tão fácil que você nem percebeu!

Agradecimentos

Prometi a mim mesmo que não escreveria mais nenhum livro. Pior: prometi à minha esposa, Jean, que não escreveria outro livro! É um exercício longo e desafiador. O conteúdo precisa ser completo e correto — o que significa passar mais tempo pesquisando do que realmente escrevendo. Existe, então, o trabalho de organizar a informação compilada em uma estrutura coerente. Todo esse processo é um jogo de xadrez em que sempre é a sua vez de jogar. Cometa um erro e os resultados serão desastrosos.

Eu já escrevi dez livros, prometi não escrever outro. Mas esse tópico é tão novo, tão diferente, tão carregado de potencial para melhorar profundamente as vidas de tantas pessoas que descobri que a necessidade e a oportunidade eram atraentes demais para serem ignoradas.

Felizmente, tive a ajuda e o suporte de diversas pessoas, e elas merecem muitos dos créditos. Vamos começar com a minha agente de longa data, Gail Ross, que pastoreou este projeto com a minha editora. E muitos agradecimentos ao time da Simon & Schuster, especialmente à editora executiva Stephanie Frerich e à editora associada Emily Simonson. Outros membros do time S&S incluem Morgan Hart, que revisou de maneira magistral o manuscrito, e identificou literalmente milhares de erros de digitação, entre outros erros; o diretor de design Paul Dippolito, que criou o projeto gráfico do livro; e Beth Maglione, que organizou sua impressão.

A montagem das diversas listas de produtos, serviços e empresas que aparecem ao longo do livro são devidas ao trabalho incansável dos membros do time DACFP: Rene Chaze, Don Firedman, Janice Murphy e Max Torres. Além dessa enorme ajuda, eles ainda se juntaram aos colegas Maribeth Bluyus, Anna Dawson, Liz Dougherty, Rick Fowler,

Hank Hanna e Monay James no fornecimento de valiosos comentários sobre o manuscrito.

Falando nisso, quero agradecer especialmente aos planejadores financeiros Scott Butera, Loran Coffman, Pat Day, Alan Facey, Doug Keegan, Felix Kwan, Andrew Massaro, Mark Palmer e Bob Sargent. Eles são raridade entre os consultores financeiros, pois são extremamente experientes com relação aos ativos digitais — motivo pelo qual lhes pedi que lessem o esboço inicial do manuscrito. Seus comentários e sugestões me levaram a fazer enormes mudanças no livro, e agradeço a eles por suas contribuições perspicazes e inestimáveis.

Um agradecimento especial também aos membros da Bitwise Asset Management, por terem me permitido incluir pesquisas de seu estudo "The Case for Crypto in an Institutional Portfolio" ("O caso para as criptos em um portfólio institucional", tradução nossa).[120] Meus leitores e eu estamos em débito com os autores do estudo, David Lawant e Matt Hougan, da Bitwise.

Um salve especial para Paul Blumstein, que durante décadas tem diligentemente me enviado sugestões de cartuns para os meus livros. Paul transforma a leitura em um esporte coletivo, e agradeço muito a ele por me ajudar a trazer alívio a esse assunto, que não deixa de ser maçante, que é o dinheiro.

Quero agradecer particularmente à diretora criativa da DACFP, Michaele Kayes. Além de fazer muitos comentários a respeito do manuscrito, ela concebeu e criou todas as tabelas e gráficos observados ao longo do livro. Michaele trabalhou por longas horas com prazos apertados, e seu trabalho é magistral. Obrigado, Michaele.

E, o mais importante, quero expressar meu mais profundo agradecimento a minha querida esposa. Escrever é uma atividade mentalmente intensa que exige isolamento por períodos longos e contínuos. Jean rapidamente me encorajou a embarcar neste projeto, porque sabe quão importante ele é, e voluntariamente me autorizou a solidão da qual todos os escritos necessitam, quebrando-a apenas algumas ve-

---

120 Disponível em: fs.hubspotusercontent00.net/hubfs/6150553/The%20 Case%20for%20Crypto%20in%20an%20Institutional%20Portfolio_10252021. pdf. [N. E.]

zes por dia para colocar um prato de comida em cima de meu teclado. Jean pode ensinar um santo a ter paciência, e nos ensinar muito mais. Obrigado, Jean, pelo seu amor e pelo suporte, tão forte hoje quanto — e mais importante para mim hoje do que — *sempre*.

E, Jean, eu prometo: não vou escrever mais nenhum livro.

Glossário

Acordo simples para equity futuro [Simple Agreement for Future Equity]
Contrato no qual uma empresa promete garantir equity.

Acordo simples para tokens futuros [simple agreement for future tokens]
Contrato no qual uma empresa promete fornecer tokens caso eles sejam emitidos.

ADV
Documento norte-americano de divulgação federal que todas as instituições financeiras devem providenciar para seus clientes.

Airdrop
Distribuição de ativos digitais por parte de uma empresa, para propósitos de marketing; também chamado de dinheiro de helicóptero.

Alavancagem [leverage]
Dinheiro emprestado para ser investido de modo a aumentar os retornos.

Alocação de ativos [asset allocation]
Forma como se organizam os investimentos de um portfólio em uma variedade de classes de ativos.

Antilavagem de dinheiro [anti-money laundering]
Regra exigindo que instituições financeiras previnam a evasão fiscal.

Ataque dos 51% [51% attack]
Tentativa, da parte de hackers, de roubar os dados e ativos de uma blockchain ao controlar a maioria dos nodes de uma rede.

Ativo cripto [crypto asset]
Qualquer ativo digital que faz uso de criptografia para proteger registros de transações em um livro-razão.

Ativo digital [digital asset]
Representação binária de qualquer coisa que tenha valor econômico e que possa ser possuída.

Ativos sob consultoria [assets under advisement]
Dinheiro mantido por um consultor financeiro ou uma firma, mas não gerenciado de maneira independente por estes.

Ativos sob gestão [assets under management]
Dinheiro gerenciado por um consultor financeiro ou por uma firma.

Banco central
Banco empoderado por um governo para precificar o dinheiro e estabelecer taxas de juros.

bitcoin
Meio de troca e reserva de valor que opera na blockchain bitcoin.

Bitcoin
Rede computacional que faz uso de tecnologia de blockchain.

Bitcoin Pizza Day
22 de maio de 2010. A primeira transação comercial utilizando bitcoin.

BitLicense
Licença emitida em Nova York para empresas que realizam negócios com ativos digitais.

Blockchain
Livro-razão hospedado na internet. Também chamada de tecnologia de livros-razão distribuídos.

Bloco gênesis
O primeiro bloco escrito na blockchain bitcoin. Também chamado de bloco 0.

Bond fiduciário [fidelity bond]
Seguro comprado por uma instituição financeira para proteger a si mesma e a seus clientes de perdas financeiras causadas por roubos ou outros crimes.

Cadeia de suprimentos [supply chain]
A movimentação de bens desde a fábrica até o consumidor.

Capital de risco [venture capital]
Dinheiro investido no estágio inicial de uma empresa.

Carteira fria [cold wallet]
Uma conta para armazenamento de ativos digitais não conectada à internet — portanto, segura contra hackers on-line.

Carteira morna [warm wallet]
Carteira quente que pode enviar ativos digitais somente para as carteiras que você designar. Reduz o risco de hackers e dedos gordos.

Carteira quente [hot wallet]
Conta, mantendo ativos digitais, que é conectada à internet.

Chamada de margem [margin call]
Demanda para que você inclua garantias adicionais; sua falha resulta na venda de seu ativo.

Chave privada
Código secreto que dá acesso aos ativos que você possui.

Chave pública
Código que você compartilha com outros para que possam lhe enviar ativos digitais.

Código de ética
Política estabelecida por uma instituição financeira para o controle do comportamento de seus funcionários.

Colecionável
Trabalhos de arte, tapeçarias, antiguidades, metais ou pedras preciosas, selos e moedas raras.

Comprar e manter [buy and hold]
A estratégia de manter um investimento por anos após sua compra.

Conheça seu cliente [know your customer]
Regra que proíbe que instituições financeiras conduzam negócios com partes anônimas.

Conta gerenciada separadamente [separately managed account]
Modelo híbrido de posse de investimentos de maneira direta e por meio de um fundo.

Contrato inteligente [smart contract]
Movimentos automatizados de dinheiro que ocorrem apenas após a conclusão de eventos preestabelecidos.

Correlação negativa
Dois ativos cujos preços se movem em direções opostas em determinado momento.

Correlação positiva
Dois ou mais ativos que sobem e caem em sincronia.

Criptomoeda
Moeda virtual que faz uso de criptografia para proteger transações registradas digitalmente em uma blockchain.

Custodiante [custodian]
Pessoa ou entidade que recebe e protege seus ativos por você.

Custodiante qualificado [qualified custodian]
Banco, corretor-negociante, comerciante de comissão de futuros [Futures Commission Merchant, FCM] ou alguma entidade estrangeira designada pela SEC ou por uma agência governamental para servir como depositário.

Derivativo
Contrato de investimento baseado em um ativo.

Desbancarizado [unbanked]
Pessoa que não tem fundos suficientes para abrir uma conta bancária ou que não vive perto de um banco.

Desconto [discount]
Preço de um valor mobiliário sendo negociado abaixo do valor líquido do ativo.

Desvio padrão [standard deviation]
A dispersão do retorno real de um ativo em relação a seu retorno médio.

Dogecoin
Pedra de estimação virtual.

Dollar cost averaging
Estratégia de investir dinheiro em incrementos definidos ao longo de intervalos consistentes.

Duplo registro [dual registrant]
Consultor financeiro licenciado tanto pela sec quanto pelo finra.

Economia de autenticação [authentication economy]
Sistema econômico que não exige que os compradores ou vendedores confiem uns nos outros; em vez disso, as ações são comprovadas como criptograficamente válidas.

Economia de confiança [trust economy]
Sistema econômico que exige que os compradores e vendedores confiem nas ações uns dos outros.

Escambo [barter system]
Sistema econômico no qual pessoas e entidades trocam bens e serviços.

Estratégia de alocação de ativos digitais de 1% de Ric Edelman
Estratégia de investimentos brilhante, especialmente para os iniciantes em ativos digitais.

Evento tributável [taxable event]
Qualquer evento que resulte em uma obrigação fiscal.

Exploração de rendimentos [yield farming]
Prática de emprestar ou fazer o staking de seus ativos digitais para receber juros.

Fazenda de computadores [computer farm]
Conjunto de computadores envolvidos com mineração de bitcoin.

Fiduciário [fiduciary]
Alguém que serve da melhor forma aos seus interesses.

FIFO
"First In, First Out" ["primeiro a entrar, primeiro a sair"]. Suas ações mais antigas serão as primeiras a serem vendidas.

Finanças descentralizadas
Sistemas on-line que operam na internet ao redor do mundo.

Fluxo de negócios [deal flow]
A descoberta de empresas privadas nas quais é possível investir ou comprar.

Fork forte [hard fork]
A separação de um blockchain em duas blockchains. É resultado do desacordo por parte dos desenvolvedores acerca de como a blockchain deveria operar.

Fork fraco [soft fork]
Criação de uma nova moeda, que utiliza a blockchain original.

Fundo aconselhado por doadores [donor advised fund]
Instituições de caridade que investem as doações até os doadores determinarem sua distribuição para outras caridades.

Ganho ou perda de capital de curto prazo [short-term capital gain or loss]
Retenção de um ativo por um ano ou menos.

Ganho ou perda de capital de longo prazo [long-term capital gain or loss]
Retenção por um período maior que um ano.

GTC
Ordem limite que permanece aberta até ser executada, não importando quanto tempo demore para alcançar o preço estabelecido por você. A negociação é "válida até ser cancelada".

Halvening
Evento que reduz a recompensa de bloco em 50%. Também chamado de halving.

Hash
Linha de código computacional representando dados.

Hedge fund
Investimento que busca reduzir riscos.

HIFO
Sigla para Highest In, First Out ["maior a entrar, primeiro a sair", tradução nossa]. Suas ações com os maiores ganhos serão as primeiras a serem vendidas.

Intermediário
Pessoa ou entidade que facilita transações entre duas partes.

Investidor com credibilidade [accredited investor]
Um investidor que é considerado rico ou com muita experiência.

Investimento privado [private placement]
Fundo de investimentos disponível apenas para um investidor com credibilidade.

Jamie Dimon
Pessoa que não sabe de nada a respeito de bitcoin, e que demonstra isso ao fazer comentários ridículos sobre o assunto.

Jogo "jogue para ganhar" [play-to-earn game]
Jogo on-line no qual participantes ganham ativos digitais de acordo com seu desempenho.

Lei de Metcalfe
A noção de que o valor de uma rede cresce exponencialmente conforme usuários são adicionados a ela.

LIFO
Sigla para Last In, First Out ["último a entrar, primeiro a sair", tradução nossa]. Suas ações mais recentes serão as primeiras a serem vendidas.

Livro-razão [ledger]
Documento que registra depósitos e saques, além de outros dados.

Lote de trocas [trade lot]
Conjunto de ativos comprados em uma única transação.

Mecanismos de consenso [consensus mechanisms]
A metodologia para a geração de um acordo entre aqueles que verificam dados em uma blockchain.

Metaverso
Termo genérico para se referir a uma economia na internet sustentada por gamers de realidade virtual.

Micropagamento
Pagamento de uma quantia pequena de dinheiro, normalmente frações de um centavo.

Mineração
Processo de validação de dados em uma blockchain.

Moeda [currency]
Objeto físico que representa dinheiro.

Moeda digital de banco central [central bank digital currency]
Uma moeda fiduciária emitida em formato digital.

Moeda fiduciária [fiat currency]
Dinheiro emitido por um governo.

Moeda virtual [virtual currency]
Representação digital de um meio de troca, unidade de conta ou reserva de valor que não seja uma moeda fiduciária.

Moedas virtuais conversíveis [convertible virtual currency]
Moeda virtual com valor equivalente ao de uma moeda fiduciária.

Múltiplo
Avaliar o valor de uma empresa a partir da divisão de seu preço por seus lucros.

Não correlação
Dois ativos cujos movimentos de preços não estão relacionados entre si.

Node
Computador integrado à rede blockchain.

Oferta inicial de moeda [ICO, initial coin offering]
Moeda sendo lançada no mercado pela primeira vez.

Oferta × demanda
Teoria econômica segundo a qual o preço de um ativo aumenta conforme a demanda diminui.

Oráculo
Código de software que conecta o mundo digital ao mundo físico.

Oráculo externo [outbound oracle]
Algoritmo que informa uma entidade real a respeito de um evento que ocorreu em uma blockchain.

Ordem de mercado [market order]
Transação a ser feita imediatamente, na primeira oportunidade.

Ordem limite [limit order]
Transação que permite estabelecer o pior preço que você está disposto a aceitar; a negociação será executada nesse preço ou em um melhor. Ordens limite são canceladas ao final do ano se não forem executadas.

Organização autônoma descentralizada
Entidade que opera de maneira independente na internet, sem ninguém no comando.

Over the counter [por cima do balcão]
Valores mobiliários que não são negociados em uma corretora.

País permissivo [permissive country]
Aquele cujo governo não interfere na negociação de ativos digitais.

Países rigorosos [strict countries]
Aqueles cujos governos baniram transações de ativos digitais.

Período restrito [restricted period]
Período de seis ou doze meses durante o qual você não pode vender seu investimento.

Poder de advogado [power of attorney]
Documento que dá a outra pessoa ou entidade o controle legal de seus ativos.

Premium
Preço de um valor mobiliário negociado acima do valor líquido do ativo.

Programa de gerenciamento de ativos- -chave [turnkey asset management program]
Sistema de back-office empregado por consultores financeiros.

Programas de alerta para roubo de identidade [red flags identity theft program]
Procedimentos estabelecidos por uma instituição financeira para proteger os clientes e seus ativos.

Proporção de sharpe [sharpe ratio]
Fórmula que mede os retornos de um ativo ou portfólio por unidade de volatilidade.

Proporção de sortino [sortino ratio]
Fórmula que mede a volatilidade
negativa de um ativo ou portfólio.

Protocolo de base secundária [second layer protocol]
Construído sobre um protocolo de
camada-base, fornece recursos e
capacidades adicionais.

Protocolo de camada-base [base layer protocol]
Uma rede blockchain raiz, que permite a
criação, transferência e armazenamento
de ativos digitais. Também chamada de
camada nativa.

Prova de participação [proof of stake]
Protocolo de validação de dados
em uma blockchain. Quanto mais
participações de um ativo digital você
possuir, maiores serão as chances de
receber uma recompensa de bloco.

Prova de trabalho [proof of work]
Protocolo de validação de dados em
uma blockchain. Envolve a resolução de
cálculos complexos. O sucesso resulta
no recebimento de uma recompensa
de bloco.

Queda máxima [max drawdown]
A perda máxima de um portfólio.

Rebalanceamento [rebalancing]
Ato de restaurar a alocação de ativos
de um portfólio ao vender alguns ativos
e comprar outros.

Recompensa de bloco [block reward]
Compensação recebida por verificar os
dados inseridos em uma blockchain.

Registro distribuído [distributed record]
Dados publicados na internet para que
todos possam ver.

Regra de lavar-vender [wash-sale rule]
Compras de um valor mobiliário
vendido dentro de trinta dias não são
imediatamente elegíveis para deduções
de perdas de capital.

Representante registrado [registered representative]
Corretor da bolsa.

Resumo de relacionamento com o cliente [client relationship summary]
Documento curto que resume serviços,
taxas, conflitos e outros fatos de uma
instituição financeira.

Risco de dedos gordos [fat-finger risk]
Erro acidental de digitação de uma
chave pública que pode enviar ativos
digitais para uma parte errada.

Roubo de cartão SIM
Hackers roubando dados ao acessar
o chip de memória removível de seu
smartphone.

Sandbox de fintech [fintech sandbox]
Política governamental que permite às
empresas inovar sem medo de multas
ou sanções.

Short selling
A aposta na queda do valor de uma
empresa.

Sistema de permissão [permissioned system]
Sistema eletrônico que é controlado por uma pessoa ou entidade; não é possível acessá-lo ou utilizá-lo sem a aprovação de seu controlador. Também chamado de livro-razão centralizado.

Sistema sem permissão [permissionless system]
Sistema eletrônico que ninguém pode acessar.

Stablecoin
Ativo digital cujo preço está atrelado a uma moeda fiduciária.

Staking
Ação de postar seu ativo digital na internet para ganhar uma recompensa de bloco ou juros.

Taxa de aceleração [gas fee]
Taxa paga para que mineradores validem sua transação.

Teoria moderna do portfólio
A noção de que investir em dois ativos de risco é mais seguro do que investir em apenas um deles.

Teste de Howey
Método utilizado pela SEC para determinar se um investimento é um valor mobiliário.

Token
Pequena representação física de um item intangível.

Token não fungível [non-fungible token]
Um token que é único.

Transações internacionais
O movimento de dinheiro de um país a outro.

Transferência in-kind [in-kind transfer]
Movimento de moedas ou tokens "do jeito que estão" para um depositário diferente. Também chamado de transferência administrador para administrador.

Troca de espécie semelhante [like-kind exchange]
Vender um investimento e comprar outro sem pagar por ganhos de capital. Também chamado de troca starker.

Unicórnio
Empresa com menos de dez anos de idade e que vale mais de 1 bilhão de dólares.

Valor líquido de ativo [net asset value]
Preço de um valor mobiliário.

Velocidade do dinheiro
A velocidade na qual o dinheiro se move através de um sistema econômico.

Warren Buffett
Pessoa que não sabe nada a respeito de bitcoin, e que demonstra isso ao fazer comentários ridículos sobre o tema.

FONTES Financier, Neue Haas Grotesk, Action
PAPEL Alta Alvura 90 g/m²
IMPRESSÃO Imprensa da Fé